COMO APRENDÍ
iNGLÉS

DEC   2008

OTROS LIBROS POR TOM MILLER

La ruta de los Panamás: Memorias de un viaje andino
En la frontera: Imágenes desconocidas de nuestra frontera norte
Trading With the Enemy: A Yankee Travels Through Castro's Cuba
Jack Ruby's Kitchen Sink
The Assassination Please Almanac
The Interstate Gourmet: Texas and the Southwest (co-autor)
Writing on the Edge (editor)
Travelers' Tales – Cuba (editor)
Arizona: The Land and the People (editor)

55 LATINOS REALIZADOS RELATAN SUS LECCIONES DE IDIOMA Y VIDA

CÓMO APRENDÍ

EDITADO POR TOM MILLER

¡INGLÉS

NATIONAL GEOGRAPHIC

WASHINGTON, D.C.

Publicado por National Geographic Society
Copyright © 2007 Tom Miller.

Permisos se encuentran en páginas 265–66.

ISBN: 978-1-4262-0098-4

Datos CIP disponibles

National Geographic Society fue fundada en 1888 y es una de las organizaciones científicas y educativas sin fines de lucro más grandes del mundo. Llega a más de 285 millones de personas en todo el mundo cada mes a través de su publicación oficial, NATIONAL GEOGRAPHIC, y sus otras cuatro revistas, el canal National Geographic, documentales televisivos, programas de radio, películas, libros, videos y DVDs, mapas y medios interactivos. National Geographic ha financiado más de 8,000 proyectos de investigación científica y colabora con un programa de educación para combatir el analfabetismo geográfico.

Si desea más información, llame al 1-800-NGS LINE (647-5463) o escriba a la siguiente dirección:
National Geographic Society
1145 17th Street N.W. Washington, D.C. 20036-4688 U.S.A.

Visítenos en www.nationalgeographic.com/books

Si desea información sobre descuentos especiales por compras al por mayor, por favor comuníquese con el sector de ventas especiales de libros de National Geographic: ngspecsales@ngs.org

Impreso en U.S.A.

Diseño: Melissa Farris

Índice

Prólogo de Ray SUAREZ xi

Introducción de Tom MILLER xv

Agradecimientos xix

A la memoria de mis antepasados bálticos y al futuro de mi familia caribeña

A decir verdad, lo más difícil al llegar a este país no fue el invierno como todo el mundo me advirtió: fue el idioma…Por mucho tiempo creí que los americanos eran más inteligentes que nosotros los latinos, porque si no, ¿cómo podían hablar un lenguaje tan difícil? Pero al cabo del tiempo, se me hizo todo lo contrario. Con la variedad de idiomas que existen, solamente un idiota escogería hablar inglés a propósito.

—de *¡Yo!* por Julia Álvarez

Prólogo

— RAY SUAREZ —

ESTE LIBRO LLEGA a sus manos durante una época un tanto extraña en los Estados Unidos. La lengua ya no es sólo una forma de comunicación para con otras personas, ni de añadir músculos a los pensamientos y sentimientos. No, ahora el lenguaje se ha transformado en un caballo de batalla ante un grupo de estadounidenses que cuestiona la demanda legítima de otro grupo, al establecer que ellos también tienen la posesión completa de una identidad compartida.

Como aprendí inglés es el producto de un tipo de inmigración nueva, y de un actitud para con el lenguaje. No había un *Como aprendí inglés* para los italo-americanos en 1940. No había un *Como aprendí inglés* para los alemán-americanos en 1870. Había otra cosa puesta en marcha. Y a mucha gente no les hacía feliz.

Samuel Huntington, en la revista *Foreign Policy*, mira a los Latinoamericanos y no repara en las clases de las escuelas nocturnas, las horas interminables de anuncios comerciales que venden programas diseñados para aprender inglés, ni las luchas y las victorias de la gente en este libro. En "Jose, Can You See?", Huntington mira al futuro y ve a los hablantes nativos del inglés como una minoría marginalizada en su propio país. "Porque la gente que habla español como lengua materna también debería tener un poco de fluidez en el inglés", como explica Huntington, "es probable que quien sólo hable inglés y que no es fluido en español se sienta en desventaja al competir por trabajos, por ascensiones, o contratos".

¿Cómo se dice "Trick Bag" en español?

Si empieza a aprender inglés desde que llega, alguna vez alguien le dirá que los hispanohablantes no tienen interés alguno en adquirir la lengua, y si muestra interés en ella, que lo está aprendiendo demasiado lento. Y si aprende el inglés, llegará a oprimir a sus vecinos monolingües puesto que ellos sólo pueden hablar un idioma.

Si no exige mucha lógica y coherencia en estos debates, no quedará decepcionado. El aprender una lengua es diferente de pasear en bicicleta, patinar sobre hielo, o escribir a máquina, el adquirir una lengua requiere mucho más que de sólo llegar a dominar una técnica. Como se dará cuenta a través de las páginas de esta colección, el aprender un idioma es empezar un viaje hacia otro punto de vista, y el hablarlo, es la forma de que viva. Para muchos de los ensayistas, embarcarse en este viaje fue más que el principio de un encuentro, de una relación, de un combate de lucha exasperante y provechosa que continuaría por muchas más décadas.

Con la expansión de la cultura norteamericana por todo el mundo después de la Segunda Guerra Mundial, un tipo de seducción masiva a dicha cultura también se extendió. En Asia, África, Europa del Este y Latinoamérica he conocido gente de todas las edades y en todas las circunstancias a quienes les atrae, quienes odian y a quienes les fascina la idea de una "América", una idea transmitida en inglés. El poder del inglés está afirmado en todo el mundo, desde los rótulos absurdos en camisas de adolescentes japoneses (Happy Teen Force Patrol?) hasta las canciones populares que tan sólo son cantadas fonéticamente, en total incomprensión, desde una esquina en la Europa del Este hasta la tímida petición de un cubano que quiere pasar unos minutos practicando el lenguaje del Tío Sam.

El poder de inglés a menudo viene con ambivalencia. Junto con la idea de un mundo más grande proveído por el inglés viene la indecisión de hacerse o no socio del club. No hablo del sentimiento que causa la pregunta de los norteamericanos, "¿Por qué nos odian?", más del que causa la pregunta de la otra gente, "¿está bien el quererlos?".

Para muchos de los escritores contenidos en estas páginas, la necesidad de aprender inglés fue acompañada de circunstancias personales difíciles como el exilio, la enfermedad, la migración económica, la disolución de la familia. Así el lenguaje no fue nada más que otro reto para los jóvenes, ya de por sí, rodeados por cambio bruscos. Sin embargo, para otros, esto les ofreció un nuevo tipo de pertenencia a ese mundo moderno y cambiante. Junto con la estrechez de la boca al producir las consonantes duras y la lucha para saber esas "excepciones de las reglas" venía la promesa de una aventura apasionante. Casi se puede probar, tocar y oler la expectación en las memorias de nuestros cuentacuentos.

En los años 80 le hice una entrevista a un activista de Chicago quien había sido criado en un orfanato a la muerte de sus padres, cuando era tan sólo un bebé. "Me quitaron la lengua", me dijo. "Me salvaron la vida, pero también perdí mi español". Me impresionó el tono arrepentido que acompañaba su historia. Tiene cincuenta años y casi no pudo recordar a sus padres, pero sintió la pérdida de su español.

¿Qué tan diferente el remordimiento de cientos de miles de otros niños de inmigrantes que se criaron con el dicho antiguo, "Solamente inglés, mientras más rápido mejor, y así podrás olvidarte de tu vida anterior más deprisa?".

La delicada danza entre dominio y pérdida está con nosotros en los cuentos de este libro. Se le puede ver en los jóvenes ambiciosos que trabajan a cada momento para dominar el inglés, en los niños que se niegan a hablar con sus padres en español, y en los padres que enfrentan dificultades para hablar con sus hijos en inglés. Al final, permanece la pregunta: ¿Cuán norteamericano seré? ¿Aún puedo ser lo otro…. puertorriqueño, mexicano, cubano, peruano, hondureño?

Es posible que estemos dejando a un lado el viejo debate de la asimilación. Un mexicano que vino a los Estados Unidos me preguntó, "¿Por qué sería bueno convertirme en menos de lo que soy para hacerme un americano? Ya he probado esta cosa nueva, del inglés, pero no significa que tenga que dejar lo que era cuando llegué".

Los escritores en las páginas que vienen relatan cuentos divertidísimos. Relatan cuentos tristes. Cuentan sobre su deseo de integrarse adecuadamente, de la desesperación de salir bien y de esa caminata dura para llegar a la nueva sociedad. A veces este viaje lo hace una familia entera al enfrentarse con las pruebas de la escuela, en el trabajo y en la calle. Para otros, el viaje se hace solo, empezando en el mundo hispanohablante y convirtiendo la excitante aventura en un recorrido de transformación para quién (a propósito, durante el proceso, entre otra, aprenderá inglés).

Muchos de los escritores, celebridades, o académicos sobre los que leerá aquí son personas amigas o entrevistados que he admirado a distancia por su éxito, aptitud, o creatividad. En sus varios relatos, todos ellos cuentan algo sobre los millones de americanos cuya primera lengua fue español o portugués. Muchos recuerdan sus experiencias pasadas y se dan cuenta que tienen raíces en dos lugares. Eso es importante.

Durante los feroces debates que se presentarán sobre la fraternidad gemela de lengua e inmigración, habrá mucha gente nativa y monolingüe inquieta por la pérdida del país que conocían como niños. Samuel Huntington, por lo menos, está muerto de miedo. El poder de transformación de ambos los Estados Unidos y la adquisición del inglés, poder que grita a través de las páginas de este libro es olvidado. Este poder se pierde ante los berridos sobre la distopía bilingüe que se acerca.

Esa gente que se retuerce las manos ante este suceso pueden consolarse con este libro. En cientos de páginas apenas existe la noción de que el aprender inglés sea por toda la insensatez que provoca el llegar a hablarlo, algo muy deseable.

Claro que están los cuentos de la soledad y el aislamiento que todos los inmigrantes de cualquier parte van a entender y a recordar. Y claro que están los desaires insignificantes de las primeras migraciones intra-culturales. Hay traducciones equivocadas muy tristes y junto con ellas algunas muy divertidas.

Tal vez usted aprendió inglés por usted mismo, luchando para convertir esas frases que no recuerda bien de sus clases de español en el colegio en algo que parezca un idioma que funcione. Seguramente se reconocerá en alguna de estas páginas.

–Traducción de Alex Rodríguez y Mariela Martínez con Regla Albarrán

RAY SUAREZ es corresponsal para el programa de noticias *The NewsHour with Jim Lehrer* en PBS (Canal público de televisión).

Introducción

— TOM MILLER —

ESTA MAÑANA leí una noticia periodística que discutía la enorme demanda que hay en los Estados Unidos de cursos de Inglés como Segunda Lengua (ESL). Todo inmigrante, sin importar su estado económico, legal, laboral, sabe que el inglés aumenta su potencial en el trabajo y en la vida. Aprender una lengua cuando se es joven es más fácil que cuando se es adulto. A cualquier edad el proyecto puede ser arduo, doloroso, agobiante, divertido, instructivo, satisfactorio y gratificante. A veces todo esto a la vez.

Cuando mi esposa regresó a casa después de su primer día de ESL, le pregunté que había aprendido. *"Oh, really?"*, Regla me contestó. *"That's interesting"*. Sus primeras cuatro palabras en inglés mostraban una curiosidad refinada y una sutileza superficial. De hecho, a todo lo que le preguntaba me respondía, *"Oh, really? That's interesting"*. ¿Cómo es el profesor? *"Oh, really? That's interesting"*. ¿Había muchos estudiantes? *"Oh, really? That's interesting"*. ¿Tuvieron un descanso durante el almuerzo? *"Oh, really? That's interesting"*. A través de los años esta frase se convirtió en nuestra mordaza común.

La primera clase de ESL de Regla se llevó a cabo en un centro comunitario de nuestra colonia que ofrecía cursos gratis. Sus compañeros de clase eran principalmente las esposas de obreros y campesinos recién llegados. Después Regla tomó clases durante un semestre en un centro universitario de ESL donde sus compañeros eran doctores, físicos, ingenieros, economistas y químicos. Es decir, no representaba la imagen promedio de ESL. Sin embargo, eran personas que mostraban más impaciencia al aprender una nueva lengua. Finalmente ella terminó sus estudios de ESL en un *community college*.

A principios de la historia de este país, con frecuencia las escuelas locales ofrecían instrucción en la lengua de su población inmigrante, de estudiantes, combinada con el inglés. Los estados aprobaron leyes que establecían el inglés como lengua de instrucción hacia finales del siglo diecinueve, para tan sólo erradicar esas leyes no mucho tiempo después. Algunas ciudades eliminaron las clases bilingües en general y optaron por relegar los idiomas extranjeros a las escuelas secundaria y preparatoria.

Cuando las olas de inmigrantes italianos y de Europa del Este llegaron a principios del siglo veinte, los filántropos financiaron escuelas nocturnas de inglés menciona James Crawford, una autoridad en la educación bilingüe, "mientras que adoctrinaban a los inmigrantes en "los valores de la libre empresa". Industrialistas como Henry Ford insistieron que sus empleados debían asistir a clases de patriotismo y "un acoplamiento ideológico fue forjado entre la lengua y el 'americanismo'". Después de la guerra hispanoamericana, el esfuerzo en las escuelas públicas de enseñar solamente en inglés, especialmente en la isla de Puerto Rico, que había sido recientemente adquirida, fue tan desastroso que pronto la tentativa de la colonización lingüística fue diluida y después de la segunda guerra mundial fue abandonada del todo.

"Tan solo tenemos sitio para una lengua en este país", escribió Theodore Roosevelt diez años después de que dejara la presidencia, "y ésa es la lengua inglesa, porque no vemos que el crisol de la cultura resulta en la gente como americanos... y no como los habitantes en una pensión políglota". Roosevelt exhortó a que hubiera más clases de inglés para que los inmigrantes aprendieran inglés, y también "a la deportación de los que no pudieran hacerlo en el plazo de cinco años". Esta actitud fue altamente aceptada en Nebraska, en donde, hacia 1919, el gobierno pasó una ley que decía que "el inglés se debe convertir en la lengua materna de todos los niños que crecieran en este estado". (La Corte Suprema de los Estados Unidos derogó la ley cuatro años después en *Meyer* vs. *Nebraska*.)

No hay una sola forma de aprender inglés, como lo prueban los autores que he incluido en este libro. Muchos construyeron su inglés con una base en el español o en el portugués. La mayoría de los inmigrantes que se enfrentan al inglés comienzan con este apoyo. Hasta apenas setenta y cinco años, la fuente de inmigración era mayormente europea. En *The Education of H*Y*M*A*N K*A*P*L*A*N*, un entretenido libro de Leonard Q. Ross publicado en 1937, todos los estudiantes de la Escuela Preparatoria Nocturna Para Adultos de Nueva York venían de Alemania o Polonia. Ross, seudónimo del inmigrante polaco Leo Roston, un lexógrafo de Yiddish, escribió en su libro sobre un estudiante en especial y la manera en que sus contorsiones de frases en inglés desconcertaban constantemente al exasperado profesor Parkhill. El condescendiente e inocente Señor Kaplan, que siempre firma su nombre con asteriscos entre mayúsculas, le dijo a la clase en una ocasión que el plural de blusa es *blice*, de emparedado es *delicatessen*, y que entre los presidentes de los Estados Unidos estaban Judge Vashington, James Medicine y Abram Lincohen.

Los extranjeros de clase alta, en los días en que clase obrera al estilo de Hyman Kaplan tomaba cursos, fueron educados con un nuevo acercamiento pedagógico, el así llamado *English as a Second Language*. Por los años cincuenta, el ESL se había establecido a todos los niveles para combatir la "privación cultural" y la "inhabilidad lingüística", como se decía entonces. Mi propia educación fue enteramente en inglés, rodeado de libros de una pared a otra y una cantidad abrumadora de periódicos. Cuando mis padres no querían que los niños los entendiéramos se hablaban en yídish básico. A finales de los años sesenta me mudé al suroeste norteamericano y desde entonces he viajado desde allí a América Latina. En ambos lugares he conocido a innumerables personas para quienes el inglés ha sido su segunda lengua y me he cautivado cómo esas personas han adquirido esta nueva manera de hablar que afectó sus vidas radicalmente. Cada vez más mis amistades personales y profesionales se vinculan a personas para quienes el inglés no es su primera lengua, como lo es para mí. Finalmente, me casé con una mujer de una familia de habla hispana, y he visto con admiración cómo primero mi esposa y después mis hijastros aprendieron el inglés y como se adaptaron a estas nuevas deficiencias culturales, expresiones inexplicables idiomáticas e idiosincrasias lingüísticas.

Los autores incluidos en este libro no tienen privaciones culturales ni inhabilidades lingüísticas. Al contrario, cada uno tiene algo que contribuir al mundo de habla inglesa. Muchos hablan más de dos idiomas. He pensado siempre que decir algo en una segunda lengua hace que la persona sea más ágil mentalmente pero no necesariamente más inteligente. He conocido a mucha gente cuyo *lingüe* era más *semi* que *bi*. Para cuando alguien decide agregar una tercera lengua a esa mezcla, ya se está más atento o en la carrera.

El asesino del inglés, como en todos los idiomas, es la preposición. En ninguna parte esto me impactó más que en Manhattan, cuando una vez Regla y yo alquilamos un departamento en un quinto piso ubicado en un vecindario fuertemente dominicano, cerca de la Calle 145 y Broadway. El custodio del edificio, cuyo apartamento estaba situado al lado del elevador en el pasillo, tenía un letrero en la puerta con una bandera norteamericana alrededor. El letrero decía: GRACIAS AMÉRICA POR TODO LO QUE NOS HAS HECHO. ¿Fue alguna vez una preposición tan ingeniosamente malinterpretada?

Yo prefiero el capricho de la casa políglota de Theodore Roosevelt. Me placería alojarme allí. Sospecho que muchos de los colaboradores de este libro se hospedarían allí también. De hecho, es probable que ya hayamos hecho eso, querido lector. Lo que sigue puede que apenas sea una trascripción de nuestras discusiones multilingües y pontificaciones que se van acumulando en la profundidad de la noche. Ahora, *eso* sí que es interesante.

—**Traducción de Mariela Martínez**

Agradecimientos

SI ALGUIEN le pidiera a usted que mencionara algún amigo cuya primera lengua es el español o el portugués, y cuya segunda (o tercera o cuarta) lengua es el inglés, ¿a quién aludiría?

Les hice esta misma pregunta a docenas de amigos y colegas cuando decidí escribir este libro y al final terminé con una cantidad de nombres tres veces mayor a la que se encuentra en el índice. Debido a la disponibilidad, limitación de tiempo y accesibilidad de la gente, la lista se redujo hasta llegar a una cantidad manejable. Algunas personas generosamente intervinieron en mi nombre, o me permitieron consultar su Rolodex para que pudiera contar con muchos de los escritores que aparecen en las siguientes páginas. A todas ellas les estoy agradecido por sus recomendaciones y por sus sugerencias. (Algunos pocos sugirieron otros escritores que ya eran participantes. Conociendo a uno conoces a los demás.) Estas personas, siempre tan útiles, fueron David Unger, Eliana Rivero, Rubén Martínez, Lucinda Zoe, Peter Young, Nancy Hand, Susan Bergholz, Stuart Bernstein, Gloria Gutiérrez, Ingrid Lopet, Brian O'Gara, Hugo Pérez, Steve Larson, Pablo Medina, Mark Weiss, Carlos Morton, Natalia Revuelta, Demetria Martínez, Jordan Levin, Felipe Gallardo, Lourdes García-Navarro, Esther Allen y Enrique Fernández.

Tengo una deuda especial, por su excepcional ayuda y consejo con los individuos siguientes: Gary Kenton, Eliane Rubinstein-Avila, Gay Salisbury, Ricardo Aguilar, Eduardo Abud, Jesús Vega, la familia Albarrán, Charles A. Miller y Kelley Merriam Castro. Siento un falso orgullo de mantener mis conocimientos computacionales al mínimo, sin embargo se requirieron algunas habilidades desconocidas para mí sin previo aviso. Mark Bryant, que se aparecía apenas lo llamaba, y a Wynne Rife, que alteraba mi página Web cuando era necesario. Elizabeth Newhouse, mi editora de National Geographic Books, que comprendió el potencial de este libro desde el día en que informalmente se lo describí. Por último, el compilar los trabajos, los permisos de docenas de fuentes y diversos agentes literarios, el asesoramiento en una hoja de cálculo, y finalmente el conjuntar una inmanejable variedad de manuscritos junto con sus respectivas biografías y material adicional, era algo que estaba más allá de mi paciencia y habilidad. Annamarie Schaecher, una estudiante graduada en Estudios México-Americanos de la Universidad de Arizona, se encargó de la tarea y llevó a cabo el proceso de forma admirable y segura. A todos ustedes, colegas de confianza, mi más sincero agradecimiento en la lengua de su preferencia.

PRIMERA PARTE

Le pareció a ella que el comentario del Sombrerero carecía de sentido, aún cuando estaba ciertamente en inglés.

—Alicia en 'Una merienda de locos',
de *Alicia en el país de las maravillas* por Lewis Carroll

Aprendiendo el inglés con Shotaro

— RUTH BEHAR —

HABLO INGLÉS desde hace más de cuarenta años y aún no se me ha olvidado que el inglés no es mi primer idioma. Inclusive hoy, vacilo al escribir esta primera oración. ¿Suena bien en inglés? ¿No está demasiado contraída? ¿O artificial? ¿Es correcto decir esto de tal manera o aquello de aquella otra? Honestamente, no lo sé.

Es raro, y a lo mejor hasta ridículo, el que me sienta así. Hablo inglés perfectamente. Escribí una tesis de doctorado en inglés. Pienso, sueño, y vivo una gran parte de mi vida en inglés. "¿Eres cubana?" la gente me pregunta, sorprendida. "Pero no tienes acento". No, no lo tengo, aunque durante mi adolescencia traté arduamente de imitar el acento inglés, de Inglaterra, que me parecía mucho más refinado que aquel que escuchaba por todas partes cuando crecía en Queens, Nueva York. Con mis padres hablaba sólo en español, como lo sigo haciendo hasta ahora, ya que es el idioma con el que ellos se sienten más cómodos.

Sin la menor duda, mami y papi tienen acento —uno cubano, y muy fuerte— al hablar inglés, y yo les sigo corrigiendo los errores gramaticales y de pronunciación, como empecé a hacerlo desde chica. Para mí, el inglés era el lenguaje público, el lenguaje del poder, de la competencia, del progreso. Pero también era el lenguaje de la soledad, el lenguaje en el que yo me quedaba completamente sola, sin mis padres que me ayudaran. Hoy en día hablo un inglés que no es reconocible como típico de ninguna parte. Mi hermano, hace unos años, lo describió astutamente y con gran precisión. Según él, lo que yo tengo es un "acento universitario". Es el inglés de una persona que va la universidad, estudia mucho, y recibe buenas notas porque se muere de miedo de que la manden de regreso a la clase de los tontos.

Nadie nota al mirarme o al oírme hablar que otro idioma me quema por dentro, como una llama invisible pero eterna. Nadie sabe que llegué al idioma inglés como una mujer que en otra época llegaba a su esposo a través de un matrimonio arreglado tratando de desarrollar de la mejor manera una relación escogida por terceros y esperando algún día poderse enamorar. Sigo esperando…dependo del inglés, estoy muy agradecida por poder hablar inglés, no sería nadie sin saberlo. Pero no estoy enamorada de él.

Mi lengua materna es el español. Hablé este idioma durante los primeros cuatro años y medio de mi vida, cuando era una niña en Cuba. Me cuentan que hablaba ese español de niña con bastante vitalidad y entusiasmo. Me cuentan también que no paraba de hablar, como una cotorrita. Pero al mudarnos a Estados Unidos me volví tímida, retraída. No tengo ningún recuerdo propio de ser esa niñita que hablaba español en Cuba. Me imagino que por eso cada vez que estoy en la isla y veo a una niñita dejando correr aquel idioma por su boca con tanta naturalidad, sin el mínimo esfuerzo, mi corazón se derrite. "¡Así era yo!" pienso. Así era yo, una vez, antes de llenarme de complejos sobre que lengua estaba hablando. A Cuba, voy como una antropóloga, igual que a España, a México y a Argentina, buscando sin cesar alguna oportunidad para escuchar el español y hablarlo, y cuando estoy ahí no puedo evitar imitar sus acentos, de tal manera que mi español termina siendo una mezcolanza, el español de una mujer que ya no sabe donde queda su hogar.

Cuando salimos de Cuba, después de la revolución, fuimos a Israel, y ahí, según me cuentan llegué a hablar hebreo con bastante fluidez. Puede ser que para ese entonces ya sabía algunas palabras, porque en La Habana fui a kindergarten en el Centro Israelita, un colegio bilingüe en yídish y español fundado por inmigrantes judíos que vinieron a la isla en los años veinte y treinta. Pero el hebreo no duró en mi familia porque al año nos fuimos de Israel a Nueva York y nunca lo hablamos en casa. El hebreo se convirtió en el lenguaje de la liturgia y perdió cualquier conexión que alguna vez tuvo con la vida cotidiana. El español en cambio, se convirtió en el idioma del hogar, el que hablábamos no sólo con mis abuelos de Turquía que hablaban ladino, si no también con mis abuelos rusos y polacos que hablaban yídish.

En resumen, antes de cumplir cinco años yo hablaba dos idiomas, español y hebreo. Luego empecé primer grado en una escuela pública en Queens, Nueva York, en donde se suponía que debía de sobrevivir sin poder pronunciar ni entender ninguna palabra en inglés. Esto ocurrió en 1962, antes de que los programas bilingües y las clases de inglés como segundo idioma empezaran a aparecer en las escuelas públicas. O aprendías, o aprendías. Uno aprendía el inglés por ósmosis, acostumbrándose a oírlo, leyendo los labios, como los bebés, sin instrucciones especiales y sin una gota de misericordia. Y, si no lo aprendías, te mandaban a la clase de los "tontos" y te quedabas ahí para siempre.

En aquella clase de primer grado, me acuerdo perfectamente de la señorita Sarota, escribiendo un problema de matemáticas en la pizarra. Yo sabía la respuesta, así que levanté la mano. La señorita Sarota sonrió, y asintió con la cabeza, levantó el ceño, y esperó, tiza lista en mano. Abrí mi boca, pero no salió ninguna palabra. Sabía la respuesta, pero no sabía como decirla en inglés. Me quede ahí, muda. "Ruth", dijo la profesora. "¿Sabes la respuesta o no?". No estaba acostumbrada a escuchar mi nombre en inglés. Sonaba duro, severo. Feo. En mi familia me llaman "Ruti", pronunciando las dos silabas lentamente, suavemente.

"¿Y Ruth?". La profesora dijo mi nombre como si fuera un insulto. Traté de hacer señas, intentando escribir la respuesta en el aire con mis dedos. Rápidamente los otros niños se empezaron a reír y a señalarme con el dedo, como si fuera un mono escapado del zoológico. Muerta de vergüenza, bajé la cabeza tratando de desaparecer. De ahí en adelante, por el resto del año escolar, me sumí en un silencio total.

Cuando paseé a segundo grado, ya estaba en la clase de los "tontos" y completamente convencida de que ese era mi lugar. A pesar de que la escuela decía que no se debía diferenciar en cuanto al trato de los alumnos, los chicos sabían que en cada grado había una "clase de tontos" en donde estaban todos los alumnos que habían reprobado el año anterior. Estar en esa clase, en segundo grado, era señal de que habías empezado la vida con el pie izquierdo, porque las cosas tenían que estar pésimas para que te reprobaran en primer grado. La profesora actuaba como si no sólo fuéramos tontos, sino también, sordos. Nos repetía las cosas y nos miraba sobre los hombros, observándonos mientras escribíamos en nuestros cuadernos, lista para caernos encima apenas cometiéramos un error. Algunos de los estudiantes de la clase eran un poco lentos para aprender, pero otros eran retrasados, como Grace, quien tenía una cabeza enorme y usaba zapatos varias tallas más grandes, y era tan amistosa y simpática que uno ya sabía que algo tenía que andar mal. En esos tiempos esa clase era a donde mandaban a los niños extranjeros hasta que pudieran hablar inglés y pudieran probarle al mundo que en verdad eran inteligentes y sólo tenían que aprender inglés o hasta que demostraran que, en el fondo, efectivamente eran tontos.

Por suerte, no estaba completamente sola en la clase. Shotaro, un niño japonés también estaba ahí porque hablaba un idioma que no era inglés. Como éramos los únicos niños extranjeros, nos hicimos buenos amigos. Mirábamos libros de dibujos, nos leíamos el uno al otro, jugábamos a los encantados y al avioncito en el recreo. Él fue el único niño al que invité a mi fiesta de cumpleaños en segundo grado. Una de las fotografías que más recuerdo de esa época es una Polaroid en la que un grupo de niñas está posando alrededor de un pastel decorado con M&Ms y Shotaro y yo, parados en medio, relucientes de la pura alegría de estar ahí, juntos. Creo que aprendimos a hablar inglés sólo para poder comunicarnos el uno con el otro, como si hubiera un pacto entre los dos, misterioso, profundo, y que iba más allá de las palabras.

Ambos aprendimos el idioma y nos fue bien en inglés. Al final del año escolar nos sacaron de la clase y nos pusieron en clases normales de tercer grado. Pero Shotaro y yo no seguimos juntos en tercer grado. Su familia decidió regresar a Japón, mientras que para la mía, ya había quedado claro, no habría ningún regreso a Cuba.

Me entristeció la partida de Shotaro. El me dio un regalo de despedida que aún guardo en la casa de mis padres junto con otros recuerdos de mi niñez. Eran un par de muñequitos de madera, un hombre y una mujer en miniatura, vestidos con kimonos idénticos acurrucados en una cajita de seda bordada. A lo mejor esos muñequitos éramos nosotros, un niño y una niña que juntos se acostumbraron al idioma inglés durante el año que pasaron en la clase de los "tontos". Ninguno de nosotros hablaba el idioma del otro, así que el inglés era nuestra lengua en común. El inglés, y la convicción de que no éramos tontos, sino desposeídos.

—**Traducción de Virginia Lora**

RUTH BEHAR (La Habana, Cuba, 1956) es profesora de Antropología en la Universidad de Michigan. Ha recibido las becas Guggenheim y MacArthur. Entre sus libros se incluyen *Cuéntame algo aunque sea una mentira: Las historias de mi comadre Esperanza* y *The Vulnerable Observer*. Su título más reciente es *An Island Called Home: Returning To Jewish Cuba*.

Mississippi, fajas, y John Wooden

— GABRIEL ROZMAN —

MI PRIMERA LENGUA fue el húngaro, aunque nací en Uruguay. Mis padres y muchos de mis parientes intentaron escapar de la guerra en Europa a un lugar más seguro como Sudamérica. Digo esto porque después de hablar una lengua tan compleja como el húngaro, se pierde el miedo de aprender otras lenguas. De hecho, reflexionando sobre mi decisión a los 20 años en 1961 de estudiar en los EE.UU. a nivel universitario, todavía no entiendo qué me empujó a creer que podía interactuar en inglés con el nivel de conocimiento que tenía de la lengua.

Mi destino universitario en los Estados Unidos era nada menos que Hattiesburg, Mississippi, el único sitio que me aceptó el 1 de enero, dado que no había cumplido con ninguna de las fechas límite de aceptación. En 1961, créanme, todo el inglés que había aprendido en el colegio no tenía nada que ver con la lengua que encontré al llegar a Mississippi. Me dije que había gastado mi tiempo intentando aprender un inglés que nadie hablaba a mi alrededor.

Algunos meses después me trasladé a California State University en Los Ángeles. Puesto que tenía que trabajar para mantenerme, solicité un puesto en una tienda Sears en Hollywood. Me hicieron un examen que consistió en una serie de números, figuras y preguntas analíticas. Puesto que obtuve un puntaje mucho más alto que los demás solicitantes, me ofrecieron cualquier puesto que me interesara en la tienda. ¡Por supuesto, pregunté sobre qué puesto pagaría el mejor sueldo! Me dijeron que era el de ventas, en el departamento de ventas por catálogo.

Lo acepté.

Aquí me encontré un poco desubicado. Mi vocabulario en inglés contaba con tan sólo un ciento de palabras y el Catálogo de Sears tenía 200,000 artículos. Pero a los 21 años, no hay reto que parezca demasiado grande. Me llevé el catálogo a casa para leerlo por horas, tratando de memorizar los nombres de los artículos. Sólo aprendí unos cientos, pues diseñé una estrategia: si no conocía el artículo que mencionara un cliente, le haría algunas preguntas generales hasta que determinara lo que buscaban. Entonces iría a buscar en las páginas aproximadas del catálogo hasta que la persona me lo señalara con el dedo.

Cuando se abrió la tienda al siguiente día, la primera persona que se me acercó fue una anciana (desde la perspectiva de alguien que tenía 21 años). Me dijo que quería comprar una faja. No tenía ninguna idea de lo que hablaba, pero —siendo inteligente— le pregunté para qué servía una faja. La vieja se puso roja y salió, y entonces mi jefe empezó a enseñarme un poco más de inglés.

Un mes después en una clase de derecho mercantil en la universidad, recibimos las calificaciones de un examen de mitad de curso. Recibí una A. Otro estudiante —un oriundo de California— obtuvo una C. Se quejó de su calificación durante la clase, diciéndole al profesor que él entendía la materia pero había sido injustamente calificado por la dificultad de expresar los detalles de la ley en un buen inglés. El profesor lo miró, vino a mi asiento, recogió mi examen, y mostrándoselo le dijo, "Aquí tenemos un estudiante que apenas puede hablar inteligentemente; escribe como un niño de ocho años; su caligrafía es terrible y todos sus verbos están conjugados en el tiempo presente. Sin embargo, contestó el examen correctamente". Yo miraba a todos en la clase para averiguar en las caras de mis compañeros si debía sentirme ofendido o felicitado.

Considerando como estudiábamos los idiomas hace cuarenta años, me maravillo que aprendiéramos lo suficiente aún para sobrevivir al ordenar una comida. Hoy en día veo como la gente estudia múltiples lenguas por medio del Internet, las películas, el software interactivo, las cintas de audio y otras herramientas excelentes y me pregunto por qué no todos los jóvenes no estudian por lo menos un idioma más. Sin el inglés nunca habría disfrutado de Mississippi (bueno, más o menos) u obtenido eventualmente un MBA de UCLA cuando John Wooden era el entrenador de básquetbol y el equipo de UCLA era invencible.

—Traducción de Brad Haynes

GABRIEL ROZMAN (Montevideo, Uruguay, 1941) tiene una Licenciatura en Negocios de la Universidad Estatal de California y una Maestría en Negocios, (MBA) de la Universidad de California en Los Ángeles. Es presidente de TCS Iberoamerica, una compañía multinacional que maneja el desarrollo de sistemas tecnológicos en el continente americano, España y Portugal. Forma parte de Endeavor, una organización sin fines de lucro que ayuda a empresarios en países en vías de desarrollo.

Facilidad trilingüe

— FRANC J. CAMARA —

VENIR A LOS Estados Unidos fue uno de los momentos más emocionantes de mi vida. Nunca tomé esta experiencia como un desafío, más bien como una aventura y como una oportunidad que cambiaría mi vida.

Crecí en un pequeño pueblo maya en el estado de Yucatán, México, donde la mayoría de la gente hablaba maya. De hecho, incluso ahora, mucha gente todavía habla maya como primera lengua, y algunos como su única lengua.

Mientras crecía, mis padres, sus hermanos, sus padres, y casi todos los que me rodeaban hablaban maya cuando se comunicaban el uno con el otro. Sin embargo, por un mandato del gobierno que reconoce el español como la lengua oficial, aconsejaban no hablar maya. Algunos de nosotros fuimos forzados a hablar solamente el español.

Los maestros castigaban a los niños mayas cuando ellos decían algo en nuestra lengua nativa. Recuerdo claramente, en la escuela primaria, cuando un maestro golpeó a un estudiante por hablar maya en clase. Nos decían, una y otra vez, que hablar maya era malo, y que no nos iba a llevar a ningún lugar. Mi maestro de cuarto grado nos dijo que si queríamos llegar a ser alguien en la vida teníamos que aprender bien el español, y que nos olvidáramos del maya porque no tenía valor. (Con la misma actitud, con la que una vez me dijo que solamente la gente sin educación y sucia silbaba.) Por otro lado, si nosotros queríamos ser solamente campesinos u obreros de la clase trabajadora, entonces que siguiéramos hablando maya, pero que por ninguna circunstancia, se nos ocurriera hablar maya en su clase. Su trabajo era educar a la gente que merecía ser educada.

Por la opresión obvia hacia la gente que hablaba maya, mis padres nos hablaban a mis hermanos y yo en español. Lucharon para que habláramos solamente español entre nosotros aunque fuera malo e incorrecto gramaticalmente. Aún así, era difícil no aprender o hablar maya. Donde quiera que ibamos si queríamos hablar con otros, necesitábamos por lo menos entender lo que ellos estaban diciendo. Los miembros de la "elite" eran los únicos que no tenían que hablar maya porque ellos vivían en un mundo "diferente". Ellos comían bien, tenían carros y sirvientes. No teníamos nada de que hablar con ellos. De hecho, había veces que no teníamos qué comer. En mi pueblo, estábamos separados de acuerdo a nuestra clase social; como resultado era difícil alejarse de la lengua maya.

Además de alentarnos a no hablar maya entre la familia, mi madre quería que entendiéramos el valor de la educación. Ella siempre decía que si queríamos llegar lejos en la vida, la educación era la puerta de entrada. Ni ella ni mi padre fueron a la escuela. Los dos eran analfabetos. De hecho, mi madre no aprendió ni a firmar su nombre hasta que mi hermana y yo le enseñamos. Esa era la magnitud de su habilidad para escribir. Mi padre, por otra parte aprendió a leer y escribir español solo, y hizo lo mismo con el inglés. Tal vez su gramática no era la mejor, pero sí aprendió lo suficiente para comunicarse.

Cuando yo tenía quince años, después de terminar la secundaria en mi pueblo, convencí a mi padre a que me ayudara a venir a los Estados Unidos. Él tenía muchos años viviendo aquí. Mi meta era estudiar electrónica a profundidad. Ya había terminado un curso de electrónica en México. Pensaba que después de mis estudios, regresaría a mi pueblo para establecer mi negocio.

Mi padre trató de registrarme en una escuela técnica de comercio aún antes de que llegara a Los Ángeles, pero era muy joven; no hablaba inglés, y no tenía mi certificado de educación general. El consejero de la escuela me recomendó que aprendiera inglés, fuera a la preparatoria y después de esto, regresara. Como resultado, mi padre me alistó en una escuela de inglés intensivo, la cual me dió una visa de estudiante.

Asistí a esa escuela siete horas al día, de lunes a viernes. La escuela ofrecía dos clases diarias, una en la mañana que se enfocaba en gramática, y la del medio día que se concentraba en conversación. Cada "nivel" duraba cuatro semanas. Todo el curso consistía en siete niveles desde una introducción básica hasta la escritura de ensayos, la lectura avanzada, y la poesía.

Vivir en Los Ángeles fue un reto. Rodeado de pandillas, traficantes de drogas, y crimen en general. La mayoría de la gente que me rodeaba hablaba español, por eso no tenía la oportunidad de practicar el inglés que estaba aprendiendo. Como resultado, decidí pasar tiempo con mis compañeros de clase, muchos de los cuales eran gente de negocios provenientes de todo el mundo. Aunque sabíamos muy poco inglés, no teníamos otra opción más que practicar lo poco que habíamos aprendido. Cuando no sabíamos cómo decir algo nos comunicábamos con señas.

La mayoría de mis compañeros eran de Japón, así es que aprendí acerca de su comida, como usar los palillos correctamente, sus tradiciones, y también algo de su lengua. Uno de mis compañeros ha sido un buen amigo desde entonces. Cuando él regresó a vivir a Japón años después, yo lo visitaba cada vez que iba a Tokio. Ahora vive en las Filipinas con su familia y es dueño de un hotel. Lo he visitado varias veces en los últimos años.

Para practicar el inglés mientras lo aprendía, me propuse ver solamente televisión en inglés. En particular, gozaba las comedias, las cuales me enseñaron mucho sobre la cultura americana. *Three's Company* era una de mis favoritas. Al principio, no entendía lo que estaba pasando, pero conforme pasaba el tiempo, me sorprendí riéndome de vez en cuando de sus insinuaciones.

Para entrenar mi oído mejor, me encantaba escuchar música, escribir las letras, y cantar con la radio. Usaba auriculares para asegurarme de no perder ningún detalle. De hecho, así es como estudiaba todos los días, escuchando música mientras hacía mi tarea y cantando al mismo tiempo. Duran Duran, Van Halen, y U2 me ayudaron a aprender inglés.

Para la mayoría de los extranjeros, la pronunciación es usualmente el reto más grande. Para asegurarme de que la mía fuera la mejor posible, observaba cómo las personas que hablaban inglés movían sus labios al hablar, y los imitaba mientras me veía en un espejo.

Para probar más allá mi vocabulario y mi habilidad para escuchar, escuchaba la radio AM y *Mystery Theatre* (Teatro de misterio). Al final, yo escribía mis propias pistas y conclusiones para ver si entendía lo que estaba pasando. Para trabajar en mi acento, me grababa leyendo cuentos, y escuchaba para detectar mis errores. Hice esto una y otra vez, también me dictaba a mí mismo usando lo que había grabado.

Estos ejercicios y otros, como leer todo lo que estuviera a la vista —letreros, grafiti, y anuncios, por ejemplo— me ayudaron a aprender inglés rápido y, sobre todo, lo mejor posible. Como resultado, terminé el curso intensivo de inglés a tiempo, y con distinción.

De ahí, fui a la preparatoria en donde, por el poco tiempo que tenía en los Estados Unidos, nadie creía que hablaba y entendía inglés tan bien como lo hacía. Así mismo, como no había sido transferido desde una preparatoria americana, de acuerdo a las reglas del comité de educación, no se me permitiría asistir a las clases "regulares", eso es lo que me dijeron. Insistí tanto que me pusieron en el nivel más alto del programa de inglés como segundo idioma. El maestro se impresionó tanto con mis habilidades que pidió que me hicieran un examen y que me pusieran en las clases regulares.

En ese momento, era obvio para mí que los estudiantes que habían sido transferidos de escuelas extranjeras, eran categorizados inmediatamente por "debajo del promedio", y posiblemente como "tontos". De hecho, en México, yo ya había tomado álgebra, incluso introducción al cálculo. Pues, como era estudiante extranjero, me pusieron en una clase de matemáticas básicas. ¡Eso me molestó mucho! Me estaban enseñando a sumar y restar cuando debí haber estado aprendiendo a hacer ecuaciones avanzadas. Una vez más, en cuestión de unos meses, objeté el estar en esa clase y me cambiaron a una clase de matemáticas más difícil.

Cuando terminé la preparatoria, estaba en la clase de inglés avanzado compitiendo contra estudiantes para quienes el inglés era su lengua nativa. Al mismo tiempo, me gradué en matemáticas y ciencias de la computación. Yo les enseñaba a los estudiantes y a mis maestros como programar una computadora después de que yo aprendía solo, sin computadora, tan sólo leyendo un libro de programación, que había sacado de la biblioteca pública y "ejecutando" mis programas en la cabeza.

No solo terminé la preparatoria en cinco semestres en vez de seis, también fui el estudiante con el promedio más alto de los graduados, lo cual consideré un gran logro para alguien que llevaba tres años en los Estados Unidos y que había empezado sin saber una sola palabra de inglés.

Cuando niño, me dijeron que el español en vez del maya era la lengua que me iba a llevar lejos en México. Cuando llegué a los Estados Unidos, me di cuenta de que aprender inglés bien, sumergirme en la cultura americana, y continuar mi educación, era la mejor combinación, y la verdadera clave para el éxito.

En mi pueblo mexicano, mucha gente cree que los que hablan maya pueden aprender inglés más fácilmente que aquellos que no lo hablan. De hecho, ahora que hablar maya es algo bueno por el interés global en la cultura maya, la gente que menospreciaba a los que hablaban maya, ahora desearían haberlo aprendido de niños.

Personalmente, yo no creo que el asunto sea el hablar maya, sino el estar expuesto a más de una lengua a una edad temprana. Aunque ha sido una bendición para mí, mi habilidad para hablar varios idiomas fue, irónicamente desarrollada por miedo y opresión, pero en vez de verlo de esa manera, he aprendido a aprovecharla y usarla como fundamento para mi éxito. De hecho, en la universidad, en vez de tomar clases de español (como requisito de idioma extranjero), tomé francés, el cual terminó siendo mi segunda subespecialización. Más allá en mi carrera, aprendí suficiente japonés para usarlo cuando viajo solo a Japón.

Claro que, mi pasión es la tecnología, pero mi segunda pasión es los idiomas. Desde mi punto de vista, los idiomas abren las puertas hacia el mundo, nos presentan muchas oportunidades, y abren nuestra mente a experiencias innumerables. Habiendo viajado a treinta países, puedo avalarlo personalmente.

—Traducción de Erika Rico

FRANC J. CAMARA (Oxkutzcab, México, 1964) es un científico multilingüe en el área de computación. Tiene una Maestría en

Negocios, de la Universidad Luterana de California. Trabajó
para Microsoft de 1993 al 2005. Camara ha estado haciendo
presentaciones para el público latino, es miembro de la
Society of Hispanic MBAs, y de grupos civiles en el estado de
Washington.

Poder

— MARIE ARANA —

de *American Chica: Dos mundos, una infancia*

EL PATIO DEL COLEGIO Roosevelt estaba repleto con cientos de niños que revoloteaban y gritaban, esperando que sonara la campana. Nos escurrimos por la puerta y nos quedamos parados deslumbrados.

Una niña como de mi edad estaba reclinada contra la pared y nos miraba. Tenía piel oscura, era frágil y sus ojos saltaban de su cara como huevos duros, azul-blanco y de goma.

—¿Primer día? —preguntó—. Yo estaba mirando a mi alrededor como una conspicua recién llegada. Asentí que sí lo era.

—¿Hablas inglés? —dijo—, más como un hecho que como una pregunta.

—Sí —respondí—, lista para probarlo. Pero ella prosiguió en español y mi afirmación se quedó colgada en el aire como un silbido.

—Entonces vas a estar bien —me aseguró—. No te preocupes. Soy Margarita Martínez. Mi inglés no es muy bueno. Me pusieron en la clase de la señora Arellano.

Había dos secciones para cada grado en el Roosevelt, explicó Margarita. La principal era para los angloparlantes y una más pequeña para aquellos que hablaban el español. Examinarían mi capacidad y me pondrían donde correspondía de acuerdo con mi nivel de lenguaje.

El hombre que decidiría mi suerte se sentía contrariado en compañía de niños. Pude darme cuenta desde el momento en que me llamó. Tenía el ceño fruncido y estaba intranquilo, alisando su pelo con los dedos y mirando impacientemente su muñeca. Seguí su cabeza anaranjada hasta llegar a un cuarto junto a la oficina del director.

—Señorita, ¿usted habla inglés o español en casa? —preguntó en español—, indicándome una silla.

Marie Arana | 19

—Ambos —le contesté— y miré su pelo. Había algo milagroso en la forma en que se levantaba en la parte de arriba y se le pegaba alrededor de las orejas.

—¿Cuál lees?

—Ambos —volví a contestar—.

—No —dijo—, tamborileando los dedos de una larga y blanca mano sobre la superficie de la mesa. Vellos dorados salían de sus nudillos. Tenía un anillo protuberante como el de un primer ministro. —No me entiende. Debe haber una diferencia en el nivel que habla y lee los dos idiomas. I-dio-mas. Su español era amplio y acentuado como el de mi madre. Abrió una carpeta verde y la revisó y luego cambió sus preguntas al inglés. —Lo que le estoy preguntando, señorita, es sobre qué idioma tiene usted dominio. No figuran transcripciones o exámenes aquí.

—Yo creo que los dos son iguales —dije—.

—Señor —dijo—.

—¿Qué?

—Creo que los dos son iguales, *señor.*

Repetí la frase después de él. Nunca había escuchado a nadie en los Estados Unidos de América hablar así. Quería tirarme al suelo y gemir, sus palabras me parecían idiotas. Pero no había nada simpático acerca del hombre.

—Aquí —dijo—.

—Léame de este libro. Me empujó un volumen marrón por encima de la mesa, juntó dos dedos y jaló el puño de una camisa blanca de la manga de su chaqueta.

Le di vueltas al libro con las manos. *Indians of the Great Plains.* "Indios de las grandes praderas", anunciaba la cubierta. Lo abrí. —¿Qué parte le gustaría que lea? – pregunté—.

—Cualquier página —dijo—.

—Escoja una. Se recostó en el respaldar y cruzó sus manos detrás de la cabeza.

Lo hojeé mirando las imágenes. Casi a la mitad del libro había una titulada «Brujo con sonaja» o palabras parecidas. El brujo estaba mirando afuera de una carpa, sosteniendo un artefacto. En la parte de adelante, un indio bravo en un taparrabo corría hacia un río con el pelo suelto en la espalda como alas. El texto era bastante interesante, algo como esto: *Luego de la última ceremonia vaporosa y sudosa, el indio se sumergía en el agua durante el verano o se aventaba sobre un montículo de nieve en el invierno. Purificados de esta manera, estaban listos para hacer una ofrenda al gran espíritu o buscar una señal del Gran Más Allá.*

Contemplé las palabras y consideré mi situación. Podía leer esto en voz alta y me pondrían en la sección de inglés. Era tan sencillo como eso. O podía hacerme la loca como le gustaba decir al abuelo Doc. Engañar al arrogante.

Cerré el libro y lo puse sobre la mesa. —No puedo leer esto —dije—, y miré hacia arriba.

—¿Ni siquiera vas a intentarlo?

Moví la cabeza.

—Muy difícil.

—Bueno, lea esto entonces —dijo—, y me dio otro libro. Era delgado y brillante como una galleta con dulce.

Lo levanté, lo hojeé. Luego lo abrí y puse sobre la mesa frente a mí. Jane... ju-ju-ega con la... pelota.

—Ya veo —dijo—, luego de algunas páginas de esto. Así me parecía. Esto será suficiente. Garabateó un comentario largo en mi expediente.

Me pusieron en la clase de la señora Arellano y, por lo que parecía un largo tiempo, mis padres no se dieron cuenta. Cargaba mi Historia del Perú ilustrada para niños, memorizaba toda la letanía de los gobernantes incas hasta que pude recitar sus nombres quechua como una metralleta.

Y Margarita Martínez me prestó atención.

Conforme América Latina se deslizaba hacia una era anticapitalista y antiyanqui, George y yo entramos en una fase nueva propia de nosotros. Insistimos en jugar sólo juegos americanos. No teníamos idea que el clima político en el Perú era tan inhóspito para los Estados Unidos como lo era. No nos dimos cuenta de que el Perú estaba harto del coloso del norte. Tres años atrás la Agencia Central de

Inteligencia había derrocado al gobierno izquierdista de Guatemala y los intelectuales peruanos estaban irritados por esto. Dos años antes, Fidel Castro había dirigido una banda de revolucionarios en el sudeste de Cuba para reunir apoyo popular en el derrocamiento del dictador respaldado por los Estados Unidos, Fulgencio Batista. Los Estados Unidos se estaban poniendo muy arrogante con sus vecinos latinos. La insurrección estaba en el aire. En la Ciudad de México el Che Guevara estaba insuflando un fervor, planeando una revolución dirigida por una guerrilla contra los capitalistas, que esperaba se extendiera como fuego en el bosque desde la América Central, a través de los Andes, hasta Argentina.

No sabíamos nada de esto. Era extraño, entonces, que escogiéramos este momento para lucir nuestra musculatura americana, abandonar la conquista y jugar a los vaqueros. Habíamos ejercitado a nuestra manera un cálculo considerable en este cambio. Lo hicimos para dejar sentir alrededor nuestro peso y nuestra superioridad. Resultamos bastante exitosos en esto. Éramos más americanos que los americanos: más pretenciosos, más conspicuos, más vaqueros que nadie que se atreviera a aventurarse en nuestro pequeño espacio de la Avenida Andamos. Hay algo más, tan claro en retrospectiva, sin registrar en absoluto entonces: estaba jugando a dos mundos desde el centro. En el colegio Roosevelt, era muy peruana, cuidadosa de no hablar inglés bien, burlándome de los anglos torpes. Pero una vez que salíamos a la calle, era un rodeo chillón, haciéndome la anglo al máximo.

Me jactaba ante Albertito Giesecke, el niño de la cara de ángel que soñaba con ser sacerdote, que había mascado Big Red. —Lo he mascado y escupido. Realmente lejos. Te apuesto a que podría escupirle a una caca de vaca si estuviera a una cuadra. ¡Tengo un primo que me enseñó como hacerlo!

—Nuestro abuelo es un vaquero —le gritaba a cualquiera que me escuchaba—. ¡Un abuelo vaquero! Un Doc Holliday viviente. Es dueño de una parte de Norteamérica que se extiende hasta donde alcanza a ver el ojo. Tiene ganado. Tiene caballos. Maneja un carro grande y brillante. Usa un sombrero de alas anchas. Somos mejores que ustedes.

MARIE ARANA (Lima, Perú, 1949) es la autora de dos aclamados libros, su autobiografía *American Chica: Dos mundos, una infancia* y la novela *Cellophane*. Arana presta servicios en la junta directiva del National Book Critics Circle y la National Association of Hispanic Journalists. Actualmente, es la editora de la sección de libros para el *Washington Post.*

Guillermo Cabrera Infante en el maravilloso país del inglés

— SUZANNE JILL LEVINE —

Guillermo Cabrera Infante fue conocido por sus retruécanos artísticos y sus juegos bilingües. Así que le pedimos a su buena amiga y traductora que nos diera sus observaciones sobre la relación que él tuviera con el idioma inglés.

GUILLERMO CABRERA INFANTE inició el aprendizaje de su inglés, a los doce años, un poco después de que su familia se mudara desde Gibara, ubicado muy al este de la isla, a un barrio en La Habana. A partir de 1942 su padre, uno de los fundadores del Partido Comunista Cubano, insistió en que su hijo tomara clases de inglés en la escuela nocturna, el lugar en donde estudió el idioma por cuatro años. La escuela estaba ubicada en una colonia predominantemente judía, y costaba veinte centavos por mes. Inicialmente el joven Guillermo se resistía un poco, pero muy pronto adquirió, de acuerdo con uno de sus biógrafos, de su profesor de inglés, el "entusiasmo por el idioma", lo que lo haría experimentar con éste por el resto de su vida. El libro de texto que usó en esa época se llamaba *English in a Nutshell*. La palabra *"nutshell"* "me parecía muy intrigante" él comentó años después, "por su exotismo. A partir de entonces ésa ha sido la imagen que he tenido del inglés: intrigante exotismo".

Guillermo Cabrera Infante, ágil libertador del lenguaje, fue expuesto por primera vez a la cultura americana a través de historietas, es decir, por las traducciones de Dick Tracy y Tarzán. Su primer amor literario fue *Dragon Lady*, una oriental sedosa que aparecía en la historieta de *Terry y los piratas*. En ese tiempo, la cultura popular importada, así como la elitista, llegaba en español.

La lectura de la alta cultura de Guillermo Cabrera Infante pronto incluyó trabajos de Edgar Rice Burroughs y William Faulkner, Ernest Hemingway y James Joyce, Laurence Sterne y Lewis Carroll. Sin embargo, sus primeros modelos lingüísticos, además de sus profesores quienes jugaban con palabras en ambos idiomas, fueron las amadas estrellas y actores secundarios que conoció del cine clásico de Hollywood, entre los años 30 y principios de las 50's. Sin duda, un ingrediente crucial en la atracción hacia el inglés de Cabrea Infante fue su amor incondicional por la cultura popular, la que incluía tanto música como cine de los Estados Unidos. De hecho, su primer trabajo como escritor fue como crítico de cine para el periódico *Carteles*. Con una mirada cariñosa siempre decía "nací con una pantalla cinematográfica" en la boca.

Para cuando la Revolución Cubana había triunfado, Cabrera Infante era ya un escritor de ficción y director del suplemento literario *Lunes,* el cual era el nuevo periódico revolucionario. Aunque, dos años después, en 1961, se uniría a otros intelectuales y artistas en una protesta en contra de la censura, lo que provocó su despido de la revista *Lunes,* y finalmente su auto-exilio de su tierra natal. En 1964, a la edad de 35 años, en esa época fue Agregado Cultural en Bélgica, definitivamente rompió relaciones con el gobierno de 5 años en el poder de su país, y nunca más regresó a Cuba.

La España Franquista no le ofreció asilo pues era considerado comunista, las ironías de la política y el destino individual.

Londres se volvió su nuevo hogar. Siendo ya un escritor floreciente y exiliado en Londres, Guillermo se dio cuenta de que el inglés no era solamente un idioma de defensa, sino, como alguna vez me dijo "un medio literario libertador". Para este habanero, el exilio no era solamente geopolítico sino lingüístico. En inglés, libre de toda censura y restricción que había experimentado en su lengua materna, podía liberarse y jugar con las palabras, desvinculado de emocionales o profundas asociaciones, liberado de significado, un náufrago en el mar de la diáspora.

Aunque el inglés de Hollywood, la lengua vernácula popular, particularmente el idioma hablado en Nueva York era el favorito de Guillermo, él llegó a dominar y a amar la versión original: el hermoso barroco británico. Después de muchas décadas de vivir en Londres se consideraba a sí mismo tan "británico como un muffin".

Cuando él y yo trabajamos juntos por primera vez en 1969-1970 en el libro *Tres Tristes Tigres,* el inglés americano dominaba como la lengua de traducción. Para cuando estábamos traduciendo su tercera novela de ficción, *El Infierno de Infante,* a principios de los años 80, muy a menudo prefería el inglés británico para traducir su arqueado juego de palabras y aliteraciones preciosas. Este manuscrito proustiano de casi 800 páginas, está lleno de recuerdos barrocos y multitudinarios significados. En el universo de Infante, en el que La Habana no era solamente el infierno sino también el cielo, la única regla era obedecer el erotismo del lenguaje, en el que un sujeto florecería en un ramo de vocablos, y en donde los verbos no sólo se conjugarían sino que copularían uno con el otro.

Susan Sontag —una vieja amiga de Guillermo Cabrera Infante— al principio no estaba muy convencida. En los tiempo de la revolución cubana, ella visitó la isla, en solidaridad con Fidel Castro, quien la hizo llegar hasta lo más alto de la Sierra, donde se conocieron por primera vez, Guillermo, un escéptico esencialmente un periodista antipolítico, ella, una distinguida intelectual internacional, le lanzó toda la propaganda utópica política de ese momento histórico. Sin embargo, Sontag, muy pronto cambió de idea: desilusionada por las acciones autoritariamente retóricas y dracónicas de Fidel en contra de la libertad de expresión. Para los años 70, ella estaría de acuerdo con su compañero escritor, y admiraría el coraje de Guillermo al oponerse al régimen castrista, valiente porque arriesgó todo y se convirtió en un paria para sus compañeros intelectuales Latinoamericanos.

Pero lo que ella admiraba aún más, como ella lo dijo, fue su "completamente extraordinaria...brillante prosa en más de una lengua". Para muchos amigos y lectores, más que un escritor bilingüe, Cabrera

Infante, quien murió en febrero del 2005 a la edad de 75 años, era de hecho, como su personaje ficticio *Bustrófedon* de la novela *Tres Tristes Tigres,* tanto un genio políglota, como un triste tigre atrapado en el exilio.

–Traducción de Mariela Martínez

GUILLERMO CABRERA INFANTE (Gibara, Cuba, 1929-2005) fue autor de muchas novelas y ensayos. Gran parte de su obra literaria se enfoca en temas de la sociedad y cultura cubana. Entre sus libros se incluyen *Tres tristes tigres, Puro humo, La habana para un infante difunto,* y *Vista del amanecer en el trópico.* En 1997 recibió el Premio Cervantes.

SUZANNE JILL LEVINE (Ciudad de Nueva York, Nueva York, 1948) es traductora, autora y profesora en la Universidad de California en Santa Bárbara. Entre sus obras más conocidas se encuentra *Escriba subversiva* y una biografía de Manuel Puig. Ha traducido al inglés gran parte de la obra de Julio Cortázar, Carlos Fuentes, y Jorge Luis Borges. Recibió la beca Guggenheim, el premio PEN y becas del National Endowment for the Arts, y el National Endowment for the Humanities.

Pura bicultura

— COCO FUSCO —

de *English Is Broken Here*

MI POBRE ABUELA. Cuando llegó a Nueva York desde La Habana vía Madrid, las caricaturas americanas y las excursiones hasta Washington Square Park ya nos habían convertido a mi hermano y a mí en traviesos, pequeños yanquis. Contestábamos malcriadamente en inglés. Transformábamos sus admoniciones en chistes. Gustábamos de asustar a los adultos con malas palabras. Ella se aseguró, sin embargo, de que nosotros la llamáramos mamá, en vez de insultarla por su edad al llamarla abuela. Pero no pasó mucho tiempo antes que ella empezara a quejarse con su hija. "No puedo con estos niños", ella decía. "Están demasiado americanizados".

¿Qué podía decir mi madre? Los maestros le advertían que nuestras habilidades de aprendizaje estaban sufriendo por hablar más de una lengua en casa. Ella y mi padre estaban más preocupados por los asuntos raciales que lingüísticos. Ellos estaban buscando frenéticamente una escuela decente en Nueva York donde nosotros no fuéramos molestados continuamente por ser mulatos. Ellos agrandaban nuestros egos, como locos, para darnos un arma en contra las ideologías de un mundo racista. Nos volvimos expertos en mímica, imitando el acento musical en inglés de nuestros mayores y también parodiábamos los intentos de los americanos de pronunciar palabras españolas. (*I Love Lucy* era nuestro programa favorito, naturalmente).

También cambiábamos de carácter muy fácilmente, íbamos de la cortesía latina para impresionar a los padres de nuestros amigos americanos, a mocosos yanquis cuando queríamos desconcertar a nuestra última niñera. Una de ellas, Rufina, huyó de la casa después de que mis padres se negaron a exorcizar a sus hijos. "Traen al diablo adentro", ella gritaba.

Como la mayoría de los niños inmigrantes, nos deslizábamos en el espacio entre los lenguajes y las culturas sin dificultad. El mundo alrededor de nosotros ya nos había comunicando que éramos mejores que nuestros padres, pues entendíamos inglés. Y también había otras marcas que nos distinguían. *Nosotros* no vivíamos en un barrio, mi madre nos lo recordaba incesantemente, aunque ella se había escondido de los agentes de bienes raíces para meternos en ese distrito. Por si acaso alguien pasaba por la casa y para que no tuviera una mala impresión, mi madre barría las escaleras y la acera enfrente de la casa. Mi padre sacaba una bandera americana en los días festivos apropiados. Íbamos a la iglesia con los irlandeses los domingos y rezábamos en inglés, y nosotros, cuando niños, íbamos a una escuela predominantemente judía durante la semana. Gracias a mis padres, yo era, generalmente, inconsciente de lo que implicaban las miradas y los comentarios que revelaban los prejuicios de las personas, y, de todas maneras, nosotros habíamos llegado a creer, por casualidad, que no estábamos en América de verdad, o que habíamos llegado aquí por accidente. "Solicité otras visas…", mi madre decía.

América, creíamos, estaba en otra parte. Estaba en cualquier dirección afuera de Nueva York. No había nada bueno para comer ahí. Mi madre había vivido al norte del estado durante dos años antes de que yo naciera y todavía se quejaba de que nadie ahí, hubiera comido ni ajo ni cebolla y que las personas no hubieran tenido interés en otros lugares. Todos ellos pensaban que las películas extranjeras eran pornográficas, y los chicos eran más malcriados que nosotros, ni siquiera lavaban sus zapatos tenis. Eso era el norte, pero también podíamos olvidarnos del sur. Una de las primeras historias que escuchó mi mamá cuando llegó a los Estados Unidos fue sobre Emmet Till. No podíamos ni pensar en viajar a un lugar en donde los chicos negros eran linchados por silbarles a las mujeres blancas. Yo imaginaba que si íbamos para allá, terminaríamos en una cárcel o algo así.

Detrás de las paredes de nuestra casa, paredes que nos protegían de esa América, construimos un mundo donde las personas y las cosas provenientes de distintos lugares se mezclaban. A nosotros nos parecía que alguien siempre estaba llegando de algún lugar y

teníamos que celebrarlo. Quizás sea que los inmigrantes y margina-
dos, comparten ciertas experiencias que les facilitan las relaciones
sociales. Quizás era que parientes y amigos que recién llegaban nos
caían encima a nosotros por varias semanas, proporcionándonos su
compañía. Una visita podía durar un día o numerosas semanas, y
durante ese tiempo nuestros amigos y primos se hacían nuestros
estudiantes de inglés mientras que nosotros absorbíamos su nostal-
gia por un lugar que nunca habíamos visto. Como éramos niños, tal
vez creíamos que éramos mejores por nuestro dominio del inglés,
pero las personas y las cosas provenientes de lejos nos atraían.

Nuestro gusto por el extranjero había sido cultivado mucho antes
de que nos hiciéramos inmigrantes. Los exiliados cubanos en Miami
abrazaban el consumismo americano en su violento rechazo al comu-
nismo, pero había una tradición más vieja, mantenida por muchos,
de siempre buscar la cultura afuera, preferentemente en Francia,
aunque la mayoría de lugares en "el continente" eran lo suficientemente buenos. Podíamos ir a la escuela en América, si era necesario,
pero para ser verdaderamente gente de mundo, teníamos que aprender la manera europea. Cuando, como adulto joven, regresé después
de un semestre de estudios en París, mi tía sacó su mejor porcelana
china para servirme café y dulces. Después de ocho meses de estar
en Europa, me convertí en un invitado de honor. Mi recientemente
adquirido francés impresionaba a todo el mundo como nunca lo
hizo mi inglés. En ese momento, no me había dado cuenta de que en
su cabeza yo había cumplido un sueño totalmente criollo.

—Traducción de Jackie de la Fuente

COCO FUSCO (La Habana, Cuba, 1960) ha actuado en museos, gale-
rías y teatros internacionales presentando comentarios sociales radicales. Adicionalmente ha escrito varios libros entre
los que se incluyen *English Is Broken Here* y *The Bodies That
Were Not Ours and Other Writings*. Fue la editora de *Corpus
Delecti: Performance Art of the Americas*. Es profesora en la
Universidad de Columbia en Nueva York.

Aria

— RICHARD RODRIGUEZ —

de *Hunger of Memory: The Education of Richard Rodriguez*

APRENDÍ MIS PRIMERAS PALABRAS en inglés escuchando a mis padres hablar a los extraños. A los cinco años sabía suficiente inglés para que mi madre confiara en mí para encargarme mandados en las tiendas a una cuadra de casa. Nada más. Era incapaz de oír mis propios sonidos pero sabía muy bien que hablaba un inglés terrible. Mis palabras no podían extenderse lo suficiente para formar pensamientos completos y las palabras que hablaba realmente no las conocía lo suficientemente bien para pronunciarlas con sonidos diferenciados.

Para mí no existía ninguna de las gradaciones entre la sociedad pública y la privada tan comunes para un chico en crecimiento; fuera de la casa estaba lo sociedad pública, y dentro de la casa lo privado. Tan solo abrir o cerrar la puerta tras de mí era una experiencia importante. Raramente dejaba la casa a solas o sin temor. Nervioso, llegaba a la tienda de abarrotes para escuchar allí los sonidos de los gringos —extraños para mí— recordándome que en este mundo tan grande yo era un extranjero. Pero entonces regresaba. Caminando de vuelta a nuestra casa, subiendo los escalones desde la acera, cuando la puerta principal estaba abierta en el verano, oía las voces hablando español más allá de la puerta. Por uno o dos segundos permanecía allí, estático, escuchando. Sonriendo, oía a mi mamá llamarme, diciendo en español (palabras): "¿Eres tú Richard?". Todo ese tiempo sus sonidos me aseguraban: Estás en casa ahora; ven más cerca, dentro, con nosotros...

Recuerdo muchas noches cuando mi padre volvía del trabajo y yo le oía llamar a mi madre en español, sonaba aliviado. Algunas noches me sobresaltaba solo al oír su voz. Con mis hermanos corería a la habitación donde él estaba con mi madre. Nuestra risa, tan llena de placer, se transformaba en gritos. Como aquellos que conocen el dolor de la alienación pública, nosotros transformábamos la conciencia de nuestra separación pública y la hacíamos reconfortante, el recuerdo de la intimidad.

Los que apoyan la educación bilingüe daban a entender que los estudiantes como yo, perdemos mucho al no ser educados en el idioma de la familia. Lo que no parecen reconocer es que, como un chico socialmente en desventaja, consideraba el español un idioma privado. Lo que precisaba aprender en la escuela era que tenía el derecho, y la obligación, de hablar la lengua pública de los gringos. Lo que yo no creía era que podría hablar una sola lengua pública.

Afortunadamente, mis profesores eran poco sensibles ante sus responsabilidades y lo que entendían era que yo precisaba hablar una lengua pública de modo que sus voces me perseguían, haciéndome preguntas. Cada vez que los oía, miraba sorprendido para encontrarme un rostro de monja haciéndome una mueca. Yo balbuceaba, sin realmente tratar de responder. La monja insistía: "Richard, ponte derecho. No mires al suelo. Habla. ¡Habla para la clase entera y no sólo para mí!". Sin embargo, yo no sentía que la lengua inglesa fuese mía para poder usarla (en parte no deseaba creerlo). Seguía balbuceando y resistía las exigencias de la profesora (¿Sospecharía de algún modo que una vez que aprendiese la lengua pública mi placentera vida familiar cambiaría?). En silencio, esperando el sonido de la campana, permanecía mareado, inseguro y temeroso.

Tres meses, cinco, medio año pasó. Sin sonreír pero siempre atento, mis profesores se dieron cuenta de mi silencio. Comenzaron a establecer conexiones entre mi comportamiento y el trabajoso progreso que estaban haciendo mi hermano y hermana. Un sábado por la mañana, tres monjas llegaron a la casa para hablar con nuestros padres. Muy estiradas se sentaron en el sofá azul de nuestra sala. Yo escuché por casualidad a una voz que amablemente preguntaba, "Señora Rodríguez, ¿Hablan sus hijos español en la casa?". Mientras otra voz añadía "ese Richard especialmente parece tan tímido". Alargando la pronunciación de mi nombre en inglés de forma que parecía decir "Rich-heard".

Con tacto las visitantes continuaron diciendo, "¿Sería posible que su marido y usted estimulasen a sus hijos para que practiquen su inglés cuando estén en la casa?". Obviamente mis padres accedieron. ¿Qué no harían ellos por el bienestar de sus hijos? Más aún, ¿Cómo iban ellos a contradecir la autoridad de la Iglesia que aquellas mujeres representaban? En el mismo instante accedieron a abandonar la lengua (los sonidos) que habían mostrado y acentuado la cercanía en nuestra familia. Mis padres se unieron desde entonces en decirnos en ambos idiomas, "Ahora, *speak to us* en inglés".

Al comienzo parecía un juego. Después de la cena, cada noche la familia se reunía para practicar "nuestro" inglés (aún era el inglés, un idioma extraño para nosotros, de forma que nos sentíamos como extranjeros ante él). Riéndonos, trataríamos de definir las palabras que no podíamos pronunciar, jugaríamos con los sonidos extraños del inglés, a veces exagerando nuestra pronunciación, y llenábamos las pausas de risa de nuestras oraciones con familiares sonidos en español. Pero alguien gritaba que aquello era hacer trampas y todo el mundo reía.

Mientras tanto, en la escuela, así como mi hermano y mi hermana, yo debía asistir a una sesión privada de enseñanza. Precisé un año completo de atención especial y también que mis profesores me mantuviesen atento, para no distraerme de la clase, llamándome con ese "*Rich-heard*"; sus voces en inglés lentamente desprendiendo mis lazos de mi otro nombre, Sus tres notas: Ri-car-do.

Sobretodo lo que necesité fue oír a mi madre y a mi padre hablarme en un momento de seriedad en un inglés quebrado y repentinamente descorazonado. La escena fue inevitable. Un sábado en la mañana entré en la cocina donde mis padres hablaban en español. Pero no me di cuenta que hablaban en español hasta que en el momento que me vieron, oí que sus voces comenzaban a hablar inglés. Aquellos sonidos gringos que pronunciaban me sobresaltaron, me empujaron para atrás. En aquel momento de incomprensión trivial y profunda intuición sentí mi garganta retorcida por una pena sin sonido. Me giré rápidamente y abandoné la recamara pero no tenía a donde escapar con el español (el hechizo se había roto); mi hermano y hermanas hablaban inglés en otra parte de la casa.

Una y otra vez en los siguientes días, más irritado cada vez, me veía obligado a oír a mi madre y mi padre diciendo, "*Speak to us en inglés*" (*Speak*). Sólo entonces me decidí a aprender el inglés de la clase. Semanas después sucedió; un día en la escuela alcé mi mano como voluntario para responder. Hablé con una voz alta y no consideré nada fuera de lo común cuando toda la clase me comprendió. Ese día, dejé muy lejos ser el chico en desventaja que había sido tan sólo unos días antes. La creencia, la seguridad tranquilizante de pertenecer en lo público, finalmente había tomado su lugar.

—Traducción de Iván Cavielles-Llamas con Eduardo Abud

RICHARD RODRIGUEZ (San Francisco, California, 1944), es autor de *Hunger of Memory, Days of Obligation* y *Brown: The Last Discovery of America*, que exploran la intimidad, la identidad y las cualidades nacionales. Es un presentador del programa de PBS *NewsHour*, por lo que ha recibido el Peabody Award. Durante años ha estado vinculado con el Pacific News Service de San Francisco (actualmente New America Media). Se graduó de Stanford, Columbia y de la Universidad de California en Berkeley. Entre sus premios destacan la medalla Frankel del National Endowment for the Humanities y una beca Fulbright.

Aprender inglés al estilo Sinatra

— JOSÉ SERRANO —

LA GENTE APRENDE SEGUNDAS lenguas de maneras muy extrañas. Mi experiencia debe estar entre las más extrañas de todas. Yo nací y pasé mis primeros siete años en Mayagüez, Puerto Rico, donde todo el que conocía hablaba solamente en español.

Mi padre luchó por los Estados Unidos en la Segunda Guerra Mundial. Cuando él fue relevado del cargo, regresó a casa con un montón de discos de Frank Sinatra. Como muchos puertorriqueños, la música era una gran parte en nuestras vidas. Yo me pasaba horas escuchando esos discos y a veces hasta cantaba al mismo tiempo.

Quien iba a decir que esos discos me estaban enseñando el lenguaje de una tierra a donde mi familia se mudaría pronto. Al escuchar a Sinatra, yo aprendí a pronunciar cada palabra con distinción. Él nunca se tragaba una sílaba. De él, aprendí ritmos, inflexiones, y los sonidos de un idioma que era tan diferente al que yo hablaba todos los días.

Al poco tiempo, después nos mudamos a Nueva York, donde mi educación en inglés continuó. Fui a la escuela en la que todos hablaban inglés y comencé a aumentar mi vocabulario. De los discos de Sinatra yo aprendí a decir "Tewsday", como el decía, no "Toosday", como todos los demás. Pero aun más estimadas por mi corazón y parecidas a mis lecciones de Inglés de Sinatra, yo escuchaba a Mel Allen comentar jugada por jugada de los Yankees, y al joven Vin Scully transmitir el juego de los Dodgers de Brooklyn. Pegado a la radio escuchaba las explosiones de mis héroes, yo absorbí el idioma de la emoción y de la desilusión. Yo aprendí a contar cuentos y el arte de llenar los espacios silenciosos.

Cuando pienso en el aprendizaje de un segundo idioma, siempre pienso en las puertas que se me abrieron. Me puedo comunicar con personas provenientes de tantos países diferentes y tantas experiencias personales en sus idiomas nativos. Esta habilidad es muy valiosa al ser líder y figura de la comunidad. Yo debo escuchar y hablarles a las personas en un idioma que ellos puedan entender. Las palabras que yo escojo tienen más importancia para ellos que cuando hablo casualmente con mi familia y/o amigos. Estoy haciendo una conexión con ellos a través del idioma y mi conocimiento sobre el poder y el significado de las palabras me sirve en este camino.

He dedicado una considerable energía en el Congreso para combatir los esfuerzos de otros, de hacer al inglés el idioma oficial de los Estados Unidos. Siempre les ofrezco una alternativa. Yo quiero reconocer al inglés como el idioma primario de los Estados Unidos, y promover el aprendizaje del idioma inglés por parte de todos los americanos. Pero quizás lo más importante, es que mi propuesta legislativa reconoce que el multilingüismo asegura un mejor entendimiento entre los grupos diversos de personas que componen esta nación.

El aprender y conocer más de un idioma es una habilidad muy valiosa. Yo pienso a menudo en qué sería de mi vida si yo nunca hubiese escuchado a Sinatra cuando era niño. Sin esos discos no hay manera de saber adonde habría ido a parar, o qué habría hecho, pero es justo decir que mi vida habría sido muy diferente.

Frank Sinatra dijo una vez, "Yo creo que mi mayor ambición en la vida es el enseñar a los otros lo que yo sé". A mí me gusta vivir por esas palabras. Una de las cosas que yo sé, es que el lenguaje es una herramienta muy valiosa. Entre más herramientas se tengan en la vida, mejor preparado se estará para lo que la vida te ponga adelante.

—Traducción de Luisa Carolina Barreat y Mariela Martínez

JOSÉ SERRANO (Mayagüez, Puerto Rico, 1943) se educó en el Bronx. A los 21 años, empezó su servicio en el Batallón 172 del ejército estadounidense. Ha sido miembro del Congreso de los Estados Unidos desde 1990. Es autor del proyecto presentado al Congreso "English Plus", que fomenta el proceso de aprendizaje de otras lenguas además del inglés.

De caballero inglés a Zelig

— ALVARO VARGAS LLOSA —

APRENDÍ FRANCÉS ANTES de que aprendiera inglés, y español, mi lengua nativa, antes de que aprendiera francés, y —para complicar más las cosas— aprendí inglés al mismo tiempo que aprendí griego antiguo e intenté aprender alemán. Entonces, si en el curso de la lectura de este testimonio personal se encuentra algo raro, ya se sabe de donde vienen mis expresiones arcaicas.

Mis padres, quienes son grandes admiradores de la cultura francesa, me mandaron a una escuela francesa en Lima, Perú, donde recibí una educación bilingüe por unos años. Por un período, tuve que irme por unos meses porque mi padre, un novelista nacido en Perú, aceptó una invitación para enseñar un curso en la Universidad de Cambridge, en Inglaterra. Aparentemente mi hermano y yo nos divertimos durante esa estadía corta en Cambridge, y expresamos nuestro interés en asistir en el futuro a una escuela en Gran Bretaña —por lo menos por un tiempo. Entonces, unos años después, a los treces años, me encontré en una escuela británica sin poder hablar una palabra de inglés y rodeado de compañeros de clase a quienes les parecía un paquistano (la mayoría del tiempo) o un italiano (ocasionalmente). Cuando llegué a la escuela, la primera pregunta que se me hizo —a través de un intérprete— fue si había coches en Perú. Respondí que preferíamos UFOs para evitar la congestión.

Estaba muy asustado en mi nueva escuela. Recuerdo vívidamente las primeras tres semanas pensado cada noche: "¿Podría convertirme en mudo y perder la capacidad del habla para siempre si me paso meses sin hablar con nadie?". El pensamiento me atormentó por semanas. Aunque algunos compañeros de clase me hablaban ocasionalmente, la barrera lingüística, y particularmente el hecho de que nadie hubiera oído antes del Perú, me convirtió en una rareza zoológica a la que la gente solía mirar y hacerle caras en vez de comunicarse con ella por medio de la palabra hablada.

Finalmente, empecé a hacer ejercicios raros con la boca para estar seguro de que los músculos siguieran funcionando. Los practiqué en la cama y durante mis tiempos libres. Posteriormente, decidí que solo había una manera de asegurarme de que no perdería la facultad del habla: grabando cientos de cintas con mi propia voz. Esta tarea la emprendí con pasión por varias semanas. Después de un tiempo, ya me faltaban cosas para decirme y empecé a mandarle a mi amigo Carlos en Lima cartas largas en forma de cintas en las que hablaba sobre cualquier cosa que fuera posible con el único propósito de proteger mi voz. Él me respondía de la misma manera. Hoy, temo la posibilidad de que alguna de esas cintas de la juventud de repente emerja…y caiga en las manos de mis enemigos.

Un día, mi francés vino a salvarme. Dado a que era el mejor en la lengua francesa porque era el único que había estudiado la lengua por tantos años, les fui útil a unos alumnos que querían impresionar al maestro. Uno de ellos propuso que le enseñara francés a cambio de que él me ayudara; lo haríamos fuera de las horas escolares regulares. Pero, por supuesto, siendo esta una escuela inglesa, había requisitos académicos complejos que se oponían a mi capacidad de enfocarme en el inglés. Se esperaba que empezara el alemán, el griego antiguo y el latín porque los autoridades escolares suponían que un chico de trece años quien ya habla dos lenguas y estaba a punto de aprender una tercera, claramente debía hablar seis. Como resultado, no me quedaba mucho tiempo para el inglés.

Me encontraba sumergido durante las noches en betas y thetas griegas, acusativos y genitivos alemanes y las declinaciones latinas, mientras al mismo tiempo trataba de aprender como decir "Mi nombre es Alvaro Vargas Llosa" en inglés. El progreso era lento, para decir poco.

Las autoridades escolares me habían dicho que la mejor manera de aprender una lengua extranjera era consiguiendo una novia que la hablara. Esa era una opción complicada porque la mía era una escuela sólo para hombres y salir al pueblo era imposible, no se les permitía salir de la escuela a los chicos de tercer grado, tan sólo durante un corto descanso por la tarde. Un chico italiano quien había llegado a la escuela con un déficit serio para hablar inglés se dio cuenta de que la única manera para vencer los obstáculos era declarándole su amor a la maestra de francés, mujer y perfectamente bilingüe. Algunas de mis clases de griego antiguo las enseñaba una maestra inglesa, así que presté atención particular a mi compañero italiano y a sus intentos con la maestra de francés, pensando que si funcionaba para él, quizás me declararía a mi maestra de griego, también. (¡El riesgo, por supuesto, era que quizás, estuviera inclinada a llevar a cabo nuestro enlace en griego antiguo!)

El plan fue vergonzosamente abortado una tarde cuando mi amigo italiano salió de la clase de francés con la cara roja y la cola entre las piernas. "Está casada", dijo con disgusto. "Me dijo que me había agradecido el gusto pero que estaba comprometida. De hecho cuando me lo dijo, lo encontraba todo un poco divertido pero yo no sabía que decirle". Al ver a mi compañero en un estado tan lamentable, decidí que no me iba arriesgar a un rechazo y, abandoné mis planes románticos con respeto a la Srta. X (quien probablemente era Sra. X) y opté por aprender inglés de la manera más difícil, matándome con libros, cintas, cursos de video, y esa manera irremplazable: la humillación del intento y error en la vida real.

Conseguí una novia inglesa al año siguiente. La conocí en una fiesta que dio la escuela femenina al otro lado de la calle, a la que los chicos del cuarto año de mi escuela fuimos invitados. Pero el lenguaje me hizo una mala pasada. Después de no verla por unas semanas, quería decirle que la extrañaba. Cuando le dije "me arrepiento de ti", adaptando al inglés la palabra francesa extrañar a alguien, me miró con cara de horror y dijo algo como esto: "No eres un caballero". Nunca nos volvimos a ver.

Mi pasión por las lenguas y mi conocimiento de la desventaja en que estaba con respecto al resto de la escuela eventualmente me ayudó. Después de un breve período en que asumí un acento jamaiquino como método de expresar mi admiración por Bob Marley, a quien mis amigos, mi hermano y yo adorábamos, me decidí a ser más británico que los británicos. Saqué una A en mis exámenes de inglés y me hice experto en John Keats, el poeta romántico cuya "Oda en una urna griega" recitaría a mis amigos de la escuela todo el día. ("Tú, aún inviolable novia de la quietud, /tú, hija adoptiva del silencio y del tiempo tardío, /narrador silvestre, que así expresa/una historia florida mejor que nuestras rimas…").

Mi acento, por supuesto, era de la escuela británica. Pero esta ignominia fue corregida rápidamente unos años después cuando pasé un semestre en la Universidad de Princeton. Allí hice amigos con un grupo de puertorriqueños izquierdistas que me hizo involucrarme en sus varias causas (¡la mayoría de las cuales desaprobaría hoy!) Mi esposa me dice que en asuntos de lenguaje, soy un poco como Zelig, el personaje inolvidable de Woody Allen, pues trato de adaptar mi acento a las circunstancias circundantes. Durante mi primera visita de regreso a mi antigua escuela en Gran Bretaña, se puede imaginar la sorpresa de mis maestros cuando me oyeron hablar como neoriqueño y también el horror de mi padre, admirador de todas las cosas inglesas.

Desde entonces, mi inglés camaleónico, ha pasado por varios cambios de color. En la Escuela de Economía de Londres, donde estudié durante los fines de la década de los ochenta, me gustaba una chica rusa y decidí hablar con un acento impecable de St. Petersburgo. Luego pasé tiempo en Florida, donde era el editor de un periódico conocido como "el monstruo por la bahía" y hablé con un tipo de acento como Andy García. Un poco después, me enamoré de las películas de Orson Wells y asumí el acento grave y poderoso de Charles Foster Kane. Después fui a España, donde la gente tiene muchas virtudes pero no la de aprender idiomas, así que añadí unos ingredientes castellanos a mi mixtura ya substancial. Mis años en California probablemente añadieron un cachet de la costa oeste a esa mezcla, y no es dudoso que la manera de hablar de Washington —esa enfermedad cultural horrífica— haya penetrado mi inglés actual. ¿Quién sabe cómo todavía soy capaz de comunicarme y cómo es que mi cerebro no ha explotado en un millón de partes? "Hablas como alguien del Fondo Monetario Internacional", dijo un amigo de mi esposa. Casi me dio un ataque cardiaco.

Obviamente, estoy evitando cuidadosamente que mis hijos pasen por esta terrible experiencia. Entonces trato de no hablar tanto en inglés con ellos con la esperanza de que pueden hablar como personas normales (hablo con ellos en español el setenta por ciento del tiempo y el otro treinta por ciento en inglés.) Su escuela, que es multilingüe y sigue el programa de inmersión lingüística, tiene chicos de todas partes del mundo, lo que lo hace un desafío interesante. Por el momento, ambos de mis hijos hablan inglés con un acento perfecto de los Simpsons (aunque no hablan con el vocabulario de los Simpsons o por lo menos no cuando están con su madre o conmigo).

Supongo que hay una cosa buena sobre mi acento camaleónico. Refleja mi idea del mundo. Mi verdadera esperanza es que algún día se levanten todas las barreras al cambio libre de ideas, bienes, servicios y personas, y todos podamos movernos de un lado a otro con una libertad total.

—Traducción de Garrett Smith y Mariela Martínez

ALVARO VARGAS LLOSA (Lima, Perú, 1966) se educó en The London School of Economics. Es director del Center on Global Prosperity en el Independent Institute en Washington, D.C. Ha escrito para *Wall Street Journal*, *Granta*, *The International Herald Tribune*, y *El Nuevo Herald*, donde trabajó como editor de la página de opinión. Sus libros incluyen *Rumbo a la libertad*, *The Madness of Things Peruvian*, y *The Myth of Che Guevara*. Como co-autor colaboró con *El manual del perfecto idiota latinoamericano*.

La desaparición de los dinosaurios

— RAFAEL CAMPO —

¡PENDEJO! Grité la palabra en voz alta, consciente de la reacción que provocaría. ¡Coño!, ésa la añadí por énfasis.

Mi padre me lanzó una mirada de ira por encima de los hombros, dejando de centrarse en la carretera congestionada, tan sólo lo necesario para silenciarme. Estábamos en nuestro viejo Ford LTD, con su tapicería beige tejida, pintura rojo-óxido y techo duro de vinil marrón. Mis hermanitos, que intentaron reprimir su risa, estaban sentados uno a cada lado mío, vestidos en trajecitos iguales de poliéster y colores pastel; con el pelo negro peinado esmeradamente hacía atrás, lustroso y firme gracias a una aplicación generosa de la gomina Aquanet de mi madre. Alrededor de nosotros, la carretera se extendía hasta un horizonte lleno de andamios enormes y tanques de agua y grúas anguladas que me recordaban a los esqueletos fosilizados de los dinosaurios que yo había visto en los museos. Me fascinaban los dinosaurios, pero no por las mismas razones que a la mayoría de los niños de seis años. Para mí, los dinosaurios eran como mi familia; todavía no extinta, como los Tiranosaurio y los Tricerátops; sin embargo estaba a punto de desaparecer para siempre. Estábamos en ruta a Elizabeth, Nueva Jersey para visitar a mis abuelos. Me esforzaba todo lo posible para no tener que hablar español.

"¡No hables de esa manera!" mi padre dijo bruscamente. "¡No usamos ese tipo de lenguaje en nuestra familia!".

Me encantaba que me prohibieran hablar español. Traté de pensar en otras groserías, pero reconsideré el hecho de que podría enojar demasiado a mi padre, si tomaba en cuenta la rapidez con que había pasado la basura desparramada entre la maleza al borde de la carretera. Quería hablar inglés, y sólo inglés, como todos mis amigos de clase.

Vivía en una casa, que había sido pintada en un tono oro intenso; con una terraza de madera de secoya que al fondo daba a un lago pequeño; y que tenía persianas negras pequeñas y lindas. También, teníamos nuestra propia canasta de básquetbol en un extremo de la entrada de nuestro garaje. Algunas de las nuevas amigas de mi madre hasta manejaban Cadillacs. Regresar a Elizabeth era como volver a la prehistoria, con sus aceras mugrientas, adolescentes amenazantes y espabilados; departamentos pequeños y apretados en edificios de ladrillo feos y grises; "*tenements*" dije dentro de mí, acordándome de una palabra meliflua del diccionario *Merriam-Webster* que había estado leyendo de cabo a rabo. Tuve que admitir que me gustaban más este tipo de palabras.

"¿Qué dijiste?" preguntó mi padre, mirándome a través del parabrisas. Me alegraba que él siguiera enojando y, por lo tanto, hablando en inglés. Estaba agradecido de no tener que "practicar" español nunca más. El inglés, frío, correctivo y formal, era empleado cuando alguien de la familia se metía en problemas; así, pensaba, con alguna suerte, nos quedaremos en el canal del inglés por el resto del viaje.

Mi familia había sobrevivido el mundo salvaje de Elizabeth, había progresado hasta los suburbios blancos, seguros, con calles soleadas y bordeadas con árboles. En nuestro primer invierno, ahí, observé que incluso la nieve permanecía más blanca por más tiempo. Al contrario, en la ciudad, siempre era estropeada, horas después de que caía, era salpicada por la orina de los perros callejeros y ensuciada por el tizne de las chimeneas aledañas que era transportado por el aire. En Ramsey hasta los hidratantes para incendios parecían limpios, cuadrándose como soldados brillantes y rojos ante el público. ¡Y los árboles! Plenos y sanos; no estaban ni atrofiados, ni medio-vivos ni espectrales en partes; ni les faltaban secciones masivas de ramas a causa de los camiones errantes que los habían arado al pasar o que a veces cortaban los cables eléctricos. "*Birch*", susurré para mí mismo, "*Elm. Linden. Sycamore*". Me esforzaba mucho en memorizar los nombres de los árboles, los cuales había encontrado en el diccionario; esperando que echaran raíces en mi mente y expulsaran los nombres españoles. Ni siquiera sabía los nombres en español de la mayoría de ellos, no crecen en América los flamboyanes y los palmeros que pintaba mi tía, por lo menos no donde habíamos vivido. El español, lo había decidido, era el idioma de la selva que se encogía, el idioma del pasado distante, el idioma hasta cierto punto, de extinción.

Al aprender inglés, esperaba que algún día, me olvidaría completamente del idioma español. Yo creía que al desaprender español podría, finalmente dejar atrás Cuba y verdaderamente volverme un americano. Aunque nunca había estado en Cuba, la imaginaba como un lugar terriblemente primitivo. En los mapas que había visto, me parecía como un lugar repugnante en el que los Estados Unidos accidentalmente había pisado. Poblé el terreno montañoso e inexplorado con indígenas desnudos de pieles morenas; así mismo la poblé con todo tipo de flora y fauna exótica; hasta me imaginaba que podría ser el último refugio de los dinosaurios.

Entre los pocos cuentos que mi padre nos había contado sobre Cuba, uno de mis favoritos era, cuando él y mi abuelo habían descubierto huesos enormes en el límite de la propiedad de mi abuelo, donde algunos hombres llegaron a cavar arena, y como él fue siempre un emprendedor empezó a venderla. Él no estaba seguro del por qué alguien compraría esa arena pero esa no era la cuestión del cuento. A veces, sorprendía a mi padre cuando usaba palabras como *"entrepreneur"*, pues adquiría palabras en inglés que él mismo todavía no había aprendido. Como mi abuelo, él era ante todo un buen empresario. El no podía decir, si esos grandes huesos eran o no de un dinosaurio. En su nueva vida, la cual involucraba la manufactura de latas de aluminio y tubos de plástico para sodas y dentífricos, no le quedaba mucho tiempo para pensar en los dinosaurios ni para contarnos más cuentos sobre Cuba.

Tuvimos suerte de perder la finca familiar en la provincia de Guantánamo, me dije a mí mismo, y también, la pequeña cabaña ubicada en el acantilado con vista a una playa sin límites; porque aquí en los Estados Unido los niños de seis años no son presas de los Velociraptor que andan sueltos. De todas formas, no era una buena idea tratar de hacer que mi padre hablara de Cuba porque típicamente él terminaba hablando en español. Mi madre, quien era italo-americana, y tenía la piel tan blanca, que en el verano se cubría de pecas en vez de broncearse, fruncía el ceño un poco si todos nos sentábamos en la mesa del comedor. Ella conoció a mi padre cuando tomó un curso de literatura española en la universidad. Era tan bella y popular que cuando mi padre la llamó por primera vez para invitarla a salir, ella no se acordó de quién era él. Muchos jóvenes la llamaban para invitarla a salir. Yo imaginaba a mi padre hablando con ella por teléfono, con ese acento tan fuerte, y tratando de convencerla de ir al cine con él. Es verdad que mi padre era muy guapo, pero ella no podía verle la cara por el teléfono, así que sólo lo juzgó por su fuerte acento. Ella casi lo rechazó. Así que, sino hubiera sido por el español, quizás yo no habría existido.

Desde mi evolutivo punto de vista, el inglés tenía que dominar al español. Aunque no me gustaban las chicas, estaba seguro de que necesitaría el inglés para sobrevivir en otro tipo de situaciones. Yo pensaba en mi abuelo, quien había sido orillado a trabajar en una fábrica, donde hacían mesas corrientes de plástico amarillo, porque él no hablaba inglés. Mi abuela no tenía ningún tipo de empleo —a diferencia de mi madre, quien era una maestra sustituta en mi nueva escuela en Ramsey, Nueva Jersey— por lo que ella se quedaba todo el día en su departamento, llorando por todo lo que tuvieron que dejar atrás, en Cuba. Por eso eran pobres y tenían que quedarse en Elizabeth.

A mi madre era a quien le importaba más el desarrollo intelectual y social de sus hijos. Cuando nos apiñó en el coche, en vez de dirigirse al sur por estas mismas carreteras, se dirigió al norte, a la ciudad de Nueva York y a sus sitios mágicos y museos infinitos. Además de ser maestra, ella era artista. Su pintura de una corrida de toros, con un fondo rojo sangriento, y el color oro y plata brillante del traje del matador, dominaba nuestra sala. Nos llevaba al Metropolitan Museum of Art donde copié su mirada fija y pensativa que plasmaba en los enormes lienzos que habían retratado lugares de todo el mundo salvo, me pareció, Cuba. Incluso habían exhibido las extensiones secas y polvorientas de España; pero los españoles retratados por sí mismos, en pinturas por El Greco, Goya e incluso por Velázquez, me parecían malformados, brutos y atrasados.

Mejor que los museos de arte era el American Museum of Natural History. Todavía puedo saborear un recuerdo de mi primera visita. Corría gritando por la sala de las cavernas donde exhibían los enormes fósiles de los dinosaurios, en la que nombraban cada espécimen y describían su hábitat, la región donde había vivido, y sus hábitos alimenticios *(¡Carnívoro! ¡Herbívoro! ¡Omnívoro!).* Los pisos pulidos y las columnas altísimas sólo enfatizaban la distancia que habíamos viajado, desde los reptiles de sangre fría con cerebros del tamaño de un guisante hasta los seres humanos con la capacidad de la autoconciencia, desde las selvas cubiertas de vegetación de Cuba a la personificación de la cultura y el saber de Nueva York. Aún recuerdo el aspecto orgulloso de la cara de mi madre cuando un empleado del mueso —sin duda un experto en los dinosaurios— me alabó por pronunciar tan claramente tantas palabras difíciles, y por la maestría que tenía, de la terminología científica. Después, todos celebramos con helados de chocolate, una golosina mucho más refinada que aquellos hielos raspados —la golosina favorita de mi padre cuando visitaba La Habana—, que eran colocados en un cono de papel y empapados con un almíbar de fruta.

Pronto reconocí la señal enorme y verde que dirigía a Elizabeth (y no para el puente George Washington). Cuando destellaba encima de nosotros, inmediatamente oí el tintinear de la luz intermitente del LTD, así mi padre señalaba su salida de la carretera. Intenté resistirme a la poca ansiedad que sentía al acercarnos al barrio cubano. Mi padre nos exigió ponerle el seguro a las puertas conforme los edificios, depósitos viejos y decrépitos y las plazas comerciales cerradas con tablas nos iban rodeando. Ya casi habíamos llegado.

Era probable que mi abuela preparara el banquete normal de pernil, congrí, maduros y yuca con mojo. Siempre me sorprendía que pudiera hacer una comida tan lujosa en esa cocinita, que estaba al fondo del departamento. Normalmente, ponían unos discos de música cubana y, en medio de la cena, mi abuelo se ponía de pie y tomaba en sus brazos a mi abuela y bailaban por unos momentos al lado de la mesa, la cual se extendía hasta la sala de estar porque no tenían un comedor lo suficientemente grande ni con espacio propio como el que teníamos en casa. Apilados en las mesas amarillas de plástico, provenientes de la fábrica donde trabajaba mi abuelo, había periódicos en español. Mi abuelo siempre leía, aunque no le creí nunca a mi padre cuando me decía que mi abuelo tenía una biblioteca lujosa llena de libros en su hacienda en Cuba. Luego mi abuela, sentada en su silla, lloraba un poco, y les sonreía a sus nietos a través de las lágrimas.

Más tarde, mi abuelo siempre quería caminar una cuadra con nosotros a la pastelería cubana. La calle donde vivían, todavía era relativamente segura, y pasábamos por ventanas encuadradas desde adentro con parpadeantes luces navideñas de colores, incluso cuando no era invierno. Detrás de la vitrina de la pastelería, innumerables tipos de pastelitos, eran hechos. Todos tan relucientes como las figurillas de porcelana lujosas que coleccionaba mi madre, cada uno con una forma geométrica distinta: carne, jamón y queso, chorizo, pollo, y la favorita de mi tía Marta, guayaba. Aunque no podíamos comer un bocado más, mis hermanos y yo clamábamos escoger nuestros favoritos que luego eran empaquetados y atados con una cuerda roja y blanca para que los lleváramos a casa. Cuando escogíamos nos empujábamos los unos a los otros para tener el mejor lugar frente al vidrio, mientras que mi abuelo discutía, en español, sobre política con el dueño de la pastelería; al mismo tiempo tomaban café de una copita Dixie y se fumaban un cigarrillo. De regreso, agarraba la mano a mi abuelo, y se sentía tan duro y curiosamente formado como uno de mis dinosaurios de juguete.

Sin duda lo más difícil de estas visitas era cuando mis abuelos me hablaban en español y yo tenía que pretender que no los entendía. Si el dominar el inglés significaba el desaprender enteramente el español, no podía permitir excepciones. También, sabía que significaría el no tener que escuchar tantos cuentos sobre Cuba, que al fin y al acabo nunca volveríamos. Mi abuela intentaba un poquito, diciéndome cuánto me amaba, preguntándome sobre qué había aprendido en la escuela, pero yo seguía ayudándola a lavar los platos con una mirada perpleja en la cara. A veces la ignoraba, dibujando y coloreando dinosaurios rojos y amarillos y verdes, en el rincón de la mesa de la cocina que ella me había arreglado, o de puntillas mirando por la ventana sobre el fregadero, la interrumpía para preguntarle "*Isn't that a maple tree?*" consciente de que ella no me entendería.

Me gustaba estar en la cocina con ella, envuelto en las fragancias fuertes del ajo, el comino y el aceite de oliva, y la cadencia melódica de su voz; pero recuerdo que en realidad la estaba ayudando porque era lo mínimo que podía hacer, especialmente si no iba a hablar en español con ella. Además, ella ya había sufrido bastante. El español era el idioma de su sufrimiento, era el idioma de su traición. El español era la historia no existente de la realidad; había desaparecido para siempre como el "eslabón perdido" o como los otros fósiles de especies enteras de dinosaurios que el mundo nunca conocería. Era mejor desaprender esta lengua primordial, su pérdida intencional era el génesis de cómo aprendí inglés.

Hoy, casi cuarenta años después, cuando trato de recordar una palabra en español intencionalmente olvidada, lo que recuerdo primero es la expresión angustiada en la cara amable de mi abuela.

—Traducción de Allie Canton y Mariela Martínez

RAFAEL CAMPO (Dover, Nueva Jersey, 1964) es ensayista y poeta además de enseñar y ejercer la medicina general interna en la Escuela de Medicina de Harvard y Centro Médico Beth Israel Deaconness en Boston. Es autor de *Diva, The Enemy* y de otros libros de poesía. Además *The Desire to Heal*, una colección de ensayos. Ha recibido dos premios literarios de Lambda, la beca Guggenheim y el premio Annual Achievement que otorga de National Hispanic Academy of Arts and Sciences.

Mis dos lenguas/My Two Tongues: Como llegué a tener una lengua bifurcada

— LILIANA VALENZUELA —

ERA UNA NIÑA de la clase media, creciendo en los años sesenta, consciente de la existencia de otros idiomas desde una edad muy temprana. En la mayoría de las escuelas privadas mexicanas, aprender inglés es obligatorio, y muchas veces es el criterio más importante por el cual los papás escogen una u otra escuela. Las escuelas públicas también enseñan inglés, pero el nivel no es tan exigente como en las privadas. Yo asistí a las escuelas privadas. Así es, para los jóvenes de muchas familias de la clase media, y mis hermanos y yo no fuimos ninguna excepción, aunque, el hecho de que fuéramos a esa escuela, exigió que mi papá tuviera dos trabajos durante toda su vida. Aunque mi mamá era una química con pasión de ser cantante, nunca se quejó de haberse quedado en casa a criar a una familia.

Mis hermanas y yo asistimos a una escuela privada católica para niñas, dirigida por monjas; mi hermano a una para niños. Unos años después todos cambiamos de escuelas, esta vez asistiendo a un colegio mixto y secular, dirigido por algunos refugiados españoles que vinieron escapando de la dictadura de Franco. Mi mamá era una católica muy devota, mi papá un protestante no practicante, y muchos de los alumnos en esta nueva escuela eran judíos, así estuve expuesta a otras religiones y a otras maneras de pensar; tal cosa normalmente no pasa en México, pues es un país predominantemente católico. El colegio tenía unos excelentes profesores de inglés, y el ambiente del humanismo profundo, el idealismo y la tolerancia me impresionaron profundamente.

Me acuerdo de la maestra fornida cuando estaba en el jardín de niños. Me acuerdo de ella cantando *"My Bonnie lies over the ocean"*, acompañándose con el acordeón. También cantaba:

"Pollito/*chicken*, gallina/*hen*
Lápiz/*pencil* y pluma/*pen*"

Tengo muy buenos recuerdos de cuando jugaba "turista*"* con mi mejor amiga, nos disfrazábamos con collares de plástico coloridos, mientras más te pusieras, mejor; nos poníamos gafas de sol, lápiz de labios, y andábamos por todos lados fingiendo que hablábamos inglés, aquel idioma lleno de los suaves sonidos de las "erres" y el "shhh". Además, intentábamos pronunciar un inglés de mentiras, abundante en la letra "w": arrrshshshshwarsh, wooollorrrrash....Aparte de los turistas, a quienes siempre escuchábamos hablando en el Zócalo o en los jardines flotantes de Xochimilco, varias de las hermanas de mi mamá se habían casado con americanos y se mudaron al otro lado. Venían a visitarnos de vez en cuando y, por esas visitas, nos dimos cuenta de que el inglés que habíamos aprendido en la escuelita de las monjas no nos serviría para nada. Sin embargo, las visitas de nuestras tías nos sembró una semillita de curiosidad y, más allá, una pasión por los idiomas.

Mi papá hablaba tres idiomas. Como inmigrante joven del estado de Tabasco, en busca de una carrera universitaria en el bullicio de la capital, mi papá estudiaba inglés en el Instituto Mexicano-Norteamericano de Relaciones Culturales y francés en el Instituto Francés de la América Latina (IFAL). Su francés y su licenciatura en ingeniería le ayudaron a conseguir una beca en estudios petroleros en París. Cuando volvió, se casó con mi mamá, una mujer de Guanajuato que también había estudiado francés en el IFAL con mi papá. De niña, me acuerdo de los libros escritos en español que se encontraban por toda la casa, una enciclopedia en inglés que realmente nunca pude entender completamente, y un par de libros escritos en francés. Uno se llamaba *Paris des Rêves*. Siempre creía que el título significaba "París al revés", en vez de "París de los sueños". Mis papás a veces cantaban en inglés y en francés (y en español también, por supuesto), canciones como *Chattanooga Choo Choo,* en una armonía de dos voces, y otras como *Chevalier de la Table Ronde.* Sin embargo, el idioma de la casa siempre fue el español.

Las personas multilingües que conocíamos eran consideradas inteligentes y sofisticadas, cualidades a las cuales nosotros aspirábamos. El estudio del lenguaje se fomentaba en casa. Los domingos, mi papá nos mostraba películas de su año post-universitario, viajecitos por Europa en su pintoresco cochecito, el Citröen "Deux Cheveaux". Los cuentos siempre se narraban con lujo de detalles y un constante cambio de personajes. Aún más, esta experiencia nos hizo querer viajar y aprender idiomas extranjeros. Uno de mis tíos supuestamente hablaba alemán y trabajaba para una compañía alemana. Me gustaba pedirle que me enseñara palabras nuevas en alemán, francés e inglés. La verdad es que no sé si realmente los habló a la perfección, pero por lo menos sabía lo suficiente para entretener a una niña de ocho años, a quien le fascinaba contar hasta 20 y practicar los saludos básicos.

Tanto en México como en los Estados Unidos, los niños aprenden el valor de un idioma relativo a otro desde una edad muy temprana. Como una joven mexicana, estaba consciente de la importancia que el inglés tenía en nuestras vidas como la puerta al "progreso": la educación, los trabajos, el viajar, las oportunidades, la universidad, los libros, los libros de texto, y el mundo entero. En cambio, muchos chicos bilingües en los Estados Unidos perciben al español como un idioma secundario y hablan estrictamente en inglés, hasta cuando se les habla en español. Son muy conscientes del hecho de que hasta en nuestra sociedad "políticamente correcta", en la cual el español se ve mucho mejor que antes, hablar español los clasifica como ciudadanos de segunda clase, a pesar de todos nuestros esfuerzos por convencerlos de que no es así.

Hablaba español exclusivamente con mis dos hijos hasta que cumplieron cuatro años. Pero después de empezar la escuela y la inmersión de inglés que siguió, se hizo aún más difícil para ellos responderme en español. Mientras que su vocabulario en inglés aumentaba exponencialmente, su vocabulario un español se encogía, y no podían expresar ideas más complejas ni conceptos abstractos con su vocabulario tan limitado. Todavía hablan español cuando estamos visitando a mi familia en México, pero lamentablemente estoy consciente de que estamos nadando contra corriente, luchando por preservar la lengua y la cultura para la próxima generación. Aunque mi hijo de doce años asiste a una escuela altamente integrada, en la cual la diversidad es lo normal, cuando trato de hacer que me hable en español, se resiste. Por más que trato de enseñarle de México y de nuestras costumbres, él más se resiste. En el fondo de mi corazón sé que mis hijos han recibido muy buenos principios, ¿pero cuánto es suficiente?

Al crecer en México, nunca se me hubiera ocurrido sentirme avergonzada de hablar español. Ese idioma fue mi mundo y viví en él sin esfuerzos: arrullada con las canciones de cuna de mi mamá, los programas de radio acompañándola mientras hacía sus quehaceres, los sonidos y las travesuras de mis hermanos, las voces estrictas de las monjas, las letras del himno nacional mexicano, y los vendedores de la calle, pregonando sus mercancías: "Eloooootes", "se afilan cuchiiiillos", "camooootes", "peines a dos por uno"…El español fue como el olor del cilantro dándole sabor al arroz que se cocinaba en la cocina, permeando cada rincón de nuestra casa.

Cuando estaba en el colegio, el programa nos forzó a estudiar el poema medieval *El mío Cid* y la literatura del Siglo de Oro español antes de poder descubrir a los autores latinoamericanos contemporáneos como Rosario Castellanos, Carlos Fuentes y Julio Cortázar. También descubrimos a nuestros poetas preferidos como Mario Benedetti, Federico García Lorca y Pablo Neruda. Por una suerte tremenda, mi profesor de inglés era un ex-jugador/estrella de los Harlem Globetrotters que de alguna manera se estableció en México para enseñar inglés y entrenar al equipo de básquetbol de nuestro colegio. También era el único afroamericano que conocí durante mi juventud. Su nombre oficial, como siempre bromeaba, era "David Winburn Junior Master Taylor Patrick Leave", un trabalenguas que mi hermana menor siempre cantaba una y otra vez, pero para nosotros era sencillamente "El *Teacher*". Con un acento suave y norteamericano y una voz aterciopelada para complementarlo; con dedos enormes y alargados que usaba como un abanico, nos presentó a escritores como James Baldwin, John Steinbeck, Ernest Hemingway y Daphne du Maurier. Hubo algo en la aparente sencillez y la franqueza del idioma que me cautivó. Sentía como si pudiera relacionarme con estos personajes, aunque se localizaran en lugares tan extranjeros. El *Teacher* nutrió el amor por la literatura sin obligarnos innecesariamente a memorizar autores, épocas y obras importantes, al contrario de lo que se nos impuso en las clases de literatura española. Acá fue sencillamente *la literatura*. Y pudimos reaccionar a ella de una manera más directa. No estoy segura de si mis compañeros de clase compartían mi entusiasmo, pero a mí se me sembró otra semillita literaria.

Empecé a escribir poesía y cuentos cuando tenía veinticuatro años, aunque tuve un diario por casi toda mi vida. Casi simultáneamente, empecé a traducir mis poemas al inglés, predominantemente para el beneficio de talleres literarios o para otros miembros del grupo de escritores. Traducir llegó a ser mi oficio y mi vocación como una mujer de letras, así como también, escribir historias de ficción, poesía, ensayos y reseñas. Básicamente, me convertí en una fanática de los idiomas, una escritora con demasiadas palabras en ambos idiomas metidas en mi cabeza, todas tratando de salir al mismo tiempo. Ahora estoy tan enamorada del lenguaje que para mí la poesía es un baile con palabras e idiomas, un aprovechamiento de ambos idiomas, un mezcladito, yuxtaponiéndolos, yendo de aquí para allá entre ideas, imágenes, horrorizada y fascinada por la brillantez de las palabras, su inmenso poder y su belleza deslumbrante.

El inglés es el idioma en el cual he echado mis raíces paralelas, por elección y por circunstancia. En algún momento sentí como si estuviera en peligro de perder mi voz de escritora por completo en español o en inglés. Paré por un par de años, no supe qué hacer; agonizaba sobre el idioma que debía usar, y en cual género. Nuevas experiencias en mi país adoptivo me exigieron que escribiera en inglés, a veces con un poquito de español. Pero todavía muchos de mis sueños y mis poemas son en español.

A través del tiempo llegué a confiarme del idioma que me mandara el primer impulso. De esta forma, algunas de las historias han salido en inglés, algunos poemas en español, y aún algunos van de uno a otro de manera orgánica, y otros parecen estar destinados a estar en un solo idioma. Trato de no bloquear el proceso mientras que está ocurriendo. Yo, como la propaganda famosa, *"just do it"*. Creo que hoy es posible tener la oportunidad de ser poeta bilingüe en los Estados Unidos, y también es posible tener una profesión escribiendo en español y en inglés. Una meta bastante ambiciosa quizás, pero a veces siento que para mí no hay otra manera de hacerlo. Después de todo, Kafka, Conrad y Nabokov eligieron escribir y crear su arte en sus idiomas adoptivos, y qué trabajo tan magnífico hicieron. Poco a poco, me digo. Un corazón, una mente, dos lenguas. O, quizás, como una víbora, soy un animal con una lengua bifurcada, sintiendo y respondiendo al doble estímulo de una existencia fronteriza.

—Traducción de Eliot Brockner

LILIANA VALENZUELA (Ciudad de México, México, 1960) es traductora, poeta y cuentista. Ha traducido al español varias novelas: *Caramelo* de la escritora Sandra Cisneros, *La última de las muchachas del menú* de la escritora Denise Chávez, *La conquista* de la escritora Yxta Maya Murray y una variedad de textos de la también escritora Julia Álvarez. Es la directora de American Translators Association y se graduó en Antropología Cultural y Folklore en la Universidad de Texas en Austin. Actualmente vive en Austin, Texas.

Las seis etapas to Better English de Don Francisco

— MARIO KREUTZBERGER ("DON FRANCISCO") —

EN EL MUNDO DE HOY ser bilingüe es una ventaja, sobre todo si nuestro segundo idioma es el inglés.

Haciendo un poco de historia recuerdo que mi país natal, Chile, nos permitía en los colegios públicos aprender inglés y francés, idiomas que sólo practicábamos en la sala de clases.

Años después una experiencia de vida me enseñaría que los conocimientos aprendidos, aunque me dieron cierta base, estaban muy lejos de ser un segundo idioma. A los 19 años mi padre me envió a Nueva York para hacer un curso técnico administrativo en el rubro del vestuario masculino.

Antes del viaje decidí complementar mis conocimientos con un curso de conversación en el Instituto Chileno Norteamericano de Santiago de Chile.

Bastó llegar a Nueva York y tomar un taxi para entender que lo que sabía escasamente me serviría para pedir la cuenta en un restaurante o preguntar dónde estaba el baño. Como dicen los mejicanos "de volada" aprendí que de inglés yo sabía poquísimo.

Entonces tuve que tomar medidas de emergencia, mis clases comenzaban en una semana y no podía fallar.

La necesidad me hizo crear una fórmula poco tradicional que me ayudó y quizás pueda ser útil a otros que están en una situación similar. Mirando retrospectivamente diría que hubo 6 instancias que me ayudaron en forma importante.

1) Comprar un diccionario de bolsillo y uno tipo enciclopedia para mi habitación del hotel.

2) Comunicarme con anglos que no hablaran español.

3) Ver y escuchar televisión y radio en inglés todos los días.

4) Leer diarios y revistas y tratar de traducir todo lo que era de actualidad.

5) Hacer un diccionario con las palabras que aprendía diariamente. Tomar notas en una pequeña libreta que guardé en el bolsillo del pantalón para pasarlas en limpio cada noche a un cuaderno ordenado por abecedario.

6) Traducir todo lo que veía escrito: ofertas de vitrinas, letreros luminosos, publicidad en los trenes subterráneos, etc. (debemos recordar que corría el año 1959 y no existían las agendas electrónicas, la computación, BlackBerrys y otros)

El sistema usado fue simple. Bajaba a los trenes subterráneos, buscaba gente mayor que no se veía apurada y les preguntaba cómo llegar a una dirección. Con señas trataban de explicarme, mientras casi siempre me preguntaban quién era, de dónde venía y que hacía en Nueva York. Cada vez entendía un poco más y contestaba mejor.

Al terminar el día incorporaba las nuevas palabras a mi diccionario y preparaba las frases con que entablaría un nuevo diálogo, mientras supuestamente buscaba otra dirección. Esta rutina la completaba viendo televisión para acostumbrarme el oído al acento del inglés norteamericano.

Cada noche seleccionaba 10 nuevas palabras que incorporaba a mi diccionario y trataba de usar en los diálogos que cada vez se hacían más extensos en los subterráneos. Además, comentar con la gente del hotel la actualidad mejoraba mi pronunciación mientras agregaba fonética al diccionario.

La fórmula realmente me funcionó. A los 90 días me podía manejar bastante bien y al año me sentía capacitado para integrarme a una conversación y entenderla casi completamente.

A fines de 1961, volví a mi país y tuve la oportunidad de comenzar en televisión como animador. Mantuve esta profesión en Chile durante 24 años. En ese lapso perdí un poco del inglés por la falta de práctica y sólo lo usaba en los viajes, especialmente cuando traducía las entrevistas que hacía para la sección "La Cámara Viajera".

En el año 1986 se me abrió la oportunidad de trabajar en Miami para la televisión en español; fue entonces cuando retomé mi interés en mejorar el idioma de Shakespeare. Tomé un curso de gramática y conversación aunque sigo con mi sistema de palabras nuevas que incorporo a mi diccionario.

Así he llegado a la conclusión de que no hay tema ni materia que uno termine de aprender: siempre hay que ponerse al día.

Por último, deseo agregar: El pasado lo conocemos, el presente lo estamos viviendo, pero el mañana nos da la oportunidad de vivir un día más y de aprender algo que no sabíamos, sea inglés, español o cualquier otra cosa.

MARIO KREUTZBERGER (Talca, Chile, 1940) es el popular DON FRANCISCO, conductor del programa semanal televisivo *Sábado Gigante*, visto en casi todo el mundo de habla hispana. En los sesenta empezó su carrera en la televisión chilena. Su teletón anual para niños incapacitados ha reunido más de $165,000,000. Ha sido nombrado Campeón de Salud de la Organización Panamericana de la Salud.

¿Qué pasó con nuestra vieja vida?

— GIGI ANDERS —

de Jubana! The Awkwardly True and Dazzling Adventures
of a Jewish Cubana Goddess

COMO NIÑA REFUGIADA CUBANA, tenía un trabajo muy importante que hacer: aprender inglés. Alguien se había apiadado de mi familia, económicamente arruinada y nos había bendecido con una pequeña TV en blanco y negro marca Motorola. Yo miraba religiosamente los programas de *Capitán Canguro* y *El Show de Lucy*, protagonizado por el Sr. Pantalones Verdes y el Sr. Money. Escuchaba los discos de Ella Fitzgerald, mi preferido era el de *A Tisket, A Tasket*. En nuestro muy feo edificio, ubicado en la Avenida Mississippi, vivía una niña mayor que yo, Pamela, a quien conocí un día en el ascensor. Ella estaba maravillada con mis aretes de perlas e insistía en que nunca antes había visto a una niña tan pequeña con hoyos en las orejas. El patio ubicado detrás del basurero fue nuestra primera residencia real en los Estados Unidos. Todos los otros niños estaban igual de impresionados, esperando su turno para tocar mis lóbulos y así ver si los huecos en mis orejas eran reales. Yo pensaba que *ellas* eran raras por no tener hoyos en las orejas. ¿Todas las niñas los tenían, no? Estas niñas son muy inmaduras y poco sofisticadas, pensé. Ellas de verdad necesitan salir más.

Papi y mami siempre salían y entraban al edificio a través del cuarto de lavandería. Ellos no querían socializar con los camioneros, soldados ni electricistas —es decir, nuestros vecinos— quienes se reunían frente al edificio todos los días, y se sentaban en sillas plegables de aluminio a tomar cerveza. Era casi un asunto de presunción por parte de mis padres; ¿Qué diablos tenían ellos en común con los campesinos, o ellos con nosotros? Además, quién sabe, pudiera haber otro golpe de estado en Cuba y pronto podríamos dejar esta jodida pesadilla atrás y regresar a nuestra vida normal. Mientras, y hasta que no compráramos nuestros nuevos abrigos, mami usaba la bufanda de *mink* de Baba Dora para combatir el frío; y el anillo de diamantes de compromiso de mami, el cual ella había logrado sacar a escondidas de Cuba, era del tamaño de una pelota de ping-pong. Eran demasiadas cosas que había que explicarles a los otros. Los americanos —especialmente estos encantadores vecinos nuestros— nunca lo entendieron. Años atrás, mami, una trabajadora civil, se había hartado de los constantes comentarios de la gente sobre su anillo y lo colocó en su caja de seguridad en el banco. Sin embargo, el anillo de diamantes de reemplazo era realmente más grande que el original y tan brillante que hasta podría cegar. Ella lo mantenía así, con Windex. Esto era posible porque era una fabulosa falsificación de la joyería "Bijoux Terner", la *única* en la que una Miami cubanita-cubanaza respetable pondría un pie. Los Terners son viejos amigos de mi madre, y ellos también llegaron a este país sin nada. La historia de ellos sí que es buena, la manera en la que ellos vieron oro en los estantes y construyeron este imperio joyero. Las boutiques —hay varias de ellas dispersas por Miami— son del tamaño de un almacén. Uno se vuelve loco allí porque simplemente hay demasiadas cosas buenas —imitaciones de Chanel, adornos impresionantes para el cabello, todos los accesorios más estupendos y modernos que uno ve en las revistas de moda—. Y los precios son tan baratos.

Pero en esos primeros días por el suroeste, lo poco que teníamos y vestíamos era real. Pobre = real, asentado = falso. Muy raro. De manera que cuando mi nueva amiga, Pamela, halagaba mis aretes de perlas o mis pulsera de oro amarillo y rosado de 18 quilates con mi nombre grabado (que todos los bebés cubanos llevan) cuando nos balanceábamos afuera en el pasamanos o jugábamos dentro con sus muchas muñecas— ¡cuantas muñecas! Yo estaba en el cielo— era real. Pamela era la hija de un sargento de base en la estación aérea de Bolling en la cercanía de Alexandria, Virginia. Ella era agradable, bonita y rubia. Ella me dio muchos libros que todavía tengo: *Pat the*

Bunny, Los cuentos de Hans Christian Andersen, Los cuentos de los hermanos Grimm, El gato en el sombrero, Jorge el curioso, Ellen's Lion, Precisamente así de Rudyard Kipling, y *La telaraña de Carlota*...

Pamela me ayudó con la transición a mi segundo idioma al leerme cuentos en inglés, haciéndome leerle otras historias a ella y corrigiéndome cada vez que me equivocaba. El libro más útil, que me dio, fue *El Gato en el Sombrero Beginner Book Dictionary*; las palabras básicas —*campamento, amigo, feliz*— estaban ilustradas y eran usadas en oraciones. A mí me encantaba ese libro. O más bien, yo me valía de él para extender mi nuevo léxico. El dominar el inglés, era lo más importante para mí en ese entonces. Aprenderlo, entenderlo y usarlo con confianza era una experiencia emocionante y reveladora como no podía imaginarme, así como Helen Keller haciendo la conexión entre el agua y la palabra *agua*. Yo me identificaba profundamente con Helen Keller, así como con el Frankie de Carson McCuller, esos dos personajes se convertirían en algo aún más importante en mi vida con el pasar del tiempo.

Emily Dickinson, con quien comparto fecha de cumpleaños, escribió, "No existe fragata como un libro para llevarnos a través de tierras lejanas", y sinceramente no había nada que me hiciera más feliz que el irme a la cama con una montaña de libros. Cuando mi mamá iba a salir a algún lado me preguntaba, "¿Qué quieres que te traiga?" y yo siempre respondía, "Un libro nuevo". Sin nosotros saberlo, por lo menos concientemente, yo iba ya por cierto camino; mi vocación me llamaba por mi nombre. Cuando un hijo prefiere quedarse en casa leyendo libros en vez de salir a jugar pelota con los vecinos, es una señal. Mi madre decía, "¡*Joo have to get out DER!*" y yo contestaba, "¿Adónde?".

...Es difícil ir desde esta altura hacia abajo, con esas niñas sin hoyos en las orejas peleándose por quien está resguardado y quien está en las calles. ¿A quién le importa?

A diferencia de mí, mis padres siempre tuvieron problemas para pasar del español al inglés. Hace tan poco, como dos años, cuando un mapache encontró la manera de meterse en su casa en un barrio residencial, mi padre, con una escoba lo persiguió a través de la sala gritando "¡Vamos! ¡Vamos!" mientras mi madre le gritaba a mi padre en inglés *"¡Speak to eet een Eengleesh!"*

¿Que le pasó a nuestra vieja vida? Aquellos días balsámicos y fáciles en los que mi madre me empujaba dentro de un coche los sábados por la mañana; en los que el sol tropical llenaba nuestra piel de pecas mientras bizqueábamos por la playa. En los que parábamos en un café y besábamos y abrazábamos a nuestras amigas, Estela, Berta, las bellezas de hasta más no poder de Anitica y Nedda; todas con sus bebés. El sol brillaba a través de las uñas rojas sangre de las mujeres y sus labios rojos sonrientes. En algún lugar, los hombres buenosmozos jugaban dominó, *clickety-clack*, inhalando nubes masculinas de tabaco mundano, pegándole puñetazos al aire con su ramillete de humo de tabaco. Yo chupaba mi tetero de néctar de guayaba con vitaminas y me trasladaba a la canción del surf, pulseras de oro y risas de mujeres, el perfume de Agua de Violetas, expreso, L'air du Temps y cigarros importados.

—Traducción de Luisa Carolina Barreat

GIGI ANDERS (La Habana, Cuba, 1957) es autora de *Jubana!* y *Men May Come and Men May Go... But I've Still Got My Little Pink Raincoat.* Ha escrito para periódicos en Carolina del Norte y Washington, D.C. y cuantiosamente para diversas revistas.

Aprendí inglés con el béisbol

— ORLANDO CEPEDA —

EL PRIMER AÑO que jugué béisbol profesional fue en 1955. Eso fue en Kokomo, Indiana, en una liga de clase D. Ese fue el mismo año en que me mudé para este país. No hablaba nada de inglés en ese tiempo. Luego aprendí inglés porque no tenía miedo de hablar con la gente.

Experimenté muchas tribulaciones cuando llegue aquí porque no hablaba el idioma y también por el color de mi piel. En ese tiempo, era el único latino en mi equipo. No me permitían quedarme en los mismos hoteles que mis compañeros por ser latino y negro. Mis primeras palabras en inglés fueron "*I'm hungry*" (tengo hambre). En los restaurantes las únicas cosas que podía pedir eran *chile con carne*, y "*apple pie a-la-mode*". Eso comí por dos meses seguidos. En el mismo pueblo encontré un restaurante chino y después comía arroz todos los días.

No tenía televisión en Puerto Rico, y el primer programa que vi en este país fue *The Eddie Fisher Show*. Aprendí algunas palabras en inglés gracias a ese programa. Frases como "*Thank you very much*" (muchas gracias) y "*Good night*" (buenas noches). No tenía la opción de ir al cine a causa del color de mi piel. Traté de ir tres veces pero no me permitieron la entrada. Otra cosa que me sucedió fue perderme en un ómnibus viajando desde Florida a Salem, Virginia. Estuve perdido por tres días con solo la ropa que llevaba. El inglés me sonaba completamente nuevo. La radio americana era un método para aprender nuevas palabras.

Cuando tenía catorce años, estaba muy frustrado porque tenía muchos problemas con mis rodillas y quería ser jugador profesional de béisbol, igual que mi padre, el gran Pedro "Perucho" Cepeda. Mi madre y padre eran y son mis ídolos. Especialmente mi madre. Ella me enseñó a amar, me enseñó la religión y cómo ayudar a otros.

He leído muchos grandes libros en mi vida, pero mi favorito se llama *El Buda en tu espejo*: *Budismo práctico en la búsqueda del ser*. Cuando me siento mal, releo ese libro y ¡me hace sentir fantástico!

La razón por la cual ahora hablo inglés es porque nací con talento para jugar béisbol y vine a este país para ganarme la vida haciendo lo que adoro. Cuando uno habla inglés puede viajar a cualquier parte del mundo y la gente lo entiende.

La organización de Los Gigantes de San Francisco me ayudó formalmente y me mostró el modo americano de la vida. Tuve suerte de tener excelentes compañeros de equipo durante todos mis años como jugador de béisbol, en varios equipos. Me hace feliz el decir que hasta este día sigo teniendo gran amistad con la mayoría. Max Lopez es quien trabajaba con los Gigantes y venía al entrenamiento de primavera cada año y nos daba clases de inglés.

Todavía vivo en el área de San Francisco. Le estoy devolviendo algo a la ciudad que me dio tanto. Cada día que pasa, le doy gracias en mis rezos a mi madre y a mi padre. Sin ellos no sería el hombre que ahora soy. El inglés es mi segunda lengua, por lo que naturalmente, me siento más cómodo al hablar en español. En las academias de béisbol, cuando visito escuelas u hospitales, hablo en español e inglés para animar a la juventud.

—Traducción de Garrett Smith y Mariela Martínez

ORLANDO CEPEDA (Ponce, Puerto Rico, 1937) fue jugador durante dieciséis años de las Grandes Ligas de Béisbol en los Estados Unidos a partir de 1958. Formó parte de los Gigantes de San Francisco, aunque jugó para otros seis equipos, incluyendo los Cardenales de Saint Louis, a quienes ayudó a ganar la Serie Mundial de 1967. Sus premios incluyen el Novato del Año y el Jugador Más Valioso, ambos de la Liga Nacional. Es miembro del Salón de la Fama desde 1999. Ha escrito *Baby Bull* y *High and Inside*.

El niño fantasma

— FRANCISCO GOLDMAN —

MI TÍA LEE Y MI TÍO JOHN, un cirujano, eran la rama cultural más alta de la familia. Ella era una violinista y él un chelista. Se conocieron cuando tocaban en una orquesta de cámara, durante la época de la depresión en Boston. La tía Lee, la hermana mayor de mi padre, provenía de una familia inmigrante judía rusa que huyó de los Zaristas, y el tío John era un inmigrante católico ruso que había salido después de la revolución de los bolcheviques. Vivían en una casa colonial en Concord, que tenía una placa histórica que se remonta al siglo decimosexto. Me imaginaba que alguna vez había sido el hogar de un soldado civil, como un Minuteman soldado-ciudadano de la revolución americana. En mis primeras memorias del tío John, cuando tenía cuatro o cinco años, él era viejo, con pelo cano, un bigote de morsa, las mejillas rosadas y redondas, los ojos azules alegres. El tío John era diez años mayor que la tía Lee, que era mayor que mi padre, y mi padre había nacido en 1910. Por lo tanto, el tío John era bastante viejo como para recordar una adolescencia del siglo diecinueve. Recuerdo una fotografía de él vestido en el uniforme de un oficial militar. Por mucho tiempo pensé que éste era un cuadro del tío John en la marina de guerra del Zar, pero probablemente esto era incorrecto. Vagamente recuerdo que una vez alguien me dijo que ese cuadro era de la Segunda Guerra Mundial, cuando el tío John sirvió como cirujano de los militares de los Estados Unidos.

Me encanta visitar esa casa vieja, con sus techos bajos, las gruesas vigas de madera, la chimenea grande de ladrillo, los cuartos llenos de instrumentos musicales, los libros, los viejos *tchotchkes* (chuchería) europeos, el globo terráqueo de un navegante del siglo diecinueve que era casi tan alto como el tío mismo. Era como una casa en un viejo cuento de hadas, en donde quizás los instrumentos musicales, se animaban por la noche. Un día el gran tío John se quedó dormido en su butaca. Entonces mi hermana menor, Bárbara y yo nos acercábamos calladamente a escucharlo murmurar en ruso. ¿Con qué soñaba? Ésta es la indicación: una vez hizo uso del inglés en lugar de su ruso acostumbrado, y lo oímos arrullar, "*Oh Tootsie, Oh Tootsie*".

El tío John y la tía Lee nunca tuvieron hijos. Cuando tenía doce años, me dieron, como regalo de cumpleaños el libro *El Hobbit*, el cual se convirtió en mi favorito. (Mis padres no conocerían sobre Tolkein.) Tenía más o menos quince años cuando mi tío John murió. Mi hermana, quien estaba interesada en la música, era muy allegada a la tía Lee. Ésta incluso le dio lecciones de violín y hasta un violín. Cuando yo estaba en la universidad, la tía Lee falleció. Mi hermana heredó muchas de sus pertenencias, los discos clásicos y de ópera, los libros, las pinturas. (Yo tomé para mí una edición en pasta dura del libro *La guerra y la paz*, con la traducción de Constance Garnett.) Mi hermana también heredó una grabadora vieja de cintas y unas grabaciones de interpretaciones musicales, algunas incluso del tío John y la tía Lee haciendo dúo. También había grabaciones de la familia, otro tío contando historias de la guerra, o sobre un viaje reciente de la familia. Había por lo menos una grabación de mi familia, de cuando mi hermana, mi madre y yo finalmente habíamos regresado a vivir a Boston desde Guatemala, luego de una dura separación de nuestro padre. En este tiempo yo tenía más o menos cuatro años. En esa grabación, yo estaba empecinado con el viaje reciente a un parque zoológico, hablaba sin parar en español y sin esfuerzo, hasta que la voz de mi madre me interrumpía, mientras me pellizcaba para que hablara en inglés.

"*And we went to de zooooo*", dije obligado, con un acento guatemalteco asombrosamente fuerte, "*and we saw de mohnnn-keeeeeees*".

Era extraño ser un estudiante universitario y escucharte a ti mismo a los cuatro años haciendo algo que no puedes hacer ahora: hablar español fluidamente. Tenía sentido que hubiera aprendido español antes que inglés, porque hasta que cumplí cuatro años la mayor parte de mi vida la había pasado en Guatemala. Pero no fue hasta que escuché la cinta que supe esto sobre mí mismo. ¿Adónde se fue el español de ese niño? ¿Adónde se fue ese niño? Él era yo, pero él era también alguien diferente, alguien que hablaba español. Quizás todavía esté viviendo una vida paralela en Guatemala inconsciente de su doble que habla inglés.

Mi padre era veinte años mayor que mi madre. Y mi madre, como el tío John, era católica. Pasé los primeros años de mi vida yendo y viniendo entre la Ciudad de Guatemala y Massachussets. Algunas disputas matrimoniales entre mis padres causaron estas separaciones. Cuando tenía tres años, parecía que mi madre, mi hermana y yo nos íbamos a quedar en Guatemala permanentemente. Pero a los cuatro años contraje tuberculosis lo que precipitó nuestro regreso a Boston, y a un inestable acercamiento entre mis padres. El choque de no tener localidad estable me impresionó de tal manera que tengo un infinito número de recuerdos vivos, incluso desde cuando tenía alrededor dos años. Recuerdo la casa de mis abuelos en la Ciudad de Guatemala, los vuelos en la aerolínea Pan-Am, la mudanza a la mitad del invierno hacia una pequeña casa austera que nunca había visto, localizada en las afueras de Boston. Mientras estoy consciente de tales cosas, tengo el sentimiento de que viví una doble vida o que tengo una vida dividida, entre la Ciudad de Guatemala y Massachussets. Católico y judío. Guatemalteco y americano. Memorias opuestas, unas del patio poblado de la casa de mis abuelos en la Ciudad de Guatemala; los pollos, los loros, mi conejo, las muchachas indias que me cuidaron y se preocupaban por mí y otras, de mí mismo sentando por horas frente a la ventana de la sala en las afueras de Boston mirando la nieve y las casas que se vislumbraban remotas y eran la contraimagen de la nuestra. Éstas son las imágenes cimentadas de un paisaje interior en donde yo habitaba como si tuvieran el aspecto de un lugar singular. ¿Pero qué cierto es que sólo puede hablar la lengua de uno de esos lugares y no la del otro?

¡El niño pequeño que hasta cierto punto podía hablar ambas lenguas, quizá fue partido en dos, una parte que hablaba inglés, y la otra...desapareció! Un ausente permanente. Yo era su fantasma, él era el mío. De cierto modo, he pasado las últimas tres décadas, durante las cuales he vivido tanto en América Latina como en los Estados Unidos, como si tuviera la misión de reunir a esos dos niños.

Los latinoamericanos a menudo se desconciertan de forma despectiva por todos esos latinos de los Estados Unidos que no hablan español. Cuando se es un latino de los Estados Unidos que se gana la vida como escritor, puede llegar a ser bastante embarazoso, si no misterioso.

En mi caso, no es un misterio total. En primer grado, a veces mezclaba palabras en español y en inglés. Fui educado en un sistema escolar suburbano, muy blanco en Massachussets. Mi profesora de primer grado era realmente muy agradable y nunca olvidaré esas semanas espléndidas cuando nos leyó *La telaraña de Carlota,* un capítulo al día, y ¡qué enamorado estaba yo de la bonita Srta.Hogarth! Un día los directivos de la escuela llamaron a mi madre y le dijeron que para ayudarnos a mi hermana y a mí se debía únicamente hablar inglés en la casa. ¿Mi mamá podía hablar inglés, no? Por supuesto que podía, hasta estudió en una universidad en los Estados Unidos. Entonces, ¿Por qué hablar español en la casa? Una vez o dos veces a la semana me hacían asistir a sesiones con el terapeuta del habla quien me libraría del acento español. Era como si, a la edad de seis años yo no pudiera aprender naturalmente a distinguir entre las palabras inglesas y españolas por mí mismo, ni a pronunciarlas como mis compañeros. No, esto era algo urgente.

El Terapeuta de Habla: —"*Say Mother*".
Yo: —"*Mud-hair*".
El Terapeuta de Habla: —"¡Noooo! ¡*Mother*!" ¡Tortazo!
Yo: —"¡Ouch! *Vil bruja*" (De acuerdo, exagero.)

Me imagino que otros niños a lo largo de los Estados Unidos han de haber pasado por un proceso similar. ¿Qué tipo de país produce educadores que piensan que es necesario eliminar los idiomas extranjeros y acentos a una edad temprana? Pero, después de todo, esto ocurrió casi hace medio siglo, cuando yo estaba en primer grado. Obviamente, nuestro país ha cambiado mucho desde entonces. Los americanos ya no se ponen nerviosos cuando escuchan hablar idiomas extranjeros en sus calles y escuelas. Ya no harían una cosa tan tonta y superflua como animar a los legisladores del Congreso a que aprobaran leyes declarando al inglés el idioma único y oficial. No es como si fueran a estigmatizar a la gente por ser hablantes nativos del español, francés o árabe.

Hace algunos años decidí publicar la novela de un amigo en una traducción al inglés, para una casa editorial de la Ciudad de Nueva York. La novela es del excepcional novelista José Manuel Prieto, quien creció en Cuba, fue educado en la Unión Soviética y se hizo ciudadano mexicano, siendo allí donde publicó sus primeros libros. Actualmente vive en Nueva York. (¡Su hija que tiene doce años ya habla cuatro idiomas!) El editor eligió un traductor supuestamente acreditado, pero cuando José recibió el primer bosquejo de la traducción, se aterró. Se puso muy mal. ¡En una parte de su novela José describía a una teibolera bailando en el tubo metálico, moviéndose de arriba para abajo como una oruga, pero el traductor tradujo de tal forma que se leía como si la bailarina llevara un "tubo" que se movía de arriba para abajo como una oruga! Se le podría disculpar al traductor su desconocimiento en este tipo de bailes, más no el hecho de que no tuviera ninguna idea sobre el sujeto y verbo en el idioma español. José estaba desconcertado. ¿No eran los Estados Unidos la nación más rica y poderosa del mundo? Entonces, ¿cómo podían tener semejantes incompetentes traductores literarios profesionales? Me acuerdo considerar esa pregunta y la repuesta que se me ocurrió fue: "Pues, es porque somos la nación que somos, tan ricos y poderosos", le dije a José, "por lo que tenemos tales traductores tan incompetentes".

Después de todo, él era uno de esos autores extranjeros raros, que realmente vende en los Estados Unidos. Era un hecho sabido que ningún otro país publicaba tan pocos libros traducidos; el uso desafiante del monolingüismo puede parecer un aspecto esencial de nuestro carácter literario nacional. Todos los otros países saben que si quieren hacer negocios con nosotros tienen que hacerlo en *nuestra* lengua. Si los líderes de los países extranjeros desean negociar con nosotros también tienen que hacerlo en nuestra lengua. Un país que habla al mundo solamente en su propia lengua y describe la realidad solamente desde sí mismo con su propia ideología podrá convencerse de cualquier cosa. A veces eso puede ser una buena receta para el triunfo y a veces para la tragedia. Pero es obvio, José, los traductores no son los que hicieron a este país importante.

Una vez que uno sabe otra lengua, su sentido de la realidad cambia; es tan sencillo como conectarse al Internet y leer, por ejemplo, lo que la gente en México está diciendo sobre la cuestión de la inmigración y de súbito el mundo parece dos veces más grande y dos veces menos poblado y más interesante que antes.

Durante el verano después de mi tercer año en la universidad, en 1976, invité a algunos de mis compañeros de la universidad a Guatemala, para poder viajar un poco y quedarnos con mi familia. Los cuatro manejamos desde Ann Arbor en el Ford Mustang de mi amigo. Era un viaje muy importante en muchas formas, pero hubo un incidente especial que me viene a la mente. Caminábamos por la ciudad de Guatemala una noche en las calles abandonadas cerca del tráfico del Parque España rotario. Un bocho (VW) con cuatro individuos de nuestra edad se detuvo y nos preguntaron en español si sabíamos donde había una buena disco. Nos subimos al auto con ellos y anduvimos deambulando por los alrededores de la ciudad, haciendo una inútil y pronto olvidada búsqueda de una disco. Los ocho estábamos apretujados en ese bocho y fumando la marihuana más potente que había probado. Pero la lengua del fumador universal no es absolutamente comparable a la lengua de la diplomacia. Con mi español mocho, supe que eran estudiantes de la universidad como nosotros, pero provenían de país vecino de El Salvador.

El ejército salvadoreño había entrado furiosamente a ocupar su campus, masacró a un manojo de estudiantes y ellos habían huido en su bocho a la Ciudad de Guatemala, para alejarse de un posible daño, imaginaba yo, y pasar el tiempo.

No sabía nada más de ellos y menos de la situación política en El Salvador. No sabía si eran políticos ni conocía sus pensamientos ni como eran sus vidas; mi español no era lo bastante bueno para descubrirlo. No sospeché, por supuesto, que dentro de pocos años, la Ciudad de Guatemala, El Salvador y la mayor parte de América Central serían engullidas por la violencia y la guerra. Tampoco tenía ninguna sospecha de que pasaría el resto de mis veinte años allí, informando sobre las guerrillas como periodista independiente, trabajando en mi primera novela y solamente viviendo y aprendiendo. Sólo sé que había algo profundamente atrevido, salvaje e intensamente vivo en esos individuos del bocho y que algo de eso se nos pegó mientras recorríamos esas calles abandonadas y oscuras en la noche. El aire tropical y fresco de la montaña en nuestras caras y pelo golpeaba nuestras camisas. Después de manejar por un rato, nos dejaron y se fueron. Me gusta pensar que uno de esos niños salvadoreños era una versión de mí mismo, mi versión perdida. Nos conocimos y fumamos marihuana. Pero realmente no habíamos podido hablar, la puerta de mi curiosidad se cerró.

Si nos viéramos ahora la comunicación no sería un problema. Soy fluído en español otra vez, como cuando tenía cuatro años. Mi madre y yo hemos hablado solamente en español por años. Me tomó mucho tiempo y mucho compromiso recuperar mi español. Si tan sólo pudiera, ahora, encontrar un terapeuta del habla para librar a mi español del gangueo residual de un acento bostoniano.

—Traducción de Tara Shabahang y Mariela Martínez

FRANCISCO GOLDMAN (Boston, Massachusetts, 1954) es autor de cuatro libros y numerosos artículos periodísticos. Su primera novela es *La larga noche de los pollos blancos*, seguida por *Marinero raso*, ambas finalistas al PEN/Faulkner Award. Sus otros libros son *El marido divino* y más recientemente *The Art of Political Murder* que trata sobre el asesinato del obispo guatemalteco Gerardi. Enseña en Trinity College, en Hartford, Connecticut.

Las niñas de la clase especial de inglés

— GIOCONDA BELLI —

LA PRIMERA IMAGEN que ve mi memoria es el árbol de fruta viejo y exuberante que crecía en el centro del patio de la escuela. La escuela era dirigida por monjas católicas. Vestidas con mantos largos y morados, y tocas que enmarcaban sus caras, las monjas parecían deslizarse por los pasillos, guiando a las niñas para que entraran a sus clases. Yo tendría seis o siete años cuando me matricularon en el programa de "Special English". El primer día del año escolar, mi madre me dejó a la entrada de la escuela, entusiasmada y contenta por haber tenido la previsión de matricularme en el nuevo curso que las monjas habían instituido aquel año. Vestida con el uniforme: la falda azul plegada, a cuadros y la camisa blanca, recuerdo haberme sentido electa para una misión única. Nosotras, las niñas de "Special English", íbamos a estar separadas del resto de la clase. Íbamos a estudiar cada materia en inglés en otro salón de clases.

La sala estaba ubicada en una esquina del edificio monumental de la escuela, una verdadera fortaleza de conocimiento que se elevaba sobre las orillas del Lago de Managua. Hasta que fue destruido por un terremoto en 1972, siempre dio la impresión de que acababan de construirlo porque las monjas nunca pintaron las paredes de cemento. Sólo las puertas de madera rompían la monotonía de las superficies grises.

La maestra de inglés se llamaba Ruth. Miss Ruth. A primera vista decidí que ella se parecía a Margot Fontayne, la *prima ballerina* inglesa que era una de mis heroínas. A menudo yo soñaba con ser bailarina de uno de los grandes teatros del mundo. Uno de mis pasatiempos favoritos era cerrar los ojos mientras escuchaba una grabación del *Lago de los Cisnes* o *Cascanueces* y me imaginaba a mí misma vestida con un tutú y zapatos de ballet, deslizándome tan ingrávida como una pluma, y poseída por la música.

Me gustaba que Miss Ruth se comportara como una bailarina. Ella era menuda, su espalda siempre estaba erguida y tenía el cabello corto y negro, los ojos grandes y oscuros y la nariz un poco encorvada. Ella no era bella, pero era lista y tenía el beneficio de la autoridad. Ella nos explicó las reglas del juego aquel día: dentro de aquellas paredes, no se hablaría en nada más que inglés. En la pizarra ella había escrito las palabras *thank you* y *please*. Lo que ella propuso podría parecernos difícil, dijo, pero éramos las niñas de "Special English", las seleccionadas para demostrar que el nuevo programa podría dar buenos resultados. Las monjas iban a seguir nuestros progresos con atención para asegurarse de que estuviéramos a la altura de las circunstancias.

Sus palabras tocaron el orgullo en ciernes que todas nosotras llevábamos dentro y como personas escogidas nos pusimos a aprender inglés, con toda la energía que pudimos acumular a nuestra corta edad.

Cuando llegué a casa, aquella tarde, mi madre me estaba esperando ansiosamente para saber cómo había sido mi primer día de clases. Yo repetí las pocas palabras que había aprendido, y eso le hizo feliz. Saber inglés era tan importante, ella dijo al empezar a hablar sobre uno de sus cursos favoritos: los años que ella pasó en Filadelfia, en Ravenhill Academy, aprendiendo inglés y terminando el colegio. Aquella experiencia era su orgullo y alegría. Ella repetía sin parar las historias de su tiempo feliz allí y lo mucho que había aprendido en aquel internado dirigido por monjas de la misma orden que dirigía la escuela de Managua. En Ravenhill, mi madre había compartido la misma sala de clase con Grace Kelly. Mi mamá se enorgullecía de haber sido invitada a esa espléndida boda, distinción que adquirió tanta notoriedad en nuestro pequeño país que se publicó en los periódicos. Ella guardaba los recortes de prensa en un álbum. Por la manera en la que contaba las historias, parecía que atribuía su buena fortuna al conocimiento del inglés y a sus estudios de literatura inglesa. Sentí una conexión íntima con mi madre aquel día, como si las clases a las que asistía fueran los primeros pasos hacia el gran mundo que mi madre podía describir tan bien y en donde, me imagino, ella hubiera preferido vivir.

Las clases de "Special English" también me elevaron de categoría ante mis hermanos. Ellos siempre me estaban preguntando cómo se decía esto o aquello. Lo que no sabía, lo inventaba. Recuerdo que se acercaba la Navidad, y uno de ellos me preguntó cómo decirla, pues la palabra "*Christmas*" parecía imposible de pronunciarse en español. Yo respondí con aplomo: "*Chirismismas*".

Me di cuenta de que el inglés era la clave para acceder a otras percepciones y sabores del mundo unos años más tarde, después de que las niñas de "Special English" nos convertimos en adolescentes. Miss Ruth fue substituida por otra maestra, una mujer mucho más joven. Antes de ser nuestra maestra, le había visto por la escuela. Ella era muy bella y casi siempre se vestía de blanco. Su piel blanca era realzada por su cabello largo y oscuro que llevaba en un moño suelto y bajo. Una vez, caminando por la calle con mi madre, le vi andando delante de nosotros, los brazos de su enamorado sobre sus hombros. Me pareció que estaban muy enamorados. Estaban sonriendo y besándose y yo estaba hipnotizada al ver en realidad una escena que, en mi opinión, sólo existía en las películas o las novelas.

Sin embargo, en su rol como maestra, María Mercedes en un principio fue bastante seria y estricta. Ella hacía dictados largos y aburridos en la clase y yo estaba comenzando a quitarle el aura romántica que le había concedido. Entonces, cierto día, ella subió a su podio y dijo que nos leería unos cuentos. Miss María Mercedes tenía una voz suave y bien modulada. Tan pronto como empezó a leer, sus palabras me capturaron. Si no estoy equivocada, el cuento era sobre una señorita desahuciada que miraba un bello árbol de follaje verde y abundante por su ventana. Cuando el verano terminó y las hojas del árbol empezaron a caer, la señorita se convenció de que cuando el árbol perdiera su última hoja, ella moriría. Mientras yo escuchaba el cuento, sentía que yo era la señorita enferma esperando que cayera la última hoja; sentía que el árbol de fruta en el centro del patio de la escuela, cuyas hojas yo podía ver por la ventana de la clase, era el árbol que señalaría el fin de mi vida. Cuando el cuento terminó, tenía lágrimas en mis ojos y el cuento flotaba en mi imaginación como una joya brillante.

Sin embargo, la belleza de aquel texto palideció en comparación con el cuento que Miss María Mercedes leyó en la clase siguiente. Se trataba de una pareja, muy enamorada pero muy pobre. Cuando la Navidad se acercaba, el marido y la mujer tenían que usar su imaginación para idear una manera de darse regalos. La mujer joven tenía una cabellera maravillosa y decidió vender su cabello para comprarle a su marido una cadena de oro para un reloj viejo que él guardaba como un tesoro. Cuando el marido llegó a casa con su regalo, se dio cuenta de que su esposa se había cortado el pelo y soltó un grito. Resulta que él le había comprado un juego de peines que ella había visto en una tienda y le había gustado. Entonces ella le mostró su regalo, la cadena de oro. A su vez, él le dijo que había vendido su reloj para comprarle los peines.

Mientras yo escuchaba el cuento en la clase, el tiempo se detuvo. Con ningún esfuerzo, mi mente viajó a la sala de estar de la pareja joven y fui testigo invisible de su generosidad mutua. Hasta ahora puedo verles como si en vez de haber escuchado a alguien leer su historia en voz alta, yo hubiera estado en la sala con ellos.

Fue entonces que me di cuenta de que el inglés era una lengua que me podía revelar un mundo desconocido que estaba perdido en las traducciones que había leído de escritores ingleses. Me comprometí a aprender inglés lo mejor que pudiera.

Al año siguiente me fui de Nicaragua para estudiar en un internado en Madrid. Pasé el verano con una encantadora familia inglesa en Ixworth, un pueblo pintoresco al este de Londres. Cuando cumplí dieciséis años, como mi madre, también viví en Filadelfia, en Ravenhill Academy, mientras asistía a la escuela de publicidad, en el centro de la cuidad.

Cuando llegué a tener mejor dominio de la lengua inglesa, me atreví a ir más lejos y leer a mis escritores favoritos en inglés. Sin embargo, nada de lo que he leído se ha podido igualar a la sensación de descubrimiento que experimenté cuando entendí por primera vez las emociones y los sonidos que un idioma diferente puede evocar. Todavía me parece oír el eco de la voz de María Mercedes, fluyendo por el calor tropical en un salón gris de clases nicaragüense que ya no existe.

—Traducción de Kyla Kitamura

GIOCONDA BELLI (Managua, Nicaragua, 1948) es autora de *El pergamino de la seducción* y de *El país bajo mi piel*. Ocupó posiciones de alto nivel en el Frente Sandinista de Liberación Nacional y el gobierno de Nicaragua. He recibido premios literarios en Europa y las Américas.

Una fácil lección de Montevideo a Saginaw

– NANDO PARRADO –

NACÍ EN MONTEVIDEO, Uruguay, así que el español es mi lengua materna. Mi mamá, de origen ruso, había emigrado a Uruguay con su familia a la tierna edad de dieciséis años. De manera que además aprendí algo de ruso en mi infancia.

Mi primer contacto con el inglés, aunque parezca raro, fue debido a la revista *National Geographic*. Al igual que la mayoría de las familias del mundo civilizado, alguien a través de las generaciones se había suscrito a la *National Geographic*. Desde niño, a los cuatro o cinco años, esas revistas amarillas amontonadas en el estante de nuestra casa siempre me llamaron la atención. Apenas empezaba a hojearlas, me absorbían instantáneamente con las fantásticas fotografías de tierras lejanas, civilizaciones desconocidas, animales exóticos, y diversidades étnicas. Al comenzar el jardín de niños y luego en la escuela primaria, empecé a aprender el español hablado y escrito. Pero al regresar a las revistas amarillas, me daba cuenta que las letras y las palabras se organizaban de una manera diferente a lo aprendido en el colegio. Le pregunté a mi papá por qué no las podía leer. —"Es inglés, Nando. Es otra lengua, hablada por gente lejos de aquí", —me respondió.

A partir de ese momento, iba siempre a él cada vez que ojeaba una *National Geographic* para que me tradujera los subtítulos de las fotos. Mi papa leía en inglés bastante bien. Había tomado unas clases cuando era joven, y después había leído todo lo que podía para mejorar su habilidad en esa lengua. Su inglés y su pronunciación no eran muy buenas, pero él viajó extensivamente a los Estados Unidos y nunca tuvo ningún problema.

Decidí aprender inglés, para poder algún día leer esas revistas amarillas por mí mismo. Afortunadamente yo estaba matriculado en la Escuela Stella Maris, asociada a la congregación de los Hermanos Cristianos de Irlanda, donde nos enseñaban inglés desde el primer año de primaria. Cada tarde nos daban dos horas de inglés. Durante ese tiempo estaba prohibido hablar en español, incluyendo en los descansos entre clases. A los seis o siete años yo ya estaba aprendiendo inglés.

Con mi deseo de leer *National Geographic*, y también las revistas de automóviles que compraba mi papá en los Estados Unidos —*Car & Driver*, *Sports Car Graphic*—, entre otras, me convertí en un estudiante muy bueno. El inglés era la única materia en la cual sacaba solo A's... ¡generalmente andaba entre B's y C's!

Me encantaba poder entender esta lengua extranjera. Apenas llegué a dominar el *National Geographic* y las revistas de automóviles, comencé a leer libros de aventura en inglés, por ejemplo, *Veinte mil leguas bajo el mar* y *Los viajes de Marco Polo*. A la edad de dieciséis años, mi mamá me inscribió en un programa de intercambio, en el cual si me seleccionaban, me iba por un año a estudiar a los Estados Unidos, con la esperanza de graduarme de bachiller allá.

¡Buenas noticias! ¡Fui seleccionado para el intercambio! Con aprehensión y un poco de temor, abordé el avión un diciembre a altas horas de la noche, el cual me llevó a mí y a otros seis estudiantes a los Estados Unidos. Fui asignado a una familia que vivía en Saginaw, Michigan, donde llegué el 25 de diciembre, 1966. ¡Qué sacudida me dio ese clima tan frío! Antes de esto, solo había visto la nieve en fotos. Había llegado a Michigan en la mitad del invierno. ¡Qué gran experiencia! Sin embargo, la mejor experiencia, con la cual había soñado, fue la oportunidad de mejorar mi conocimiento del inglés. Sabía que nadie en Saginaw hablaría español y que estaría por mi propia cuenta y sin ayuda alguna.

Yo tuve dos hermanos norteamericanos, Pat y Bob. Todos estudiábamos en Saginaw High; mi experiencia fue extraordinaria.

Con mi acento sudamericano, las muchachitas se me acercaban, enseñándome cantidades de frases en inglés y la forma de vida americana. Aprendí nuevas palabras, modismos y un comportamiento completamente ajeno para mí, pero entendible para la cultura americana, mostrando los gustos y las costumbres diferentes entre los adolescentes. En esa época, el autocine era el lugar al que iban todos el fin de semana, yo me hice un gran aficionado a éste… ¡aunque estoy seguro que vi sólo algunas de las películas! También fui miembro del equipo de tenis donde tuve la oportunidad de recorrer el estado y jugar contra otras escuelas. Esto me dio confianza y la oportunidad de hablar con mucha más gente.

Pasaron los años y empecé a trabajar y a desarrollar mi vida profesional en diferentes campos, particularmente en ferreterías y en los medios de comunicación. Estos negocios requerían viajes al exterior, buscando conseguir nuevos proveedores en ferias y convenciones, donde el idioma internacional era obviamente el inglés. Yo me había enfocado tanto en el inglés que ahora, cuando estoy en los Estados Unidos, hasta pienso en inglés. A menudo me sorprendo a mí mismo al encontrarme pensando cosas como, "*I should park over there*", o "*Oh my God, look at that*". Expresiones comunes que debería pensar en español, mi mente las saca del fólder del inglés, y las enciende en ese idioma.

El aprendizaje del inglés ha sido una de las cosas más importantes de mi vida. Me ha dejado viajar sin restricciones, a comunicarme con gente de todo el mundo, a crear negocios y hacer nuevos amigos. Ha sido una maravilla.

Pero lo más importante es su origen…empezó con la *National Geographic*, porque hoy, cincuenta años después, soy un presentador y productor de televisión famoso en mi país. A través de mis contactos de negocios y de mi conocimiento del inglés, empecé a comprar programas de televisión. Uno de ellos es la serie de especiales de la *National Geographic* y los he estado presentando los sábados en televisión durante los últimos veinticuatro años. ¡Esas revistas amarillas realmente cumplieron su cometido!

–Traducción de Andrea Samuelson

NANDO PARRADO (Montevideo, Uruguay; 1949) es autor de *Milagro en los Andes*, libro sobre el terrible accidente de avión que él sufrió en 1972. Trabaja en los negocios y en la televisión. Da conferencias para organizaciones sobre liderazgo, la fidelidad y la perseverancia.

El inglés: Mi pasaporte a la poesía y el teatro, la ciencia y la vida

– WALTER MERCADO –

MI MADRE, mi mayor inspiración, hablaba en inglés todo el tiempo. Ella nació en Barcelona, España y viajó por todo el mundo, visitando Inglaterra y los Estados Unidos por su preparación académica. A causa de su influencia mi familia hablaba inglés la mayor parte del tiempo para que pudiéramos acostumbrarnos al idioma. A ella le encantaba la poesía inglesa, y durante mi juventud, ella y yo leíamos y memorizábamos sonetos y poemas escritos por Roberto Burns, Henry Wadsworth Longfellow, Elizabeth Barrett Browning, y Edgar Allen Poe. Leí obras de escritores como William Shakespeare y Somerset Maughn.

Mis primeros maestros de inglés fueron mi madre y mi tía María Luisa Salinas. Mi tía Maria Luisa enseñaba inglés en las escuelas en el barrio de Ponce, Puerto Rico. Cuando entré, fui el mejor estudiante de inglés. Cuando me trasladé a San Juan, las escuelas me consideraban talentoso por el inglés que tenía. En mi adolescencia, leí Emily y Charlotte Bronte como un pasatiempo, y Christopher Marlowe en el inglés original. Dickens, Walt Whitman y Steinbeck fueron mis autores favoritos, tanto como Tennessee Williams, Truman Capote, y Ann Rice.

Para mí, el inglés es la mejor manera para comunicar mis ideas. He leído el idioma toda mi vida con mucha voracidad. Unos de mis libros favoritos son los cuentos de hadas de Hans Christan Andersen, y volúmenes de Oscar Wilde.

Después de graduarme de la universidad, actué en muchas obras de teatro como *Anne of the Thousand Days* producida por Maxwell Anderson, el drama *Hands Across the Sea*, y la obra de Arthur Miller, *The Crucible*, todos en inglés, con el grupo teatrito de Puerto Rico, el Ateneo Puertorriqueño y Teatro Tapia en el Viejo San Juan. He hecho presentaciones de televisión en Londres. He tenido la maravillosa oportunidad de hacer una audición con los Veinte músicos de Londres. Conseguí un papel en *Joan of Arc*. Fue una experiencia maravillosa el estar entre actores que hablaban el idioma de manera elegante.

Mi mejor profesor de teatro fue Sanford Meisner en Nueva York, cuando tenía veinte años. El me enseñó el arte para proyectarme artísticamente, en inglés, un talento que he usado desde entonces. Presenté seminarios y enseñé clases de teatro en mi propia academia, Walter's Acting Studio, en Santurce, Puerto Rico, entre los años 60 y los 70.

Mi jefe, Bill Bakula, insistió en que yo tomara clases para refinar mi acento a uno que fuera más universal. Entre mis profesores de Nueva York esta Dorothy Sarnoff, quien me enseñó sobre la preparación y la presentación en inglés.

Deco Drive, un programa televisivo diario en inglés, me ofreció un contrato para dar las predicciones astrológicas. En ese tiempo mantenía mi inglés por hablar con amigos en los Estados Unidos y en Gran Bretaña.

He tenido muchas oportunidades de usar el inglés en programas televisivos como las del Sally Jesse Raphael, Howard Stern, y Regis Philbin. Una de mis experiencias más difíciles con el inglés fue cuando fui entrevistado por dos horas en el Medio Este con dos traductores a mi lado, uno que hablaba el árabe, y el otro el hebreo. Los traductores me distrajeron y afectaron mi concentración, pero fue una experiencia fascinante e inesperada en expresión.

He escrito todos mis libros en inglés, los cuales han sido traducidos al español o al portugués. Como se puede ver, yo soy un puertorriqueño con un respeto y amor profundo por el inglés.

—Traducción de Rachelle Brignol

WALTER MERCADO (Ponce, Puerto Rico, 1932) es famoso por su teatral presentación del horóscopo en televisión. Actuó en telenovelas en Puerto Rico. Adoptó la astrología como su medio. Es autor de varios libros que incluye *Más allá del horizonte: Visiones del nuevo milenio.* Su signo del zodíaco es Piscis.

Cuando yo era un cubanito

— RICHARD BLANCO —

O José can you see... Así es como yo lo cantaba, cuando era
un cubanito en Miami, y *América* un país ignoto
en las páginas satinadas de mi libro de Historia, en algún sitio
bien al norte, todo blanco, frío, perfecto. *This Land
is my Land,* entonces ¿por qué no vivia yo allí, en una casa de ladrillos,
con una chimenea generosa en sus espirales de humo?
Quise entonces usar calzones y medias hasta las rodillas,
y zapatos negros de colono con brillantes hebillas doradas.
Quise comer boniato con los indígenas, darle mi mano
a los negros, y correr por la nieve que no conocía,
in a one-horse hope-n-say? Quise hablar en británico,
decir frases inteligentes como *fours core and seven years ago*
o *one country under God, in the visible.* Quise ver
esa tierra sin palmares, poblada solamente por los raros sonidos
de los nombres de flores como petunias, peonías, impacientes, esperando
algún día abrir una puerta en alguna parte de la Bendita
América y decir: *Lucy, I'm home, honey. I'm home.*

—Traducción de Solange Guzmán con Jesús Vega

RICHARD BLANCO (Madrid, España, 1968) es autor de *City of a Hundred Fires* y *Directions To The Beach Of The Dead*. Ha sido ampliamente publicado en periódicos literarios y ha recibido varios premios por su poesía. Tiene una Licenciatura y una Maestría de la Universidad Internacional de Florida.

SEGUNDA PARTE

Los ingleses no tienen respeto a su idioma y no quieren enseñar a sus hijos a hablarlo. Lo pronuncian tan abominablemente que nadie puede aprender, por sí solo, a imitar sus sonidos.

—de *Pigmalión* por George Bernard Shaw

La revista amarilla

– ELENA PONIATOWSKA –

MI ABUELA ERA ESTADOUNIDENSE. Ella provenía de Stockton, California y su nombre era Elizabeth Sperry Crocker. Aunque mi familia es polaca, la familia Poniatowska ha sido francesa alrededor de cuatrocientos años, puesto que los Poniatowska fueron expulsados de Polonia en cuanto Stanislas Augustus Poniatowska fue hecho rey (el último rey de Polonia) en 1764 por Catherine Grande. Poniatowska fue su primer amante y todavía guardamos las cartas de amor que le escribió y en las cuales le rogaba: "No quiero ser rey, sólo quiero estar en tu cama". Sin embargo, él fue un muy buen rey. El príncipe Joseph Poniatowska fue uno de los generales del ejército francés durante el mando de Napoleón y en lugar de rendirse ante los rusos, él, junto con su ejército, se tiraron al río Elster. Michael Poniatowska era el secretario de estado durante el mandato de Valery Giscard d'Estaing. La familia de mi madre era mexicana pero ella nació en París, al igual que mi abuela. La familia tuvo que dejar México porque en 1910, la Revolución Mexicana se adueñó de sus tierras.

París fue el lugar en el que mis padres se conocieron. Ellos compartieron una casa con mis abuelos, André Poniatowska y Elizabeth Sperry Crocker, era una casa enorme en Rue Berton; fue ahí donde mi hermana Kitzia y yo fuimos criadas. Los Poniatowska eran una familia muy bien llevada y mi tío Casimir y su esposa Ann también vivían en la esquina de la calle Rue Berton. Mi abuela hablaba francés con un acento tan terrible que yo siempre pensaba estar escuchando inglés, o quizá ella hablaba inglés con un poco de acento francés tratando de pasar por francesa. Ella llamaba a mi padre Johnny.

Cada noche, después de cenar, mi hermana y yo nos sentábamos a su lado para que nos leyera la revista *National Geographic*. En la casa había pilas de esta revista amarilla. Era la primera revista que había visto en mi vida. En ese entonces yo tenía siete años. Cuando mi abuela se enteró de que mi madre quería llevarnos a México para huir de la guerra mi abuela usó la revista como arma para evitar que nos fuéramos. Nos mostraba fotografías de africanos con huesos que adornaban sus cabezas, con las orejas agujeradas por cuchillos, con labios como platos y después exclamaba: ya ven niñas, esto es México. Gracias a eso, cuando llegamos a México estábamos seguras de que alguien nos comería.

Elizabeth Sperry Crocker también nos dijo que Benjamín Franklin era nuestro ancestro, que William Crocker había construido el Museo de Arte Moderno de San Francisco, el cual actualmente es conocido como Museo Crocker y que su propio padre había comenzado la construcción del tren Chihuahua Pacific Railway, cuya locomotora actualmente se puede ver en Sacramento. Pero más que nada, cuando volvimos de WC, nos preguntó en su acento francoamericano: "*Avez-vous fait la grande chose ou la petite chose?*". Cuando en la escuela me dijeron que Napoleón había hecho cosas buenas, me preguntaba cuáles.

Realmente no aprendí inglés hasta que asistí a una escuela maravillosa en la ciudad de México. Cuando tenía once años, fui a la escuela Windsor que era dirigida por una mujer inglesa, la Sra. Hart. Ahora que miro hacia el pasado me puedo dar cuenta de lo buena que era esa escuela. Hacia media mañana la Sra. Hart nos daba clases de inglés, y nunca tuve una maestra ni tan estricta ni tan buena como ella. Se nos enseñó a contar en libras, chelines y peniques. Cada mañana cantamos *God Save the Queen*, por lo que aprendimos a honrar a Elizabeth II más que al mismo presidente de México. Gracias al amor que la Sra. Hart le tenía a Inglaterra nos hizo ciudadanos del mundo.

Después, cuando mi padre regresó de la guerra, nos mandaron a mi hermana y a mí al convento del Sagrado Corazón en la sección de Torresdale en Filadelfia. En ese entonces esa sección era muy pequeña, pues sólo había una cárcel, un manicomio, nuestro convento y una estación de tren, la cual tenía una pequeña farmacia en donde podíamos comer helados. No había nada que hacer en esos años, sólo aprender inglés, estudiar en inglés, rezar en inglés, pedir perdón por nuestros pecados en inglés y jugar hockey en inglés. (Uno de los grandes triunfos que nuestro equipo tuvo fue ése contra Ravenhill en donde Grace Nelly estudió). Aún así una estudiante, honrada como Hija de María por su carácter noble y buen comportamiento, se las ingenió para fugarse con un reo de la prisión. Realmente nadie supo cómo se conocieron, el hecho es que ella quedó embarazada. A veces la oía en su dormitorio golpearse contra el piso haciendo gimnasia, por que según ella estaba engordando.

El inglés fue el idioma de mi abuela, el de mi padre, mi madre también hablaba inglés y mi hermana se casó con un estadounidense. En México no tengo la oportunidad de hablarlo muy a menudo, pero me encanta escucharlo pues considero que suena maravillosamente, especialmente cuando leo Virginia Wolf. Es una lengua extraordinaria y cuando traduzco del español al inglés me puedo dar cuenta de lo conciso y fiel que es pues el español dice con muchas palabras lo que el inglés dice con pocas.

Estoy muy agradecida de haber tenido la oportunidad de leer el soneto de Elizabeth Barrett Browning que empieza "¿De qué modos os amo? Dejadme que os cuente…" lo que cada joven le quiere decir a su novio, y el haber podido actuar en el rol de la sirvienta en la obra de Shakespeare *Noche de reyes*. Recuerdo servir copas y copas de vino en el escenario, el cual era sólo agua coloreada, mientras sonreía y coqueteaba con alguno de mis gordos y altos compañeros de dormitorio que tenían el papel de saludables borrachos. Al mismo tiempo estoy muy contenta de haber sido una Hija de María, una distinción que me permitía entrar antes que otros a la capilla y no tener que entrar con los estudiantes de primer año. Las hermanas que nos educaron eran amistosas y agradables y nos aceptaban tal y como éramos, niñas llenas de ilusiones y de buena voluntad. Quizá moriré en inglés a causa de todas las oraciones que se me enseñaron en esos años y porque se me dijo que la Virgen, Sagrada Madre de Dios, vendría por mí para llevarme al cielo en mi hábito azul de Hija de María y que me sentaría en una nube a lado de Altísimo Dios y de todos mis seres queridos.

—Traducción de Mariela Martínez

ELENA PONIATOWSKA (París, Francia, 1932), cuyo nombre completo es Hélène Elizabeth Louise Amelie Paula Dolores Poniatowska Amor, es periodista y novelista. Entre sus libros se encuentran *Hasta no verte Jesús mío, La piel del cielo* y *La noche de Tlatelolco,* así como *Tinísima* y *Querido Diego.* Se inició como periodista en el periódico *Excélsior* y es cofundadora de *La Jornada* y la revista *Fem.* Entre sus premios se incluyen la beca Guggenheim y otra del Consejo Nacional para la Cultura y las Artes de México.

Curva de aprendizaje

– RUBÉN MARTÍNEZ –

ESTO FUE MUCHO ANTES de los debates sobre la educación bilingüe o sobre la ideología de "solamente inglés" o sobre la duda de si un americano de familia extranjera era realmente americano. Antes de que supiéramos quien era César Chávez, antes del "Black Power" de los afroamericanos, o los poderes moreno, rojo, o Amarillo. Eran los tiempos de JFK y de los rusos y los Beatles estaban a punto de conquistarnos. Nadie sabía el nombre del presidente de México o dónde estaba El Salvador. La asimilación era asumida. Y mis padres, sin lemas, sin seguir líderes, fuesen carismáticos o demagógicos u otra cosa, sin proclamarse a sí mismos "Chicano" (y ciertamente no "Chicana/o"), decidieron que yo, su hijo primogénito y ciudadano americano de nacimiento, hablaría español antes que inglés.

Ciertamente hubo una guerra cultural intensa a principios de los años 60 en Estados Unidos, pero sus términos eran literalmente negro o blanco. El Dr. Martin Luther King Jr. estrechó sus brazos sobre aquella reflectante piscina en el National Mall para decirnos que un día los niños blancos y los niños negros unirían sus manos, pero no había ninguna duda sobre el idioma que hablarían los unos con los otros. Los ritos del lenguaje de mi familia tomaron lugar a la sombra del movimiento de los derechos civiles, ambas cosas relacionadas y a la vez totalmente desconectadas, en el vasto mundo de los inmigrantes de los Estados Unidos.

En realidad mis padres no discutieron el tema en ese momento. El español era, sin duda alguna, la lengua franca en nuestra casa, por cierto nuevecita, en la avenida Hollyvista localizada en las colinas del este de Hollywood. Vivíamos en un vecindario de clase media dominado por el inglés (salvo la familia iraní que vivía unas casas más abajo y un poco de yídish en las viviendas judías). En el momento en que mis padres ponían un pie fuera de la casa, el inglés tomaba el mando.

Así que mis primeros años pasaron mayormente dentro de La Casa del Español. Pronuncié mis primeras palabras inteligibles "mamá", "papá", "agua" en al año de 1963. Mis balbuceos se volvieron palabras, mis palabras se volvieron frases; deseo moldeado en consonantes y vocales y sílabas acentuadas. "Quiero leche". "¡Quiero más!" "Te quiero, mamá". Escuchaba a otros, me escuchaba a mí mismo. El lenguaje creaba el tiempo, que hacía posibles las relaciones y éstas estaban en diferentes niveles. Formal: "Usted" (mis padres hablándole a mis abuelos, a extraños, e incluso entre ellos mismos). Informal: "Tú" (mis padres hablándole a sus hermanos y primos, a amigos, a mí). Jerarquía. Tan latinoamericano, tan colonial. Los americanos se enorgullecen de las vistas democráticas de su inglés, de su cláusula inherentemente protectora e igualitaria. Te puedes dirigir al trabajador obrero y al presidente con el mismo pronombre, las mismas malas palabras. (Además, puede ser divertidísimo combinar el dirigirse a alguien formalmente en español con una vulgaridad terrible.)

Se me ha pedido que escriba sobre la manera en la que aprendí inglés y me doy cuenta de que estoy relatando cómo aprendí el español. Yo supongo que ocupo una posición ligeramente distinta a la mayoría de los otros contribuyentes a este volumen. Éste no es el relato de un inmigrante, es un relato del hijo de unos inmigrantes, es decir, uno que es americano.

No cabía duda de que yo hablaría el español primero porque era el hijo primogénito de una familia mayormente inmigrante. "Mayormente", porque aunque mi madre había llegado a los Estados desde El Salvador pocos años antes de mi nacimiento, mi padre había nacido aquí de padres inmigrantes de México y fue criado a ambos lados de la frontera. Papá hablaba el español y el inglés perfectamente, el inglés en el mundo de trabajo más allá de nuestra casa en Hollyvista, —y el español dentro de ella, porque fue el lenguaje del cortejo de mis padres (que a su vez fue así porque era el lenguaje del corazón de mi madre.)

Cuando yo nací, mi mamá hablaba inglés relativamente bien pero no tenía sentido que lo hablase conmigo. Irónicamente, el inglés americano para nuestra joven familia era más formal que el español. El inglés era el idioma para las transacciones de banco, para dirigirse a hombres en trajes, era lo que hablaba el periodista Walter Cronkite en la tele cuando nos informaba todas las tardes sobre personas que no conocíamos personalmente pero cuyas vidas tuvieron un gran impacto sobre las nuestras. Walter Cronkite es un "Usted". De hecho, desde el punto de vista de los inmigrantes, todos los gringos son "Usted" (extraños). Y comparado al español, el inglés es siempre un poco abstracto. Tú (ahora estoy pensando en español) no te lo puedes imaginar susurrado a tu oído. El inglés puede ser emocionante, puede ser divertido o chic, pero únicamente con dificultad puede abarcar tragedia o amor o la tragedia del amor. (Pienso en Cronkite de nuevo anunciando el asesinato de JFK en vivo por televisión unos meses después de yo haber nacido, apenas puede pronunciar las palabras.) Compara el gravitas de "te amo" al juguetón pero en el fondo soso paquete de "*I love you*".

Tengo dos años. Existo casi exclusivamente dentro de las vocales del español (que lo dominan como dominan al inglés las consonantes). Es más, existo mayormente en el español que habla mi madre, español salvadoreño, que incluye aún otro pronombre, "Vos", un diminutivo del formalismo a ultranza del español "Vosotros", pero que en la mayor parte de América Central y Argentina realmente funciona como una apelación informal. Mamá me canta las canciones de cuna en español "Los tres cochinitos están en la cama...". Ella ama la poesía y la recita en español "Verde, que te quiero verde...". Mis padres son jóvenes y están enamorados y los oigo susurrar en español. (Los términos amorosos que utilizan son "pingüino" y "pingüina".)

Por todo ese tiempo, el inglés me espera en las alas; un loco, un conquistador, un liberador con un hacha. El inglés será mi primera caída.

Lo oigo primero en el anglicismo ocasional o en palabras completamente anglosajonas insertadas en una conversación que toma lugar mayormente en español. Como decimos *chainear* para el verbo *to shine*, brillar. O, alrededor del 15 de abril, cuando muchos inmigrantes dicen *income tax* en un inglés acentuado. (Ellos nunca pensarían en buscar la traducción al español; el recolector de impuestos americano es un "Usted".)

Y en televisión, por supuesto. Es una Zenith grande de madera en la sala y está prendida todas las tardes. Por ella viene la voz de Walter Cronkite. Es una voz amistosa, y está entrecortada. Es democrática y nerviosa. Es joven y el resto del mundo es viejo. (Mis padres jóvenes son más viejos que Walter Cronkite cuando hablan en español.)

Tengo tres años y sé como prender la televisión. Es temprano en la mañana. Papá se acaba de ir al trabajo, pero mi madre sigue en la cama. La caja emite un zumbido alto cuando presiono el botón de encender y cuando muevo la esfera para cambiar de estaciones hace *clunk-clunk*. Anoche, la caja hablaba inglés. Pero esta mañana está hablando español, a través de una mujer que no es muy distinta a mi madre, con cabello alto y arqueado y cejas muy maquilladas y labios que brillan en las luces del estudio. "Escuche bien", dice ella. "Repite". Se está dirigiendo a mí como un "Usted". Ahora soy viejo. Es una lección de español. ¿Es para hispano-parlantes nativos? ¿Para gringos que van hacia Acapulco? Mis padres no recuerdan el show y tampoco lo recuerda nadie más. Fue la primera sospecha que tuve de que el español podía existir en el mundo más allá de la puerta de entrada a mi casa.

Clunk-clunk.

Ahora la caja está hablando vaquero. "*Howdy, buckaroos!*" exalta el hombre con sombrero, botas y espuelas, presentador de un programa para niños llamado *Buckaroo 500*. Pronto tendré figurines de vaqueros e indios. Me pondré chapas color vaca y me sentaré en un potro para mi retrato del viejo oeste. Ahora soy un vaquero moreno y hablo una mezcla de español e inglés con neologismos que caen en medio de los dos.

Llego al parvulario Hilltop, el único hispano-parlante, el único vaquero moreno. Gorgoteo mi idioma especial con los demás niños. Ellos ríen, apuntan dedos. Mi comportamiento gregario se transmuta a un silencio cauteloso. Excepto que me da por gritar cuando mi madre me deja, provocando grandes escenas. Mis padres planean una estrategia para disuadirme de abandonar el parvulario, le piden a mi abuelo que me lleve. Él maneja un Cadillac grande con aletas y no habla ni una palabra de inglés. De cierta forma al sujetar su mano en la entrada hacia el Hilltop me siento seguro. Él me está soltando a otro idioma. Con éste yo hablaré el futuro. Abuelo se quedará en el pasado. Nuestra conversación terminará.

Ahora el idioma aplasta todo a mi alrededor. Viene en la voz de mi compañero de parvulario, en los cantos populares de Motown en la radio, en la voz raspante de nuestra magnífica vecina octogenaria en Hollyvista, Mrs. Prophet, una mujer cuyos pálidos ojos azules habían visto mucho del mundo y me ayudaron a abrir los míos. Hay más *Westerns* en la televisión. Mi padre me lee historias para ayudarme a dormir. Le doy las buenas noches a la luna en inglés.

Kindergarten. Ya hablo el inglés por lo menos igual de bien que el español. De nuevo, estoy en un aula rodeado por niños destetados en inglés. Niños que ya han aprendido, o pronto aprenderán que la palabra "mexicano" es intercambiable con "espalda mojada" o "frijolero" o "greaser". Yo les enseñaré que no soy un mexicano. Les hablaré en su idioma —es mío ahora— mejor de lo que ellos me hablan a mí. Me defenderé con él, lo usaré como un arma si es necesario. Leo, escribo, hablo en inglés con tremenda energía. Me agarro del idioma como si mi vida dependiese de eso, instintivamente pensando que éste pueda crear alguna magia contra la historia, contra el color de mi piel y el sonido de mi apellido en un pueblo tan anglosajón como el Los Ángeles de entonces. (En el curso de los últimos cuarenta años, el español lo ha reconquistado totalmente; el inglés ahora es el dialecto de la minoría, el español el lenguaje de la ambición.)

Te estoy diciendo que criarse en un pueblo que odiaba a los mejicanos y el español, me transformó en un escritor de inglés.

Cual es el idioma en que escribo para contar la historia de inmigrantes como mis padres y abuelos en Estados Unidos. Cual es el idioma en que escribo para hablar de ruptura y síntesis, las constantes contrariedades de la vida de un inmigrante.

Así fue que aprendí inglés, pero debo decir que no "olvidé" el español. El vocabulario básico y la estructura que aprendí desde muy niño se quedaron conmigo y se convirtieron en una lengua madura, debido en gran parte a los numerosos viajes en que visitábamos a la familia de mi madre en El Salvador en los 60 y 70 y luego viviendo en América Latina por algunos años. Yo no lo hablo o lo escribo tan bien como el inglés, pero he considerado el cultivarlo como una de mis responsabilidades más grandes. Después de todo, nací en español. La historia reside en el idioma y sé que mi familia ha traído consigo, de español a inglés, un gran legado. También sé que el inglés ha tenido un enorme impacto sobre el español. El melodrama de esta relación sería mejor describirlo en español.

En unas semanas, mi esposa dará a luz a dos mellizas. Hemos hablado frecuentemente sobre cuál nos gustaría que fuese su experiencia de idioma, aún cuando admitimos que cualquier gran diseño trilingüe que tengamos para ellas (ellas también hablarán francés, o tal vez algún idioma asiático), hay poco que podamos hacer para escapar el poder que tiene el mundo de más allá de nuestro hogar para moldear sus lenguas. Anoche les recité poemas, habiendo aprendido que a este nivel de embarazo su sentido del oído esta completamente desarrollado.

Les leí a Neruda.

Y les leí a Whitman.

—Traducción de Angus Schuller

RUBÉN MARTÍNEZ (Los Ángeles, California, 1962) es periodista y cronista, poeta y rockero. Entre sus libros se incluyen *Cruzando la frontera*, *The Other Side* y *The New Americans*, en este último se basó una miniserie de PBS en 2004. Escribe para *The LA Weekly*, *NPR*, *PBS*, *The New York Times* y la revista *Mother Jones*. Ganó la beca Lannan, y un *Emmy* entre otros premios. Ocupa la cátedra Fletcher Jones Chair en Loyola Marymount, en Los Ángeles.

Una vida subtitulada

— ENRIQUE FERNÁNDEZ —

POR SUPUESTO QUE SIEMPRE HE hablado inglés. A partir de mi juventud, conocí el francés y el italiano. He hablado el italiano de Antonioni. Conozco el francés de Truffaut (si tengo un acento en mi limitado francés es el de Jean-Pierre Léaud). Y siempre he conocido el inglés hablado por Wayne, Bogart, Curtis, Douglas, Brando, Mason, Olivier. Sin embargo, el hecho de que cada uno de ellos lo habló con acento diferente debido al lugar de origen, quedaba grabado en sus formas de expresión para después ser borrados por vergüenza étnica o intención comercial, algunos acentos cultivados porque era rentable, me eludió por muchos años.

Dame subtítulos y daré una comprensión básica del lenguaje.

El leer subtítulos no tiene nada que ver con leer un trabajo de traducción, el cual es un mal necesario. No sé nada de la estructura básica del ruso, ni sé nada de sus cognados, excepto por un puñado de palabras que durante la guerra fría a hurtadillas se metieron en el vocabulario internacional, obviamente a través de las películas. ¿Para qué más? Entonces, cuando leía a Tolstoy, en realidad estaba leyendo a sus traductores. Cuando yo veo una película subtitulada, escucho y leo al mismo tiempo, una técnica que adquirí involuntariamente a una edad muy temprana. Fuera del puro lenguaje, nada se acerca más al instante de la comprensión.

Cuando escucho a Marie Riviere provocativamente decir que es una vinicultora en la película *Autumn Song* de Eric Rohmer, (y el francés, particularmente, en las películas de Rohmer, siempre es sexualmente provocativo sin importar lo que digan), sé que está diciendo esto porque lo leo en un instante. Puedo saborear la manera en que ella arruga su boca mientras sus ojos brillan y pronuncia lentamente *viticultrice,* la palabra femenina, llena de seducción e invitación, perfilando la imaginación masculina a los gustos de la cama francesa. Ése es un entendimiento privilegiado.

A las películas americanas de mi juventud en La Habana, no les faltaba en alguna forma la incitación sexual. La imaginación masculina no necesitaba llegar a la pubertad para entender a una Marilyn Monroe en *The Seven Year Itch*. Marilyn no arrugaba solamente su boca, arrugaba todo su cuerpo.

¿Entendía yo todo? Era un niño. Yo no sabía exactamente por qué Marilyn fruncía tanto. Pero yo sabía que era para mostrar algo.

Entonces cuando me mudé a la edad de 13 años de un país que habla español a uno que habla inglés, no veía ningún problema. El hecho de que yo no pudiera entender a algunos de mis interlocutores y ellos no me entendieran tampoco a mí, no era extraño. Al venir desde una metrópolis sofisticada de la Costa del Golfo para la Florida yo sabía que esta falta de comunicación estaba relacionada con el subdesarrollo. Obviamente, no el mío.

Hablar en vez de entender inglés era casi lo mismo. Lo que salía de mi boca y llegaba a mi oreja era un inglés perfecto. Claro que no podía ser así. Sin embargo así me sonaba. Esta alucinación auditiva es similar a una que yo experimenté años después, pues estando bajo la influencia de las drogas en una fiesta, tomé mi guitarra y toqué un riff de flamenco que sonó a mis orejas como Sabicas, el maestro de los años anteriores a Paco de Lucía. Ya que todos estaban igual de drogados que yo, les sonó como Sabicas también. ¡Olé!

¿Mejoró mi inglés durante mi adolescencia? Claro que sí, pero no me pregunte. Yo oí los mismos sonidos perfectos a pesar del tiempo que los he venido haciendo. Entonces, cuando alguien comentaba algo sobre mi "acento", yo casi me sentía ofendido. ¿Por quién me tomas, por Desi Arnaz?, decía en mi cabeza, sabiendo que probablemente yo tenía un cierto acento. Aunque, hasta donde yo sabía, se me oía como un provinciano sureño o un intelectual europeo, o un hippie perteneciente a la industria del entretenimiento de Los Ángeles, o hasta, como esa bestia urbana y curiosa, un "Latino", cuyo acento era de origen extranjero pero ciertamente había crecido en los Estados Unidos. Todo dependía de las circunstancias.

Por muchos años trabajé en el aprendizaje del lenguaje pero en una dirección opuesta. Yo enseñaba español en la universidad. Gracias a esta experiencia descubrí que una lengua extranjera puede ser aprendida, que algunas personas pueden aprenderla mientras que otras personas, sin importar lo mucho que traten, no pueden. Finalmente, todo depende en la actitud.

La relación de amor/odio entre el español y el inglés es un asunto histórico. El odio llevado a un prejuicio extremo es la guerra, y la relación disfuncional entre el español y el inglés tenía dos momentos importantes: la Armada Española y la Guerra Hispano-Americana. En los dos casos, los hablantes ingleses hundieron los barcos españoles, y en los dos casos, los hablantes españoles perdieron la batalla ante los hablantes ingleses. Nosotros, los niños de esos imperios todavía llevábamos las marcas de esas guerras.

¿Cómo puede uno sentirse bien con el lenguaje de su enemigo? Eso depende del poder de seducción del enemigo.

Como dije, aprendí inglés a través de una escena clásica y seductiva: el cine. De la misma forma como los críticos franceses se convierten en directores de cine del *nouvelle vague*, y así como los novelistas de América Latina entran en *el boom*.

Pero yo tuve un empujón extra, que las generaciones viejas no tuvieron. Rock'n'roll. Yo aprendí algunas partes de mi inglés de Elvis Presley, *thankyouverymuch*. A cantar como él también. Como muchos de mi edad, yo puedo voltear el cuello de mi camisa, mover las caderas y hacer una imitación de Elvis, aunque nunca la haría en Vegas.

Cuando me mudé hacia el sur de los Estados Unidos descubrí que escuchar a Elvis, cantar como él o adorarlo en un altar no te prepara para entender a otros tennesinos, o a ninguna otra persona del Sur. Esto no te prepara ni para entender a Elvis. Como la mayoría de los extranjeros, que pueden cantar las canciones americanas, casi no sabía yo lo que estaba diciendo, y la mitad del tiempo estaba cantando las palabras incorrectamente.

Luego, realmente escuché las raíces de la música Elvis. De entre las estaciones de radio en Tampa durante los años 50, sólo había una que ponía música de cantantes negros. Relacioné estos sonidos con mi adorado rock, aunque claro, su primera fase y no muy lejos de sus raíces de R&B. Además, numerosos músicos negros —Chuck Berry, Little Richard, Fats Domino— formaron parte del primer canon de rock. Sin embargo, cuando escuchaba dicha estación me quedaba estupefacto. No podía entender los gruñidos ni los gemidos de los blues, así como no podía distinguir éstos de los gruñidos ni los gemidos de las guitarras que estaban detrás de las voces, en ese género que aprendería a querer algunos años más tarde.

El aprender un idioma perfectamente desde sus aspectos básicos en el marco de un salón de clase te aleja de la vitalidad real de la lengua. Sería como aprender español solamente mirando telenovelas. Sus diálogos formales y artificiales no es nada de lo que se escucha en las calles de la Ciudad de México, Caracas, Buenos Aires, o Madrid.

Aprender una lengua requiere de hacer un esfuerzo de por vida, y como en todos los esfuerzos, estamos propensos al mejoramiento y cercanos al fracaso. Todavía ahora me descubro, por ejemplo, pronunciando un fonema incorrectamente, lo he hecho así durante toda mi vida en los Estados Unidos. Otras veces, uso la preposición incorrecta, el inglés tiene una preposición para cada concebible matiz. En un punto de mi vida, mi acento en inglés se deterioró.

Después de haber vivido por todas las provincias de los Estados Unidos, finalmente llegué a Nueva York con una edad mediana. Allí, me refugié con inmigrantes como yo de América Latina, aunque muchos de ellos eran recién llegados. Estuve con los cubanoamericanos, quienes, no como yo, habían pasado la mayor parte de sus vidas muy cerca los unos de los otros, por lo que todavía hablaban inglés con un acento notablemente cubano. Acostumbrado a los sonidos *aping*, simplemente decidí hacer lo contrario. Mi inglés perdió los *twang sureños* y del medioeste; también perdió su pretensión académica. Esta vez, aprendí una nueva técnica: a pesar de mi disgusto, me empecé a oír a mí mismo.

Me oí como un extranjero, como un inmigrante de América Latina, como un Latino, como un cubanoamericano, como un cubano.

Como Desi Arnaz.

Pero Desi quiere a Lucy y ella lo ama a él. La pedagogía del deseo es la mejor. Debido a mis años como maestro de lenguas, sé que una lengua extranjera se aprende de manera más eficiente en la cama. Algún estudiante mío, pasaba dos o tres años en clases de español, e iba a un país de habla hispana para estudiarlo. Y ella —usualmente una mujer— volvería completamente fluida en el idioma. ¿Cómo era posible? Cuando ella empezaba a decirme lo mucho que extraña a Carlos o Jorge, yo entendía.

Eso tiene sentido. La mejor clase se da en las rodillas de la madre. En ese lugar tan seguro y templado, un niño aprende cualquiera cosa, y además, rápidamente. La segunda opción, —la cosa mejora, pensamos en la pubertad— es en el regazo de ese alguien con quien estamos involucrados sexualmente. Si me hubiera quedado ligado a los de mi propio grupo como se canta en *West Side Story*, nunca habría aprendido inglés o tan bien rápidamente.

Mores me ha dado una mano. En esos días, antes de la revolución sexual era muy difícil conseguir mujeres latinas; ellas requerían de un cortejo elaborado, como se dice en el argot cubano, *tallar una jeva* (tallarla, esculpirla). Las mujeres "americanas", como las llamamos, eran más fáciles. No es que fueran más fáciles como putas, como el machismo las definiría, eran simplemente más modernas. Al final, todas las mujeres se volverían más fáciles, conforme la modernidad se iba moviendo, y todavía se mueve. Un hombre que es llevado por sus hormonas toma el camino de menor resistencia. No es que yo quisiera sólo a las mujeres latinas —en mi juventud yo no hacía ninguna distinción entre culturas cuando se hablaba de sexo— era simplemente que yo no tenía el poder para salir a cortejarlas.

Lo mismo les pasó a las mujeres latinas. Yo supe años después, cuando una cubana-americana con la que coqueteaba —es lo más lejos que he llegado— me llamó a la oficina para hablarme de las cosas más banales, solamente para reírse tontamente y decir, "¡nunca antes había dicho eso en español!" Yo creo que esa es una definición del sexo oral.

"El español es la lengua del amor" dice una canción de vaqueros. ¿No? Que hacer el amor en español es mejor, es una frase, es un piropo, no una tesis, y toda la gente debería usar alguna versión de esto en objetivos culturales desde el Inuit hasta el Ibo. Pero sobre todo, nosotros aprendimos nuestros idiomas por medio del trato íntimo: no sólo el sexo, sino las relaciones despreocupadas que provienen del acercamiento.

A través de relaciones, de fuera y dentro, platónicas o priápicas, en amistad y en pasión, el Spanglish es el idioma que sin querer, he estado aprendiendo todos estos años. Cuando hablo con hispanohablantes acabados de llegar o viajo a un país de habla hispana, me tengo que esforzar para hablar solamente en español. Después de toda una vida de intentar perfeccionar mi inglés, lo que finalmente perfeccioné, y me perfeccionó, fue este cambio de códigos.

Mientras que el español invade al inglés mediante cambios demográficos, el inglés invade el mundo, y es posible que, al final, tal híbrido triunfará como el idioma dominante. Yo voy a estar adelantado en el juego, ya fluido, no como una alucinación, fluido de verdad en esta lengua creciente en el mundo, una lengua que reside en mi cuerpo mortal.

—Traducción de Mikela Yarawamai con Regla Albarrán

ENRIQUE FERNÁNDEZ (La Habana, Cuba, 1943) es periodista y crítico. Escribió la columna, *El Norte* para *The Village Voice*. Es redactor y crítico cultural de *The Miami Herald*. Fue vicepresidente y director ejecutivo de Latin Grammys.

Conformar un lenguaje

– ENRIQUE MARTÍNEZ CELAYA –

EN MADRID, cuando mi hermano Carlos y yo fingíamos que podíamos hablar inglés, mascullábamos nuestras palabras en español y hablábamos rápido. El inglés para nosotros era como un zumbido cargado de prestigio y misterio. Lejos de Vietnam y Watergate, en la España de 1972, el inglés era el sonido de los chicos felices que habíamos visto, vestidos como brujas y calabazas, en un álbum de sellos, llamado *Niños del Mundo*.

Yo sabía que estaba más adelantado que mi hermano porque mi sobrenombre, Henry, ya estaba en inglés. Unos años antes en Cuba, mi papá había tomado unas clases de inglés y me había dado el honor de ser, por lo menos en nombre, un hijo del Norte.

Carlos y yo encontramos tiempo para mezclar palabras y afectar los gestos de esos niños desconocidos cada vez que nos mudábamos de un apartamento a otro en Madrid. Pero nuestra versión del inglés se volvió un engaño cuando llegábamos a Puerto Rico: en San Juan la mayoría de los niños ya conocían la verdadera manera de hablar, y muchos de ellos ya habían visitado los Estados Unidos, o tenían familia viviendo allí. De todas maneras tratábamos de reformar nuestro lenguaje secreto, pero la magia desapareció. Y supimos que estábamos creando palabras falsas.

En la escuela nuestras habilidades en el inglés se quedaban atrás en comparación a las de los otros. Me recuerdo afrontando con miedo el libro de *Red Pony* por Steinbeck. Me encantaba el hecho de leer, pero trabajar entre metáforas y frases que no entendía, no sentía ni placer, ni tenía el sentimiento del descubrimiento. A causa de la inseguridad típica de los países colonizados, uno de nuestros profesores pensó que el cuarto grado era el mejor momento para introducir

Ivanhoe, por Sir Walter Scott. Afortunadamente yo tenía interés en el tiro al arco y pude escribir un informe de una página sobre el libro, basándome sólo en la ilustración en el frente del texto y en mi conocimiento sobre las flechas.

Esos años, los setentas, estaban cubiertos con el polvo del recuerdo y mucho de eso se debe a los libros de trabajo *English This Way*: páginas pequeñas y blancas llenas de frases incompletas, ejercicios con opciones múltiples y lecturas de comprensión; libros solitarios para un tiempo caótico que aparentemente, contenían la llave del amor, porque en mis primeros años de adolescencia todas las chicas que me gustaban, dominaban con maestría el libro *English This Way*. Al final de la secundaria yo sabía inglés lo suficientemente bien para hacer un buen trabajo en las pruebas formales y ejecutar los rituales del laboratorio de lenguas que estaba dirigido por una mujer con cabello alborotado que hasta hoy en día asocio con el inglés.

Pero mis habilidades dependían en poder ver las palabras escritas. Hablar inglés era una cosa completamente diferente. Cuando viajé a Cornell para un programa de verano antes de mi primer año de la universidad tuve la oportunidad de visualizar mi destino. En el avión, entre Nueva York e Ithaca, una chica de mi edad intentó hablar conmigo. Hablamos de que Nueva York era un estado lleno de árboles y campo abierto, no solamente la ciudad que todos conocían. Pero el comunicar esta información bucólica tomó el vuelto entero y yo siempre tenía que interrumpirla con el dicho molesto "¿cómo se dice…?"

El primer año que asistí a Cornell fue el más difícil. Yo sabía que el lenguaje no consistía solamente en palabras si no también en formas de ver el mundo, el cual incluía los dormitorios, los paquetes de cariño que los padres le mandaban a los hijos americanos, desayunos, trabajos de estudio, el conocimiento de cómo vestirse, así como tener el dinero suficiente para el abrigo "parka". Todas estas cosas me parecían nuevas y raras. Yo tropezaba en mis conversaciones, pasé mucho tiempo solo en mi cuarto, o corriendo, y escribía ensayos que siempre me devolvían llenos de tinta roja. Sin embargo, yo no tenía interés en inscribirme en una clase de inglés como segundo idioma por lo que tomé un seminario de introducción a la Lingüística que se llamaba "Escribiendo sobre la experiencia". Esos cursos de escribir en inglés me tomaron mucho tiempo.

La mayoría del inglés que aprendí ese año fue durante la cena o en las conversaciones informales en mi dormitorio. Estas lecciones eran un poco incómodas y muchas incluían algún tipo de humillación o pretender que era más tonto de lo que en realidad era. De entre todos esos momentos, ninguno es más chistoso ni doloroso que "la historia del estreñimiento".

Ithaca tiene un clima difícil y me enfermaba mucho: cogía un resfriado o una gripe cuatro a cinco veces durante mi primer año.

A lo largo de mi primer año, comúnmente les contaba a mis compañeros de clase y a los que se sentaban a mi lado en la cafetería, que yo estaba "constipado" (en español, estreñido).

Una mañana durante mi segundo año, un amigo quien hablaba inglés y español corrigió mi gran equivocación y yo lo miré cuidadosamente. Con pena visualicé un año de carcajadas secretas y confusión por mi gran "honestidad corporal". Quizás ahora, mas de 20 años después, mi condición es una leyenda urbana; el chico estreñido que saltó de uno de esos infames puentes de Cornell.

La verdad es que el inglés vino despacio, imperceptiblemente, a través de unas décadas. Todos los momentos, las historias, no pueden completamente explicar cómo ocurrió el aprendizaje. Un día leí *Moby-Dick* y no me pareció raro. En Berkeley leí Steinbeck de nuevo mirando los cerros secos que no entendí como niño y comprendí las metáforas.

Yo pensaba que saber un lenguaje significaba conocer la gramática y el vocabulario. Pero el español había sido más que eso. Era los poemas de Miguel Hernández y Jorge Luis Borges, la música de Joan Manuel Serrat, y los gestos de mi papá. En una manera similar, Steinbeck era esas colinas doradas que no tenían sentido en cualquier lenguaje cuando las únicas colinas que yo conocía eran verdes y frondosas. La simplicidad de Robert Frost o la idea de sencillez que existía en el idioma y el idioma que existía en ellas. Aprender inglés era aprender a amar la sensibilidad de los sonidos que conectaban las palabras.

Todavía estoy aprendiendo y es probable que mi inglés siempre refleje que crecí con el español, no solamente por mi acento sino en mi manera de pensar. La manera en la que quiero usar las palabras. Pero mi español también ha cambiado. Aparentemente, el idioma no era algo para aprender en una sala de clase sino a través de la experiencia.

—Traducción de Tanika Vigil

ENRIQUE MARTÍNEZ CELAYA (Palos, Cuba, 1964) es artista gráfico. Su obra ha sido expuesta en el Metropolitan Museum y el Whitney, así como en museos en Europa y Asia. Sus ilustraciones aparecen en *XX-Lyrics and Photographs of the Cowboy Junkies*, así como en libros y catálogos. Fue fundador de la casa editorial Whale and Star. Vive en el sur de la Florida.

El difícil

— PAQUITO D'RIVERA —

MI PRIMER ENCUENTRO FRONTAL con "El Difícil", que es como el percusionista cubano Daniel Ponce le llama al idioma inglés, fue en mi temprana niñez. Mi padre apareció en casa con aquel LP de Benny Goodman grabado en vivo en el teatro Carnegie Hall de Nueva York. Muy sorprendido pregunté yo —¿Cómo?, ¿'carne y frijol'?—. Yo no veía la relación que podía existir entre lo que cocinaba mi madre tan a menudo y aquella música excitante que tocaba la orquesta del clarinetista judío.

Como 25 años después de que mi padre casi se atora de risa con aquella ocurrencia mía, de gira con Irakere, desayunaba yo en una cafetería de Broadway, precisamente muy cerca del Carnegie Hall. Mientras esperábamos la comida, escuché a uno de los músicos del conjunto, esforzándose en explicarle en inglés a un ejecutivo de CBS que no se sentía bien aquella mañana, porque la noche anterior comió demasiado, y había amanecido con "estreñimient".

—¡¿Estreñimient!?—, exclamó el americano, tratando de pronunciar la extraña palabra, ladeando la cabeza hacia un lado y a otro, como hacen los perros cuando no entienden bien lo que uno trata de enseñarles. El músico quería decir que estaba teniendo problemas para evacuar su vientre, o sea, que estaba estreñido.

Recuerdo que quien dijo aquel curioso "hispanismo de extrema derecha", se encabronó muy seriamente cuando el saxofonista Carlos Averhoff casi se cae de su silla con un tremendo ataque de risa. Y es que una cosa es el "Spanglish", que tanto ha permeado nuestro diario lenguaje coloquial, y otra el disparate, que a veces produce situaciones graciosísimas.

Una vez, en una gasolinera en Union City cuando por fin logré establecerme en la ciudad de Nueva York a fines de 1980, uno de mis primeros trabajitos fue haciéndole la suplencia a José Fajardo, el famoso flautista cubano. El era tan popular, que a veces tenía hasta 2 o 3 orquestas trabajando a la vez en distintos locales de la ciudad.

En aquellos días yo aún vivía con mi madre. Como éramos vecinos de Fajardo en Overlook Terrace de West New York, New Jersey y como vivíamos en el mismo edificio, un frío domingo de invierno nos fuimos juntos en su enorme *station wagon* hacia el restaurante La Bilbaína de la Calle 23 en Manhattan. Allí me quedaría ocupando su lugar, mientras él continuaba rumbo a Brooklyn, donde lo esperaba otra de sus charangas. Con nosotros venía su hijo, que ya salía de vez en cuando a practicar el timbal con "Fajardo y sus Estrellas". Por haber nacido en los Estados Unidos, Armandito, que era el nombre del chico, desde niñito era perfectamente bilingüe y ayudaba a su padre, quien solamente hablaba español, a comunicarse.

La tarde era clara, serena y luminosa y desde el río helado soplaba una brisa gélida y finísima, que se mezclaba en la atmósfera con el delicioso olor a comida cubana que salía del Overlook Terrace. Al salir al parqueo, la gente que lo reconocía saludaba al legendario artista con afecto y entusiasmo. No bien hubo echado a andar el motor del auto, por las bocinas del radio salieron casualmente las alegres notas de "Sayonara-Sayonara, Me Voy Pal Japón", uno de los hits del guajiro pinareño en la Cuba de finales de los años cincuentas. Era el programa dominical de Polito Vega, vecino nuestro y uno de los locutores estrellas de la "City".

Salíamos por Boulevard East, rumbo norte hacia el Lincoln Túnel. El impresionante perfil de la ciudad de los rascacielos parecía moverse en el horizonte como si tuviera vida. Un grupo de niños guiados por lo que serían sus maestros y padres, depositaban ofrendas florales junto al busto de José Martí, que desde hacía algunos años descansaba en su pedestal de mármol en el parque de la acera este del boulevard.

—Cuentan que cierta vez —les comenté a los Fajardo— en una clase que estaba impartiendo en la escuela, Martí pronunció el nombre de Shakespeare tal y como se diría en español 'Cha-ques-peare', y cuando a un alumno se le ocurrió corregirlo, Martí continuó el resto de la lección en perfecto inglés.

—Pues mira mi hermano, menos mal que yo no estaba en esa clase, pues no hubiera entendido "¡Ni papa!, ¿me oite?" —respondió el guajiro con su criollísima gracia habitual.

De camino a La Bilbaína, paramos en una gasolinera para abastecer el goloso tanque de la enorme camioneta.

—*Filirópalo, primo* —pronunció con su voz áspera y carrasposa el flautista— dirigiéndose al pakistaní que estaba a cargo del servicentro.

Protegiéndose del viento glacial que soplaba y temblando de pies a cabeza, el hombre se caló el gorro de lana hasta las orejas y miró hacia mí como en busca de ayuda. Yo me encogí de hombros y al regresar su mirada al músico, este trató de aclarar:

—*Que lo filiropées, mi hermanito, "filiropeltan", ¿o tú no underestan mai ingli, o qué? Échale primo.*

Armandito adivinó algo en mi cara de desesperación y vino a nuestro rescate. Ahí nos enteramos el pakistaní y yo, de que traducido de su lengua particular, lo que Fajardo quería decir era: "*Fill up the tank*", o sea, que llenara el tanque, y lo de primo no tenía nada que ver con una relación familiar ni mucho menos, sino que lo llenara de gasolina "*Premium*".

—Bueno —eso mismo dije yo, ¿no?—, que lo filiropeara primo…. o e que uno habla chino, o qué…—aclaró Fajardo—, en una forma, digamos que muy libre y sui generis de interpretar el verbo aclarar. Armandito me guiñó un ojo, se sonrió, y después de pagarle al confundido pakistaní, seguimos rumbo a nuestra matinée con el inefable "Fajardo y Sus Estrellas".

En otra ocasión, yo esperaba que me viniera a recoger un ilustre pianista norteamericano, para irnos en su carro a tocar a un jazz club en Wilmington, Delaware. En aquel tiempo yo aún vivía con mis padres en aquel barrio donde casi todos eran cubanos e hispano-parlantes de diversas nacionalidades. Casi no se veían anglos en aquella zona de Hudson County, New Jersey (ni se ven hoy).

—M'ijo, date prisa, que ahí te espera un extranjero que se llama Tim McCoy —dijo mi madre—, mientras yo terminaba de arreglarme para el gig.

—¿Un extranjero que se llama Tim McCoy, como aquel viejo cowboy de las películas silentes? –pregunté yo, extrañadísimo. –¿De qué tú hablas, mamá?

Cuando salí a la sala, el "extranjero" a que mi madre se refería era el gran pianista McCoy Tyner –no Tim McCoy– que me venía a buscar para nuestro gig de aquella noche en Delaware.

Pero bueno, como dice aquel dicho español que "en todos lados se cuecen habas", yo también tuve mis tropiezos con esto del inglés, como aquella vez que le pedía a la empleada de una verdulería coreana un "*Rape avocado*". La mujer me miró con asco y me contestó: –Usted es un enfermo.

—¿Qué? –pregunté yo– un poco asustado por el tono de voz y la feroz expresión de la mujer. Pero por suerte la que contestó fue mi esposa, que le aclaró a la señora que yo lo que buscaba era un aguacate maduro, a "*Ripe avocado*", y no un aguacate violado, que es lo que quiere decir la desagradable palabra "*Rape*".

La pronunciación es factor agravante en cualquier idioma, sobretodo cuando uno encuentra palabras que para nuestro oído hispano se parecen y a veces confunden. Por ejemplo: Yo prefiero decir que voy al *seashore* o *to the ocean*, porque *beach* –playa– es algo completamente diferente de *bitch*. De modo que si digo, "*I'm going to the bitch*", se creerán que me voy de putas o algo por el estilo.

Otro ejemplo es *sheet*, que es una sábana o una hoja de papel, y *shit*, que es mierda. Por eso es que en mi profesión yo siempre me refiero a *piano parts*, porque si digo *lead sheet* y me sale *lead shit*, sabrá Dios la reacción que podría yo provocar en los músicos americanos.

Para nosotros, decir en inglés *Aunt Ann and an ant* (literalmente, "Tía Ana y una hormiga"), es como hacer la imitación del habla de un fañoso y se imaginarán ustedes lo dificultoso que se nos hace entender un idioma donde *ass* es burro, pero también es culo. Entonces ¡¿cómo demonios decir el culo del burro?!

Estoy convencido de que lo más difícil de un lenguaje no es hablarlo, sino entenderlo, ya que para complicar aún más la cosa, está aquello de los diversos acentos. Una de mis primeras experiencias con acentos extraños, fue al principio de una de mis primeras actuaciones con Dizzy Gillespie, el trompetista que tanto me ayudó a echar pa' lante mi carrera en el competitivo mundo del Jazz.

Dizzy nació en Cheraw, South Carolina, y ya se sabe lo que son esos acentos del sur, ¿no? Bueno, pues era la noche de debut en el Rock Head Paradise de Montreal. Ya sobre el escenario, cuando le pregunto a Dizzy qué pieza vamos a tocar, me contestó con algo que sonaba entre el bramar bajo el agua de un búfalo camboyano y al ronquido de un motor Diesel con problemas de carburación.

Tragué en seco y le pregunté al guitarrista Ed Cherry, a mi lado.

—¿Qué dijo Gillespie?

—¡Y yo qué sé! —contestó a secas—.

—Pero cómo que no sabes si tú eres americano como él, ¿no?

—Sí, pero él es de South Carolina y eso es otro planeta, Bro. Mejor espera a que él empiece a tocar y enseguida te darás cuenta de por donde vienen los tiros, OK?

Tenía razón el guitarrista y así comprobé una vez más que la música, y sobretodo el Jazz, es el verdadero idioma universal, el lenguaje del amor, la tolerancia y el respeto a la libre expresión entre los que lo practican y su público.

Por otro lado, no hay dudas de que, precisamente por su sencillez y practicalidad, el idioma de Shakespeare o 'Cha-ques-peare', como le gustaba decir a Martí), se ha convertido en lo que se intentó hacer con el esperanto muchos años ha. Ello no es más que el uso de una lengua común que ayude a la mejor comunicación entre seres humanos de diversas latitudes. Además y muy a pesar de lo dificultoso que puede resultarles a algunos su comprensión, mirándolo con objetividad y optimismo, hay que reconocer que la cosa hubiera sido mucho peor, de habernos visto obligados a derribar la frustrante barrera del idioma en Cantonés, Urdu o Búlgaro, ¿no les parece?

PAQUITO D'RIVERA (La Habana, Cuba, 1948) es ganador de varios Grammys y un premio por virtuosismo de clarinete y saxofón, y en 2007 ganó una beca Guggenheim. Empezó su carrera en la Orquesta Sinfónica Nacional de Cuba. Fue fundador del explosivo grupo cubano Irakere. Ha compuesto e interpretado innumerables álbumes en una variedad de géneros musicales. Ha recibido la

Medalla Nacional de las Artes, el Premio Anual de Realización
en Música del National Hispanic Academy of Media Arts and
Science. Además ha sido designado Jazz Master por el National
Endowment for the Arts. Es el autor de *Mi Vida Saxual.*

Los mexicanos que hablan inglés

– ANÓNIMO –

de *A Texas-Mexican Cancionero: Folksongs of the Lower Border*

En Texas es terrible por la revoltura que hay,
no hay quién diga hasta mañana, nomás puro *goodbye*.

Y *jau-dididú mai fren, en ayl sí yu tumora,*
para decir "diez reales" dicen *dola yene cuora.*

Yo enamoré una tejana, y de esas de sombrilla,
le dije:—¿Te vas conmigo?— y me dijo:—*¡Luque jía!*—

Enamoré otra catrina, de esas de garsolé,
le dije:—¿Te vas conmigo?— y me dijo:—*¿Huachu sei?*—

Luego me fui pa'l dipo a hablar con doña Inés,
yo le hablaba en castellano y me contestó en inglés.

Todos queremos hablar la lengua americana,
sin poder comprender la nuestra castellana.

Y en Texas es terrible por la revoltura que hay,
no hay quién diga "hasta mañana", nomás puro *goodbye*.

AMÉRICO PAREDES (Brownsville, Texas, 1915-1999), era recopilador de *A Texas-Mexican Cancionero: Folksongs of the Lower Border*. Recibió su Doctorado en Inglés y Folklore. Estos temas dominaron su carrera como profesor de la Universidad de Texas en Austin. Recibió premios de los gobiernos de México y de los Estados Unidos por sus estudios sobre la cultura de la frontera. Acreditado por los académicos por sus investigaciones sobre la música, el humor y las tradiciones orales de la frontera. Es autor de *"Con su pistola en su mano"*, que fue llevado al cine.

El inglés peligroso

— JOHANNA CASTILLO —

CUANDO PIENSO en cómo aprendí inglés, de repente me acuerdo de las viejas películas y los viejos discos que tenía cuando niña. Yo crecí en Guayaquil, Ecuador, donde el primer idioma es español, pero por alguna razón el inglés me fascinaba. Cuando tenía seis años bailaba y cantaba por horas, acompañada por la música de *Grease*. Era fanática de John Travolta y Olivia Newton John, y me aprendí todas sus canciones antes de seguir los discos de Madonna y Cindy Lauper, que pertenecieron a mis hermanas mayores.

Mientras mi atracción por el idioma inglés crecía, yo me ponía frente al espejo, a practicar nuevas letras de canciones y sus pronunciaciones. Mis amigos y yo fingíamos que hablábamos inglés, cuando de hecho no hacíamos más que decir sandeces. Mi padre decía "M'ija, la única manera de aprender un idioma es leer el diccionario".

Llegué a ser una lectora ávida a la edad de doce años. En su mayoría leía traducciones al español de los autores clásicos americanos, desde Hemingway hasta Whitman. No sé por qué escogí esos libros. Quizás había previsto mi futura vida en los Estados Unidos.

Mi interés en el inglés seguía creciendo, y mis padres me inscribieron en una escuela bilingüe por los últimos tres años del colegio. Cada día estaba dividido en una parte en inglés y la otra en español. Las clases en inglés abarcaban la historia de los Estados Unidos, la gramática, la conversación y la geografía. La mayoría de mis compañeros eran perfectamente bilingües. Yo en cambio no lo era; pero de alguna manera me aguanté y me gradué con buenas notas.

Cuando tenía diecisiete años empecé mi carrera sobre finanzas y la banca en la Universidad Espíritu Santo en Guayaquil. También conseguí mi primer trabajo en el Banco del Progreso, uno de los bancos más prestigiosos del Ecuador. Aunque empecé a ascender en la corporación a una edad muy temprana, siempre sentía que por no hablar inglés, se me estaba bloqueando un mundo distinto, lleno de nuevas oportunidades. La universidad a la que estaba asistiendo tenía un programa de intercambio estudiantil con la Universidad de Nueva York en New Paltz. El programa tenía dos puestos por año. Decidí solicitarlo y a la vez inscribirme en clases de inglés intensivo. El requisito, a cubrir, más difícil fue la entrevista —en inglés, por supuesto— con el director del programa. Contraté un tutor y tomé clases intensivas por meses. Por fin, obtuve uno de los lugares, y cinco meses después llegué a New Paltz, New York. Después de darme cuenta de que nadie hablaba español en ese pueblito, yo me puse las pilas y me puse a aprender inglés. ¡Imagínate una mujer que no puede hablar!

Mi experiencia en SUNY New Paltz fue maravillosa. Tenía compañeros de clase de todo el mundo: España, Grecia, Japón, Brasil, entre otros. Estudié gramática, historia, tomé clases del laboratorio, y mi preferida, "Peligroso Inglés". En esta clase aprendimos sobre la cultura estadounidense y cómo ciertas acciones o palabras se podían malinterpretar. Por ejemplo, nos enseñaron que cuando estás platicando con un americano, hay que mantener la distancia de un brazo. (En América Latina nos colocamos muy cerca para hablarnos). También, cuando conoces a una persona por primera vez en una situación informal, hay que ofrecerle la mano, y nunca un beso en la mejilla. (Besamos a todo el mundo en América Latina, excepto en los asuntos de negocios). Para mí todavía es difícil adaptarme después de tantos años, así, ahora normalmente le ofrezco la mano y después le ofrezco un beso en la mejilla.

Desde que llegué acá he estado enamorada de este idioma hermoso. Siempre será una parte de mi vida y un recuerdo de que podemos aprender algo nuevo —aún una sola palabrita— cada día.

—Traducción de Eliot Brockner y Mariela Martínez

JOHANNA CASTILLO (Guayaquil, Ecuador, 1975) trabaja como editora en una casa editorial en Nueva York. Ha sido agente de autores latinos para Sanford Greenburger Literary Agency.

Ay doan pik ingli o No me pica la ingle

— JOSÉ KOZER —

DE NIÑO ME SENTABA en el suelo de baldosas rojas de la terraza de la casa de La Habana y me ponía a hablar idiomas: llegué a reinventar catorce, uno de ellos era el inglés. Como idioma me parecía menos interesante que, pongamos, el chino o el urdu, idioma éste que con diez años de edad manejaba a la perfección.

En el colegio debo haber tomado clases de inglés durante años, tanto en primaria como en bachillerato, ese bachillerato al que llamábamos bachiverraco, justo apelativo si se entiende que salíamos de esa experiencia de años, sin haber sido desasnados. De todo ese estudio del inglés, no recuerdo mucho, apenas frases o palabras sueltas (más allá de *"Tom is a boy", "Mary is a girl"*): tampoco recuerdo qué libro de texto usábamos, qué poemas se nos hacía memorizar en inglés, o con qué frases hechas podíamos contar a la hora de poner en práctica lo aprendido, o más bien, lo no aprendido.

Nada recuerdo de esa experiencia de años. Tengo, eso sí, la vaga noción de un profesor de inglés, ya en los últimos años del bachillerato, que a todos nos resultaba simpático (a las chicas sobre todo): rubio, alto, desgalichado, siempre risueño. Creo recordar que hablaba español con soltura pero con cierto deje extraño, y que a veces metía la pata confundiendo las ingles con el inglés. Sé que a raíz de la revolución, estuvo entre los primeros en tomar las de Villadiego y tengo entendido que en Miami montó una tienda de *shmattes* que le permitió vivir holgado. Me alegro: pienso que un profesor que acaba vendiendo trapos o fue un profesor de pacotilla, o lisa y llanamente encontró, después de dar muchas vueltas, su verdadera vocación.

Calculo que al llegar a Nueva York en 1960 con veinte años de edad sabría decir *dog, why not,* y *yes, of course.* Más allá de ese exiguo conocimiento del idioma estudiado durante más de una década en uno de los mejores colegios de Cuba, no creo haber podido decir nada sino señalando con el índice lo que necesitaba, o gesticulando a la cubana para conseguir en la bodega un tabaco, un paquete de azúcar, o para mi primer trabajo.

¿Qué milagro operó que pude a los tres meses de mi llegada a Nueva York trabajar en una compañía de importación y exportación como gerente de ventas? No sabría explicarlo: quizás le caí simpático a los jefes, quizás les divertía el cancaneo de mis primeros balbuceos en inglés, quizás se dieron cuenta que era un inmigrante fácil de explotar. El caso es que estuve tres años dirigiendo las operaciones mercantiles de esa pequeña corporación, en la que vendía avionetas, autopilotos, radios marca King y piezas de repuesto para aviones de un solo motor.

Y todo ello en inglés. Escribía cartas comerciales con el diccionario abierto sobre la mesa de trabajo, cartas que tras las dos primeras semanas eran de tal modo estereotipadas, que ya casi nunca tuve que recurrir al diccionario. Aprendí ese inglés mínimo que se necesita para estafar al ajeno, comprar barato y vender al triple, convencer a quien fuere para que se compre una avioneta que le permitiría ganar dinero en su propio país, estafando a su vez a los naturales, o la comprara para uso propio, endeudándose de por vida. Al tercer año de trabajar en esa oficina de Wall Street me largué. Y me largué en inglés, para hacer una carrera en literatura en lenguas española y portuguesa en la Universidad de Nueva York *"En Guay Yu"*, que pronunciado a la cubana, parece sin duda más chino que inglés.

Ahora sabía inglés de ejecutivo a medias, y sabía el inglés que había ido aprendiendo en las calles y callejones de Greenwich Village, a la vez que empezaba a leer con cierta soltura a T.S. Eliot, a Wallace Stevens, a William Carlos Williams que era el que me resultaba más inteligible. Mi conocimiento del inglés crecía: las calles, la vida bohemia, el alcohol, alguna que otra pelea, la sempiterna falta de dinero que paliaba dejándome crecer los cabellos (como en un verso de *Poeta en Nueva York*) me fueron dando un inglés básico, oral. Éste rara vez fue escrito por mí, pero suficiente para trabajar de tarugo en la Biblioteca de Ciencias de la universidad por $50 semanales y estudios pagados: ¡nada mal!). Si había algún problema, éste consistía en que dado mi acento cubano, debía siempre evitar el escollo de usar ciertas palabras imposibles de pronunciar en inglés: tales como *beach*, que sonaba a *bitch*; *sheet*, que pronunciaba como *shit*; o *peace*, que saltaba de la boca como *piss*. Me acostumbré a decir en vez de *beach, the shore*; en vez de *sheet, a piece of paper* o *linen*; y en vez de *peace*, algo así como *one should always avoid war*.

Hacia el año 1965, casado con una norteamericana, estudiando mayormente en inglés, hablando y leyendo todo el día en inglés (en aquella época, aparte de la comunidad puertorriqueña, apenas había gente en Nueva York que hablara español) me ocurrió un fenómeno: perdía a pasos acelerados mi idioma materno. Al mismo tiempo el nuevo no despegaba, no crecía ni se acendraba en mí. Y como desde que tengo unos quince años de edad he necesitado escribir poesía, de pronto empecé a darme cuenta de que carecía de la herramienta que permite la escritura poética: la lengua materna.

Pasé diez años sin poder hacer un solo poema. Los empezaba y al rato abortaban, por falta de idioma. Y no era un asunto de diccionario sino de falta de contacto natural con el lenguaje propio. Vivía, con exclusividad en un inglés que seguía aprendiendo en las trifulcas verbales con mi primera mujer (no hubo grosería que no aprendiera) en los bares del Village, y en las clases formales y tediosas de la universidad. Aún recuerdo un profesor de inglés que me devolvió una composición que escribí sobre la novela picaresca, y que al entregármela (repleta de marcas rojas) me comentó: sus ideas son muy buenas, pero no sabe escribir inglés. Mientras le daba la espalda le escupí un "*I just got off the banana boat, what do you want from me?*".

El único poema completo que escribí por aquellas fechas lo titulé "Go South Travel Greyhound". El texto, por supuesto, escrito en mi macarrónico español de aquel entonces: me era del todo imposible escribir poesía en español; mucho menos en inglés, idioma que no sentía, ni en mi superficie, ni en mi intimidad; idioma que de hecho no necesitaba, pues necesitaba escribir poesía y eso sólo podía hacerlo en el idioma mamado: el español; un español que se me había desvanecido.

Desvanecido, pero poco a poco recuperado. Hacia 1970 aquel lenguaje perdido, o más bien embotado en mi sistema anímico, volvió a manifestarse: de ahí en adelante, mi inglés permaneció, más o menos estático, mientras que mi relación con el español se volvía cada vez más fuerte, proliferante, plural y ecuménico. Así, puedo decir que aprendí inglés, resistiéndolo. Lo aprendí y estudié esquivándolo lo suficiente como para que mi español, natural y enrevesado, no se resintiera, sino por el contrario, madurara en todas las formas y módulos de la variada España y de Hispanoamérica.

El inglés es una lengua que amo profundamente; lo leo con satisfacción y placer y para mí es un auténtico privilegio contar con esa herramienta para poder penetrar en Joyce, Faulkner, o Zukofsky, Charles Olson, Guy Davenport o Henry James. Pero es un idioma que tengo que resistir para poder seguir escribiendo poesía, una poesía que sólo puedo hacer en mi idioma materno. Mi español se había descompuesto y recompuesto a través de la experiencia del exilio, la diáspora del verbo. O sea, que el inglés es uno de mis dos idiomas cotidianos, una de mis dos mayores riquezas, pero tengo que mantenerlo a raya, pues de lo contrario me impediría sostener el volumen de escritura de poemas que sostengo desde hace décadas.

En mi vejez, no me siento amenazado por el inglés. Incluso me doy el lujo de soñar últimamente en inglés. Asimismo, leo toneladas de libros día a día, alternando un libro en español con otro en inglés. Y noto, en los últimos dos o tres años, que por primera vez me siento relajado ante el asedio que como poeta me implica vivir en un idioma y en una cultura que no son las de mi nacimiento y primer desarrollo.

Me pregunto si moriré en español o en inglés.

JOSÉ KOZER (La Habana, Cuba, 1940) es poeta, crítico y traductor. Ha escrito más de 50 poemarios publicados en España,

los Estados Unidos y siete de los países latinoamericanos.
Su libro más reciente es la recopilación personal *Stet*.
Tiene una Licenciatura de la Universidad de Nueva York y una
Maestría de Queens College. Vive cerca de Miami.

Amerika, América

– ILAN STAVANS –

de *On Borrowed Words*

EVOCO A *MOBY-DICK*. ¿Quién lo hubiera dicho que un día aprendería inglés —mi inglés— gracias a él? Volé a través del Río Grande con una primitiva habilidad lingüística, pero una noche, en mi pequeño cuarto, el cual quedaba en Broadway con la 122, hice un pacto conmigo mismo: América me había abierto sus puertas, habiendo obtenido una beca para llevar a cabo mis estudios de graduado; y a cambio, yo debería convertirla en mi América. Intentaría perfeccionar mi inglés lo más que pudiese y me convertiría en un ciudadano útil. En mi mente, el término "útil" tenía un significado concreto: una voz que contaría, la cual sería escuchada. Era un joven veinteañero, más que capaz del conocimiento propio. Después de todo, había aprendido por mí mismo a apreciar el judaísmo de nuevo en la Ciudad de México, y en Israel me había forzado a leer a Tchernichowsky y a Bialik en los textos originales. ¿Por qué no habría yo de poder mejorar mis habilidades lingüísticas en la lengua de Shakespeare, lograr fluidez en aquél idioma, un inglés tan fluido, tal como Joseph Conrad diría, "como un río sin cerco alguno?".

Aquellas fueron noches de descripciones verbales, noches solitarias, embelesadas por la música de las palabras. Para poder pagar los gastos, aparte de mis deberes como corresponsal de periódicos mexicanos y de mis estudios, también llegué a trabajar en la agencia de traducción para Columbia University. Una o dos veces a la semana, la agencia me mandaba documentos legales o un cuento corto o me pedían encontrarme con tal o cual persona por una hora para enseñarle a él o ella español. Estos esfuerzos fueron un ejercicio inestimable para mí; efectivamente, hoy en día todavía me asombro de mi intrepidez, ya que las solicitudes siempre fueron de los textos al inglés, un idioma en el cual mi conocimiento era débil, y casi nunca fue desde el inglés al español. Fue en mi Moby Dick donde yo encontré a un maestro verdadero. El método era simple pero dogmático: con mi pronunciación atroz, yo leía tan solo un párrafo, a veces hasta una sola línea, muy despacio: "Kol mi Ismael. Som yiars agou −never maind jau long precaiseli− jabin litel or no moni in mai purz, and nottin parhkular tu interes mi on shour, ai tout ai bud seil abaut a litel and si de guatery part of de gorld". Con mi libro de apuntes en mano, hice una lista de todas las palabras que no podía comprender, sin buscar su significado en mi pequeño, portátil *Oxford English Dictionary*, el cual mi padre me había obsequiado; era entonces que yo ponía el libro a un lado, apagaba la luz, y empezaba a repetir la lista en orden. En estos momentos llegaba la mejor parte del proceso: yo intentaba imaginarme el significado de esas palabras; después de eso de nuevo prendía la luz, buscaba en mi diccionario la respuesta correcta; sonreía al ver lo mal que había acertado, y terminaba por ir sobre la lista de palabras de nuevo, esta vez repitiendo lo que cada palabra verdaderamente significaba para mí. Obviamente, éste fue un método de pesadilla; me enseñó mucho pero eliminó todo el placer que uno deriva al leer una obra.

El inglés es un idioma casi matemático. Sus reglas se manifiestan de una forma concisa. Esto lo delinea en contraste marcado contra el español, ya que sus raíces de idioma romántico le dejan caminar libremente, y lo hacen un idioma impreciso, un idioma con palabras largas y poco colaborativas. Como idioma, el español es algo indigno que la literatura ha creado. Puede que sea por esta razón que yo disfruto tanto releer *Cien Años de Soledad* mucho más en inglés que en su idioma original, al igual que con *Don Quijote*. Para mí, llegar a dominar al inglés fue, como llegué a convencerme, una especie de salvación. El español, a pesar de ser el tercer idioma más importante del mundo, después del chino y el inglés, es mi idioma preferido. El español florece en la afueras de la cultura, es más reactivo que activo.

Los resultados inmediatos que obtuve con mis métodos de lectura fueron menos que gratificantes. La respuesta que recibía de mis textos que enviaba a los periódicos *Excelsior* y *La Jornada*, era unívoca: los editores afirmaban que yo estaba escribiendo en español, pero que estaba escribiendo pensando en inglés; mi gramática era extraña, estaba contaminada, y era poco convincente. Con frecuencia ellos me regresaban artículos con miles de comentarios desagradables. Esta tensión llegó a su punto culminante cuando, en un viaje a México, pasé por las oficinas de *Unomásuno*, uno de los periódicos para el cual a veces solía escribir, y Humberto Batis, un veterano y rufián, me dijo que parara, pues sería mucho mejor. "¡Tu futuro, amigo mío, está en los negocios!".

—Traducción de Heather Tiege

ILAN STAVANS (Ciudad de México, México, 1961) es lingüista, ensayista, profesor y traductor. Entre sus libros se incluyen *On Borrowed Words* y *La condición hispanica: Vistas al futuro de un pueblo.* Ha editado las antologías *The Poetry of Pablo Neruda* y obras de Isaac Bashevis Singer. Obtuvo una Maestría del Jewish Theological Seminary y un Doctorado de la Universidad de Columbia. Enseña la cultura latinoamericana en Amherst College en Massachusetts.

"José Manué...
Tú no sabe inglé"

− JESÚS VEGA −

EN LOS AÑOS SETENTA, la enseñanza media en Cuba adoptó un recurso novedoso para la educación, que, si bien corrió la misma suerte de otros tantos inventos revolucionarios fallidos, al menos tuvo acogida entre los jóvenes estudiantes de entonces: las aulas de las escuelas secundarias y preuniversitarias se llenaron de televisores soviéticos, para ver clases de Matemáticas, Química e Inglés, impartidas por sonrientes profesores que parpadeaban constantemente, cegados por las luces del estudio.

Las clases se daban al mediodía, lo que en muchas ocasiones servía de somnífero a los estudiantes que llegaban cansados, después de caminar bajo el sol o colgarse de los autobuses repletos a esa hora. Especialmente en la sesión de Matemáticas, los ronquidos servían de fondo a la monótona voz de los profesores en la pantalla. Pero el sueño se disipaba en la próxima frecuencia, destinada a la clase de Inglés, que se iniciaba con una versión instrumental de *And I Love Her* por Santo & Johnny, y daba paso al fascinante idioma que ya por entonces se oía, como mensaje promisorio, en las emisoras de radio floridanas, especialmente la WQAM, (*la Dóbliu*), y la KAAY *(Keieieiuai)* las cuales contaban con miles de fanáticos en las calles y playas habaneras. Fruta prohibida, generadora de la música por la oficialidad considerada como "diversionismo ideológico".

Estudiar inglés nos acercaba mucho más a aquellos ecos distantes, que desde el otro lado del mar traían visiones de un mundo diferente y desconocido. Por eso, hasta el alumno más moroso se concentraba en aquellas clases, que luego se complementaban con la sesión del profesor o profesora real. Todos tomábamos notas febrilmente, y en los escasos materiales de estudio, las tareas y estudios individuales jamás quedaban sin hacerse, como en un entusiasmo febril.

Los profesores de inglés también gozaban de un aura de respeto por parte del alumnado. Muchos eran "repatriados", que regresaron de los Estados Unidos a comienzos de la revolución, y otros, comunistas o prófugos de la justicia que buscaron amparo en la tierra fidelista. Gracias a ellos, que se esforzaban por impartir más conocimientos de los que el limitado currículum imponía, escapábamos del tedio, y avanzábamos, aunque a paso de tortuga, en busca del dominio de lo que más tarde se acuñó como "idioma del enemigo".

Aquellas sesiones significaron para mí el cumplimiento de una fascinación de la niñez. Mi abuela contaba que en Matanzas desembarcaban los infantes de marina americanos, y los muchachos, a quienes se les prohibía fumar, aprendieron a pedirles cigarrillos diciéndoles: *yimi un sigarét*. Aquella frase cobró para mí un significado exótico, que me llevó a identificar cualquier palabra relacionada, especialmente en los dibujos animados del *Gato Félix*, *La pequeña Lulú* y *Tom y Jerry*, así como los episodios de *Bat Masterson*, *Patrulla de Caminos* o *El Llanero Solitario*, donde, a pesar del doblaje, podía escuchar algún que otro nombre protagónico, o leer los letreros de *Saloon*, *Police* o *Railroad*.

Lamentablemente, aquellos programas desaparecieron de la televisión, y tuve que esperar algunos años hasta la enseñanza secundaria. También fueron la respuesta a muchas interrogantes, como la razón por la cual, en cierta ocasión, confronté un gran problema en la escuela primaria, cuando le dije a mis amigos que mi padre trabajó para la *Sía*. Inmediatamente me llevaron a la dirección, donde un profesor me sometió a un extenso interrogatorio. Me dejaron allí hasta la hora de la salida, cuando mi madre llegó y les aclaró que aquella *Sía* no era la temida CIA, sino en realidad era la sucursal de la tienda Sears, en Amistad y Reina.

Mi deseo de aprender despertó la simpatía de Rosalina Brown, una profesora repatriada y de edad respetable, a quien llamábamos "Tábata Tuichi", inspirados en la protagonista de una popular canción de entonces, versión en español de *Tabatha Twitch* la conocida pieza inmortalizada por los Dave Clark Five. "La tícher Tuichi" era muy ocurrente, y matizaba sus clases con bromas, frases ingeniosas, recursos mnemotécnicos y sugerencias sacadas de la vida real que nos incitaban a pensar. Uno de sus procedimientos inolvidables consistía en comparar y utilizar fragmentos de canciones de los Beatles para facilitar la comprensión, como *If any time you feel a pain,* y *If any time you fill a pen.* Y cuando alguien se quedaba rezagado o confrontaba dificultades en la pronunciación de alguna palabra que ella había recalcado una y otra vez, se burlaba amigablemente, y nos estimulaba a seguir adelante, con una estrofa de una poesía de Nicolás Guillén: "José Manué... Tú no sabe inglé...".

"Tábata" me tomó simpatía, y, en la medida de mis progresos, me prestaba inicialmente algunos ejemplares viejos de revistas humorísticas como *Punch,* y luego alguna que otra novelita juvenil de bolsillo, que nunca pasaba de las cincuenta páginas, pero que me tomaba cerca de una semana en leer. Cuando por las dificultades de ciertas palabras me demoraba un poco más, la ración de novelitas se duplicaba.

Nuestra amistad se fortaleció aún más cuando la encontré un domingo en la iglesia. Allí, en un entorno seguro, y en inglés, me confesó en tono conspirativo su desengaño con lo que estaba pasando en el país, su arrepentimiento de haber vuelto como "repatriada", y sus ideas de volver a los Estados Unidos, en una emigración a la inversa. Unas semanas más tarde, desapareció de la escuela, y fue sustituida por un profesor a quien llamábamos "Rodolfo Farallón" por su corpulencia. "Farallón", ni era repatriado, ni sabía inglés, por lo que le cambiamos el nombre por el de "José Manué".

Meses después, un domingo, después de misa, una de las monjitas de la iglesia me entregó un paquete envuelto en papel de periódico y atado con cuidado. Al abrirlo y ver su contenido, me di cuenta que "Tábata" se había marchado, sin despedirse. Luego supe que la dirección de la escuela, al enterarse de sus planes, la había expulsado. Pero "la tícher" como un ave fénix, resistió hasta el final dando clases particulares.

Entre los libros que me dejó, había un viejo diccionario Webster, un libro de poemas de Robert Frost, y un *Thesaurus* de bolsillo que tenía escrito en la página introductoria el nombre de un propietario perdido en el tiempo: Guillermo Cabrera Infante.

Al año siguiente, los televisores soviéticos comenzaron a romperse, y las clases de inglés fueron perdiendo su brillo, ante la competencia del idioma ruso, que comenzó a impartirse, en una dimensión más populista, por radio, en cursos que jamás llegaron a ninguna parte.

Yimi un sigarét... Ruski izik pa radio... Tú no sabe inglé....

JESÚS VEGA (La Habana, Cuba, 1954) es poeta, crítico y traductor. Es autor de *Wunderbahr, maravilloso*, así como del libro *El cartel de cine cubano*. Tradujo al español los libros *Para salvar el mundo* de Julia Álvarez y *La ficha roja* de John Lantigua.

Tremenda asimilación

– PIRI THOMAS –

de *Conversations with Ilan Stavans*

RECUERDO CON EL CORAZÓN y con el alma las primeras palabras que aprendí de mami y papi, eran totalmente en español, pero mientras crecía, yo sabía que no estaba hablando español de Galicia ni de Barcelona, España. Yo estaba hablando el español que era hablado en Puerto Rico, que se llamó Puerto Rican Spanish, porque nosotros conservábamos nuestros matices y el sentimiento, las energías y las palabras que vinieron de África, como chévere, que significa magnífico. Nosotros somos una mezcla de todos los que nos conquistaron a través de los siglos, tomando nuestras mujeres con o sin nuestro permiso. Nosotros somos una culminación de toda esa energía, pero nuestro espíritu esta libre como quien nació para ser libre. Nosotros somos una conglomeración de manifestaciones...

Yo empecé a hacer el mismo proceso como todos los que han subido por el sistema, empezando con los americanos nativos: el proceso de asimilación. Me recuerdo en mi propia niñez en los treintas, estaba en una escuela y no podía entender mucho de lo que estaba diciendo la maestra, porque hablaba muy rápido muchas veces y no podía entender las palabras. Yo me incliné hacia mi amigo y le dije "¿José, mira, qué dijo la maestra?" Él me dijo y yo continuaba haciendo mi tarea. Y entonces esa maestra vino a gritarme y me dijo "Oye, deja de hablar en ese idioma". Y yo dije, "Pues, estoy hablando el idioma de mi madre. Mi madre es de Puerto Rico. Yo nací en este país". Y ella me dijo, "Deja de hablar eso, tienes que aprender inglés, ahora tú eres americano. Cómo puedes esperar ser presidente de los Estados Unidos si no aprendes a hablar inglés correctamente". Yo pensaba en mi joven corazón, "Dios mío, esta maestra tiene más fe que yo en ser presidente de los Estados Unidos, si yo aprendo inglés". Y la monstruosa asimilación me sucedió. Como un niño, primero, yo tendía a pensar en español y luego hablar en inglés. Luego, yo tendía a pensar en inglés y hablar en español porque yo había olvidado el idioma. Yo había olvidado las lecciones que me habían enseñado en casa.

—Traducción de Mikela Yarawamai

PIRI THOMAS (Ciudad de Nueva York, Nueva York, 1928) nació en Spanish Harlem. Es autor de *Por estas calles bravas*, libro al que siguieron otros tres: *Savior, Savior Hold My Hand, Seven Long Times* y *Stories from El Barrio*. Es miembro del Harlem Writers Guild y ha recibido el premio Thomas Paine Freedom-to-Write de PEN New England.

Érase una vez en la frontera

– GABRIEL TRUJILLO MUÑOZ –

CUANDO ERA NIÑO no mayor de 5 años y apenas comenzaba a deletrear el mundo y su alfabeto, hojeaba el libro mayor, en peso y tamaño, que ocupaba la parte central del librero de la casa: la Sagrada Biblia, obra monumental publicada con la bendición pontificia de Pío XII en 1951. Pero yo la veía como una historia más aterradora que maravillosa porque estaba ilustrada por Augusto Doré, con grabados de un realismo estremecedor. Una de las ilustraciones que me impactó, fue la de la Torre de Babel. Mi madre me explicó que el castigo por la pura arrogancia de tratar de edificarla fue que los constructores hablaran multitud de lenguas, que les impidió seguir construyéndola, pues ya no se entendieron unos a otros. Esa fue mi primera duda metafísica: si la gente hablaba lenguas distintas, idiomas diferentes, ¿por qué en Mexicali, la ciudad mexicana fronteriza en que había nacido en 1958, era una metrópoli que prosperaba en contradicción con el castigo bíblico? Y es que ya entonces, en aquella urbe que colindaba con los Estados Unidos de América, me daba cuenta que éramos una anomalía, un mundo aparte.

Era tan fácil descubrir en Mexicali que entre más diferentes éramos sus habitantes, más trabajábamos por el bien común de sobrevivir en pleno desierto, con veranos donde la temperatura alcanzaba los 50 grados centígrados a la sombra, pero en una comunidad hecha con mexicanos de todos los rincones del país y con extranjeros que convivían con nosotros, hombro con hombro, en el esfuerzo común de transformar un rancho agrícola en una ciudad hecha y derecha. Cerca de la esquina de mi casa había una tienda de abarrotes, propiedad de un chino viejo, quien apenas podía decir: "¿*Qué quelel tú?*" y se la pasaba leyendo diarios en cantonés; más allá estaba una mercería japonesa donde vendían juguetes de Godzilla y papalotes de papel de arroz; y luego había casas de familias cuyos hijos estaban en la marina o en el ejercito y que sólo hablaban en español con sus padres, y *campers* con viejos estadounidenses retirados, los llamados "pájaros de la nieve", que habían decidido pasar sus últimos años en México, en un refugio cálido y barato, y que se sentaban en sillas de nylon y cantaban canciones irlandesas de guerra y de amores perdidos. Era el mundo entero sintetizado en un solo vecindario. Yo podía escuchar música de mariachi y polcas, ópera de Pekín y canciones japonesas al mismo tiempo. Era una Babel triunfante, desafiando los castigos divinos, demostrando que la diversidad es mejor que la uniformidad.

Fue allí, en mi casa de niño, a escasas cinco cuadras de la línea internacional, que decidí que el idioma no iba a ser un obstáculo para conocer a los demás y, por ende, para conocerme a mí mismo a través de los otros, mis vecinos, mis semejantes. Antes que en la propia escuela, fue en una actividad básica para la existencia fronteriza donde aprendí mis primeras palabras en otro idioma.

Casados en el sur del país y recién llegados a la frontera, mis padres, Gabriel Trujillo Chacón, radio-operador de la Compañía Mexicana de Aviación en el aeropuerto de Mexicali, hablaba en inglés con los pilotos de los vuelos que surcaban la frontera, mientras mi madre, Margarita Muñoz López, era una emprendedora ama de casa y administradora eficaz del salario de mi progenitor. Yo era hijo único y los acompañaba los fines de semana a las vecinas ciudades de Calexico y El Centro, California, con dos objetivos en mente: hacer las compras y comer en un restaurante-buffet. Y hacer las compras implicaba preguntarle a la dependiente o al dependiente el precio de cada lata o de cada alimento: "*How much?*" era la pregunta clave y pronto yo, un niño que quería cada cosa que veía, me oí pronunciando aquellas mágicas palabras, creyendo que significaban: "Dame eso ya". Y como los empleados de las tiendas se mostraban solícitos conmigo y ponían en mis manos cajas que contenían carros de bomberos, pistolas con tapón de corcho o trajes de astronauta, yo suponía que ya eran míos para siempre, o al menos hasta que terminara destrozándolos de tanto jugar con ellos. Mis padres tenían entonces que quitarme aquellas maravillas relucientes y devolverlas a su sitio. Allí aprendí otra frase que yo creía significaba "más tarde volvemos por tu regalo" y que ellos se apresuraban a decirle a los vendedores: "*I'm sorry, not now*". Y aunque estaba a punto de llorar siempre acababan poniendo en mis manos una lata de espinacas con la imagen de Popeye, el marino, para que olvidara mis problemas. Luego nos trasladábamos al Cameo, un restaurante decorado con fotos de vaqueros domando ganado y herraduras en cada esquina. A las muchachas que nos atendían, mis padres las llamaban "*Miss*" y esa palabra también la hice mía.

De esa manera, *Miss* fue una palabra en inglés que ya sabía cuando entré a la escuela primaria, a un colegio de monjas. Y en esa escuela todas nuestras maestras eran religiosas, con sus vestimentas rigurosas y sus gestos de carceleras malhumoradas. Todas, excepto la señorita Lupita, nuestra maestra de inglés, una joven de mediados de los años setenta: con faldas que ya empezaban a subir más arriba de las rodillas y blusas que no disimulaban secretas redondeces. El primer día de clases Lupita nos pidió que la llamáramos "*Miss*" y todos repetíamos a coro:

—*Good morning, Miss.*

Miss contestó, —*Good morning, children.*

Si creí que con aquellas clases aprendería inglés, la verdad fue otra: sólo aprendí a entrar en trance siempre que miraba a la Miss. Una hora al día perdida en soñar despierto. Claro que adquirí conocimientos suficientes en frases de cajón: "*Hello, friends*", "*What day is today?*", "*I'm a boy and I am seven years old*", "*I live in Mexicali and my country is Mexico*" y "*I want to be an airline pilot*". Pero pronto descubrí que el inglés era una clase abierta que se ofrecía donde quiera incluso en pleno recreo. Debía tener 8 o 9 años cuando nos juntábamos en la cancha de fútbol para comer nuestros almuerzos. La conversación pasaba de los programas de televisión que veíamos doblados al español, desde *Los locos Adams* hasta *Combate*, desde *La dimensión desconocida* hasta *La ley del revolver*. Pero, conforme nos hacíamos grandes, la plática iba hacia la música que escuchábamos, hacia esos grupos que todos seguíamos en un estado de hipnótico entusiasmo. Las peleas se suscitaban a causa de algo tan importante para nosotros como si éramos fans de Los Beatles o de los Rolling Stones.

En casa, la música de mis padres era una mezcla de canciones rancheras, boleros cubanos y tangos argentinos. Canciones de tristeza y desamor. En cambio, la música en inglés era energía pura, ritmos trepidantes, gritos y alborotos. Una explosión de melodías que no nos dejaban en paz. Más tarde aprendimos esas palabras. En los recreos había ocasiones que cantábamos *Help* o *Ruby Tuesday* como si fuéramos Lennon o Jagger. Y todos repetíamos en coro:

—*Yeah, yeah, yeah!*

Las monjas nos miraban como casos perdidos y rezaban por nosotros. Yo vi que necesitaba aprender inglés para entender la letra de esas canciones. No quería ser *The Fool on the Hill* sino ser *Jumping Jack Flash* o conocer a *Lucy in the Sky with Diamonds*. Comenzaba a vislumbrar que el inglés, como idioma, era la puerta de entrada a una cultura complementaria a la mía, una cultura llena de imaginación desaforada y divertidas fantasías. Pero mi madre siempre me decía que la principal frase en inglés que nunca debía olvidar era "*Thank you*".

Y algo que agradecía es que las películas en inglés contaran con subtítulos en vez de estar simplemente dobladas. Oír hablar la lengua de Shakespeare a la vez que leía la traducción en castellano fue y es un ejercicio que, aún hoy, me enseña a tomarme la vida con una buena dosis de humor. Así, cuando alguien me saca de quicio pongo cara de Clint Eastwood y exclamo: "*Come on, make my day*" o cuando me sirven una comida que aborrezco pongo cara de espanto a la Marlon Brando y susurro: "*The horror, the horror*", o cuando veo el estropicio en que está convertido el mundo, pienso en *Casablanca* y me digo a mí mismo: "*You must remember this /A kiss is just a kiss/A sigh is just a sigh...*".

Tanto en la escuela primaria como en la escuela secundaria fui un alumno promedio. Como un niño-adolescente que era asmático y sedentario, que gustaba de pasar largo tiempo leyendo y escribiendo bajo el embrujo de Julio Verne, Emilio Salgari, Ray Bradbury, Pablo Neruda y Alejandro Dumas, me di cuenta que avanzaba en el dominio del inglés como lectura y escritura, pero que seguía estando debajo de mi meta en cuanto al inglés hablado. Cierto que tuve varias oportunidades para practicar mi inglés balbuciente más allá del otro lado de la línea. Y es que al vivir en Mexicali, una ciudad de más de 400,000 habitantes, frente a las poblaciones del sur de California como Calexico o El Centro, que no contaban ni con la décima parte de nuestra población, me sucedía al ir a preguntar algo en inglés que la respuesta de los dependientes, la mayoría de origen mexicano, era en español, por lo que no necesitaba hablar el inglés para hacerme entender.

Mis padres fueron a mi ceremonia de graduación de la escuela preparatoria, en junio de 1975. Unos días después me fui a estudiar medicina a Guadalajara, Jalisco, en el interior de México. Y fue allá, a dos mil kilómetros de la frontera, que descubrí que yo era un privilegiado porque podía leer los libros de medicina en inglés cuando las ediciones en español aparecían hasta con cinco años después de la publicación original. Y esos cinco años significaba un retraso inadmisible para estar actualizados en las últimas técnicas quirúrgicas o en los nuevos exámenes de laboratorio, terapias o medicinas contra las múltiples enfermedades que asedian a la humanidad.

El inglés me ayudó a estar al día, a no quedarme atrás en todos los campos de la ciencia y del arte que me interesaban. Lo que no me gustaba era que mis compañeros universitarios creyeran que porque balbuceaba el inglés (era bueno cantando *The Night Chicago Died* y *Hotel California*) era un pocho, un agringado. Era un prejuicio extendido: el inglés no era algo que debíamos saber los mexicanos y si lo aprendíamos eso nos hacía menos mexicanos. Yo, por el contrario, les aseguraba que el conocer, a través del lenguaje, otras culturas me hacía más interesado en mi propia cultura y que deseaba mostrarla al mundo entero. "*The best of two worlds*".

Seis años más tarde, en 1981, regresé a Mexicali con mi título de médico cirujano y partero bajo el brazo. En esa década ejercí mi profesión en forma privada, pero también me fui incorporando a la creación literaria y a la docencia en la Universidad Autónoma de Baja California. Finalmente, dejé la práctica médica y me dediqué de tiempo completo al trabajo académico y a la literatura. Necesitaba, sin embargo, un documento probatorio de que dominaba el inglés. Mi opción fue entrar a los cursos de este idioma en el campus de la San Diego State University en el valle Imperial. Allí conocí a un poeta chicano, Alurista, famoso por haber recreado en forma poética el mito de Aztlán para el movimiento chicano.

—¿Por qué te interesa tanto el inglés? —me preguntaba Alurista—.

—Porque me permite ver a los Estados Unidos como una conversación, como un diálogo, y no como una confrontación. Hay tantas voces, hay tantas verdades en cada palabra, en cada frase. El inglés me ayuda a valorar mi propia lengua, el español, y también me ofrece un buffet de ideas y visiones donde yo puedo tomar lo que necesito, lo que me gusta, lo que me ayuda a debatir lo que somos, lo que queremos ser. El inglés me permite ver el mundo como una corriente que cambia a cada momento y no como algo inmóvil y eterno, me da opciones de ritmos, de tonalidades, de discernimiento.

Y así ha sido desde entonces.

El inglés hoy es un idioma que se abre a otros idiomas y el español hace lo mismo. Vivir la frontera, ahora lo pienso, fue ser la vanguardia de un movimiento globalizador, democrático, capaz de asumir lo propio y lo ajeno, lo nativo y lo extranjero, para fortalecernos como cultura, para adaptarnos con éxito a los cambios del mundo, para vivir la vida con opciones reales de creatividad y persistencia, de voluntad y trabajo, de arte y pasión. Ventana siempre abierta donde mi casa es tu casa, mi español es tu inglés y mi cultura es tu cultura. En todo caso, aprender otro idioma es perderle el miedo a los otros, nuestros vecinos, y ver a los Estados Unidos no como un ogro o como un paraíso, sino como un país semejante al nuestro, con sus propios problemas y conflictos. El inglés como un puente —nunca como un muro— que nos comunica, que nos enlaza.

Debo admitir, ya en este siglo XXI, que sigo aprendiendo inglés ahora que ya casi cumplo cincuenta años de vida. Mientras busco libros y discos en la librería Borders de San Diego o en Hastings de Yuma, mientras me sirvo comida en el Hometown de El Centro o escucho la música en vivo de Franz Ferdinand, TV on the Radio y Depeche Mode en el festival de Coachella, o veo en DVD las magistrales aventuras de *Buffy the Vampire Slayer* o los tropiezos mafiosos de *The Sopranos*, sé que el inglés me abrió las puertas de la percepción a otros mundos tan valiosos e imaginativos como los míos. A la vez que leo las novelas de Michael Connelly y Paco Ignacio Taibo II, de Paul Auster y Arturo Pérez Reverte, de Truman Capote y Carlos Fuentes, escucho la música de Mecano y Moby, de Joan Manuel Serrat y Patti Smith, de Compay Segundo y Alejandro Escovedo, sé que el inglés y el español son pasos hacia la Babel de nuestros días: un proyecto que hacemos entre todos, una torre construida con la promesa de entendernos mejor entre nosotros.

A mi lado, Karla, mi novia, me enseña un disco de The Flaming Lips.

—¿Es éste el que andabas buscando? —inquiere.

Yo asiento con una amplia sonrisa.

Y no puedo menos que cantar, como el niño que aún soy:

—*Yeah, yeah, yeah*!

Por eso, como una travesía por el lenguaje, como un viaje sin retorno, si alguien me pregunta cómo aprendí inglés, yo sólo le respondo:

—*I'm learning it now and forever.*

GABRIEL TRUJILLO MUÑOZ (Mexicali, México, 1958), enseña en la Universidad Autónoma de Baja California, Mexicali. Es autor de *El festín de los cuervos*, *Mercaderes*, *Rastrojo*, *Lengua Franca*, así como de un libro de ensayos y mucho más libros. En 1996 recibió el Premio Nacional de Poesía Pellicer. Además ha compilado directorios de escritores de Baja California.

Mejoré mi inglés en los sindicatos

— BYRON SILVA —

NO HABLÉ NADA DE INGLÉS durante los primeros siete años que estuve en los Estados Unidos. La mayor parte de ese tiempo, hasta el año 2000, tenía que mantener tres trabajos simultáneos para poder pagar las cuentas. Trabajaba mayormente en la industria del asbesto, pero también trabajaba en una repostería y en ventas por catálogo. En cada uno de esos ambientes nada más se hablaba español. Siempre había televisión en español, radio en español, supervisores que me hablaban en español. No sentía la necesidad de aprender inglés.

En ese momento no lo sabía, pero la Sindicato Internacional de Trabajadores de América del Norte (LIUNA) había lanzado una campaña con el motivo de organizar trabajadores del asbesto en el año 1996. Ni siquiera sabía que tal cosa como un sindicato existiera en los Estados Unidos. Tres años más tarde, cuando estaba desempeñando un trabajo en el Hospital Montefiore en el Bronx, las autoridades del hospital nos trasladaron a mis compañeros de trabajo y a mí a un sótano y nos pidieron estar en silencio, en ese momento no sabía qué estaba pasando. Luego me enteré de que habíamos sido trasladados al sótano para evitar contacto con un representante del LIUNA. Cuando el agente se me apareció, durante la comida, y se sentó a mi lado, hablamos en español, por su puesto. Me explicó que "unión" era lo mismo que "sindicato" en Ecuador, el lugar de mi nacimiento. Comenzamos una conversación que iba a alterar dramáticamente el curso de mi vida. Me uní al LIUNA instantáneamente.

Aunque ya me había convertido en el enlace sindical con LIUNA, los miembros del sindicato con quienes trabajaba eran casi completamente hispanoparlante, y las sesiones de entrenamiento eran siempre bilingües. Yo le era útil al sindicato porque la fuerza de trabajo que no pertenecía al sindicato era casi completamente hispano parlante, también. Pero, cuando me uní a la Fundación Organizadora de Trabajadores de la Zona Oriental (LEROF) en el 2000, había muchos entrenamientos y la mayoría de las reuniones eran conducidas en inglés. Me sentía perdido. Me sentaba y tomaba notas, escribiendo palabras fonéticamente, para luego llevarlas a casa de mi primo, quien intentaba ayudarme a traducirlas al español.

En español, las palabras se escriben prácticamente de la misma manera como suenan, pero no es así en el inglés. Mi primo fue la persona que me introdujo a la industria del asbesto, pero él había tenido un accidente y en el momento en que estuvo deshabilitado, fue a Baruch College donde aprendió muy bien el inglés. Los primeros meses se me hicieron extremadamente difíciles. Mi supervisor me ayudó a aprender sobre la industria de la construcción y también a hablar inglés. Compré guías elementales de gramática. Escuché 1010 WINS, la estación de radio exclusivamente de noticias. Leí revistas y libros.

Me llevaron a un gran número de sesiones de entrenamiento serias que trataban con la historia del movimiento laboral y el desarrollo de LEROF. Y la historia es difícil hasta en tu lengua materna. Había muchas tareas y ensayos que escribir, pues era casi el doble de trabajo para mí, ya que tenía que traducirlos antes de estudiarlos. Trabajaba todas las noches al igual que los fines de semanas. Conseguí uno de esos traductores electrónicos que me fue muy útil. El primer año en esa posición fue duro, pero poco a poco, este nuevo idioma comenzaba a tener sentido. Ahora, algunos años después, puedo pensar en ambos idiomas, y es placentero no tener que estar traduciendo en mi cabeza todo el tiempo.

Desde el momento en que me uní al sindicato, mi vida ha cambiado drásticamente. Tuve un salario decente por primera vez en mi vida, permitiéndole a mi familia ir al médico y no gastar mucho dinero. Y lo más importante es que era capaz de ayudar a otros que estaban en una situación igual por la que yo había pasado. Podía informarles acerca de sus derechos y enseñarles como ejercerlos. Algunos contratistas son responsables y velan por la seguridad de sus trabajadores, pero a muchos no les importa en lo absoluto. Arriesgan las vidas de los trabajadores para alcanzar un beneficio económico mayor.

En el departamento en el que trabajo en LEROF, se hablan algunos seis o siete idiomas distintos. Vemos muchos inmigrantes en la industria de la construcción: brasileños y portugueses, como también albaneses, yugoslavos, entre otros. La meta era tener un personal que pudiera comunicarse fácilmente con todos los trabajadores no pertenecientes al sindicato que habían venido con distintas experiencias y culturas, para poder ayudarlos a mejorar sus condiciones de vida y, esperanzadamente, sacarlos de la industria de la construcción. Una vez en Long Island, tuve que hablar con un equipo integrado completamente por mexicanos. Eran muy amables, muy corteses y demás, pero yo sabía que yo no era bienvenido. No fuimos capaces de comunicarnos con ellos hasta que regresé donde ellos con un compañero de trabajo mío que también era mexicano.

Ahora, me encuentro investigando la peligrosa industria de la administración de desperdicios, incluyendo la limpieza del World Trade Center después de 9/11. Hay muchas enfermedades inexplicadas, incluso muertes. Estamos archivando peticiones de 'Freedom of Information' (Libertad de información), tocando en las puertas de esas instituciones públicas en Nueva York, tales como escuelas y el Concilio de la ciudad. Un trabajo que encuentro sumamente interesante. Las personas en esos lugares todavía no están acostumbradas a un representante de habla hispana. Una vez me dijeron que no podía ver a un funcionario en particular porque éste tenía una cita con un representante del sindicato. Ni les cruzó por la mente que el representante del sindicato que había ido para demostrar que se estaba conciente de las regulaciones y leyes iba a ser de habla hispana. A veces, de hecho, podía obtener mucha información por comunicarme en español con trabajadores en un lugar de trabajo. Nunca voy de saco y corbata, por eso demuestran simpatía hacia mí y no son tan reservados. La gente de mi misma cultura se abre y me coge confianza más fácilmente.

Al sólo hablar tu lengua nativa, te limitas. Cuando por fin aprendí inglés, pude entender mucho más de lo que pasaba día a día a mi alrededor. Mi esposa está tomando clases de inglés. Mis hijos son completamente bilingües. Mi hija necesitó un poco de ayuda extra cuando comenzó la escuela, pero lo aprendió rápidamente con ayuda de la televisión y de otros medios. En la casa, pasamos de hablar cien por ciento español a cincuenta por ciento español y cincuenta por ciento inglés. ¡Recientemente, mandamos a nuestro hijo a Ecuador para que mejorara su español! Le doy gracias a Dios que pude mantener a mi familia por todos esos años sin haber aprendido inglés. Sé que si hubiera tenido las herramientas que tengo ahora, hubiera podido alcanzar una posición diferente. ¿Quién lo hubiera sabido?

—Traducción de Pedro Crouch

BYRON SILVA (Quito, Ecuador, 1968) A la edad de 27 años se mudó a los Estados Unidos. Durante un año trabajó como obrero en una fábrica de asbesto y ganó suficiente dinero para traer a su esposa e hija. Después de seis años de haber estado expuesto al asbesto —exposición que puede acarrear graves problemas de salud— se unió a una organización laboral donde tuvo una posición de responsabilidad. Actualmente, Silva trabaja para un sindicato. Ésta es su primera publicación.

El golf y mi inglés

— LORENA OCHOA —

EMPECÉ A JUGAR GOLF a los 5 años en mi ciudad natal de Guadalajara, México. A los 6 años jugué mi primer torneo a nivel estatal y a los 7 gané mi primer torneo a nivel nacional. Gracias a mi papá aprendí a jugar; él siempre me acompañaba a las prácticas y torneos. Pero la sorpresa más grande la tuve cuando gané el lugar para representar a México en un torneo mundial, en San Diego, California. Ésa ha sido la mejor experiencia de mi vida y nunca la voy a olvidar. Tenía 8 años y fue mi primer viaje a los Estados Unidos. Conocimos lugares muy bonitos, pero desgraciadamente no hablábamos inglés. Fue en ese entonces que me hice el propósito de hablar el idioma para poder comunicarme con las otras jugadoras.

Estando en San Diego me di cuenta de que mi golf era de un nivel bueno, podía jugar con las mejores golfistas del mundo y también era increíble el poder viajar a diferentes lugares. Cuando regresé a Guadalajara quería jugar golf todos los días y mejorar mucho para hacer mis sueños realidad. Los años pasaron, fui creciendo y las cosas siguieron por buen camino. Practicaba cuatro horas al día, siempre en la tarde, después de la escuela y participaba en torneos por todo México. Los años pasaron y crecí jugando en diferentes torneos en mi país y en los Estados Unidos durante el verano.

Cuando cumplí 17 años, mi inglés aún no era muy bueno. Me habían ofrecido una beca en la Universidad de Arizona, y aunque tenía muchas ganas de ir a Tucson y jugar golf para el equipo de la universidad, me di cuenta de que tenía que aprender inglés. Mi primer intento fue en una escuela en Guadalajara, pero no aprendí mucho porque faltaba demasiado a clases cuando viajaba por motivo de los torneos. Entonces busqué un maestro particular. Me tomó dos años aprender el idioma y pasar los exámenes necesarios para ser aceptada en la Universidad de Arizona. Uno de los momentos más felices de mi vida fue cuando me entregaron los resultados y pasé esos exámenes.

El consejo que les puedo dar para aprender inglés es leer muchas revistas en inglés. Así aprendí la mayoría de mi vocabulario y también gramática, que es muy importante. Siempre hacíamos tarea basándonos en algún artículo de revista y así podíamos mantenernos al corriente de lo que sucedía en el mundo. Las mejores revistas son las de moda y también las de noticias. Es importante que pongan mucha atención en cómo se escriben las palabras y el mejor consejo que les puedo dar es que lean en voz alta para que así practiquen su pronunciación. Paciencia es una palabra clave para todo lo que hagan, sea aprender inglés o practicar golf.

Mis dos años de carrera en la Universidad de Arizona han sido los mejores años de mi vida. Aprendí mucho, jugué con el equipo, ganamos torneos, maduré como persona y también como deportista. Gracias a todas esas experiencias que viví en la Universidad hoy soy una mejor persona, compañera, amiga, hermana, hija y también golfista.

La sensación de estar lejos de casa es angustiante, pero sabiendo a donde uno quiere llegar y cuáles son sus metas, todos los sacrificios valen la pena. Lo más importante es estar segura de sí misma y saber qué es lo que quiere lograr. Tuve muchos días de soledad, de tristeza, de ansiedad, derrota, pero también hubo días de alegría, risas, viajes, experiencia de torneos y triunfos que no los cambio por nada.

Cuando llegué a la Universidad hablaba bien inglés pero no lo suficiente para entender bien una clase de nivel universitario. Los primeros meses fueron difíciles para mí. Con ayuda de tutores estudiaba todas las tardes. Una de las cosas que más me ayudó fue ver películas en inglés. Contribuye a entender una conversación a velocidad normal y también a aprender mucho vocabulario. Un ejercicio muy bueno es ver fragmentos de películas con amigos y hacerles preguntas de lo que pasa en la pantalla. Es un ejercicio que también ayuda a perder el miedo cuando uno habla con los demás, especialmente cuando se habla frente al público.

Desde niña, antes de tomar clases de inglés, me acostumbré a usar términos de golf en inglés como *birdie*, *bogey*, o *hole in one*. En los torneos internacionales siempre uso el inglés y en México usamos las dos lenguas como; decir *driver* o madera; *hole in one* o hoyo en uno. A veces hay solamente una palabra en inglés para algún término específico como *swing* o *putt*.

Los años de Universidad cambiaron mi vida. No tengan miedo de ser diferente, las decisiones riesgosas son las que más satisfacción nos dan. El no saber hablar inglés no debe de ser una excusa para no alcanzar las metas en nuestras vidas. Uno puede lograr todo lo que se proponga.

LORENA OCHOA (Guadalajara, México, 1981) es golfista profesional. En 2006 fue elegida la mejor atleta femenina. Estableció una fundación para dar oportunidades en los deportes y la educación de los niños mexicanos necesitados. Ochoa fue una destacada golfista en torneos universitarios en los Estados Unidos antes de convertirse en profesional de ese deporte.

Mi lengua madrastra

— PATRICIA DE SANTANA PINHO —

CADA IDIOMA ES ESPECIAL en su propia manera, pero debo confesar cuán afortunada me siento de haber nacido en el portugués brasileño inventivo, y cuán delicioso es navegar en un idioma lleno de bantú e iorubá y de las expresiones de tupí-guaraní que colocan las palabras en frases insubordinadamente arregladas. Este idioma postcolonial, portugués brasileño es híbrido, atrevido e ingenioso, y repleto de secretos compartidos sólo por el postcolonialismo, y por los que se aventuran a embarcar lentamente en este mundo.

Pero si el portugués es el idioma de mis pensamientos, mis sentimientos y mis sueños, no ha sido así toda mi vida. De hecho, durante los tres primeros años de mi niñez, el inglés fue realmente mi propio idioma. Y si hoy yo no puedo pensar en ello como una lengua materna, fue ciertamente una lengua madrastra muy buena para mí. Yo tenía casi ocho años de edad cuando mis padres se fueron a Inglaterra en 1978 con sus cuatro niños. Después de unas pocas semanas, mi hermana más joven Mari y yo básicamente "casi hablábamos inglés" como si lo hubiéramos estado haciendo desde siempre. Por lo menos así es cómo yo lo recuerdo ahora. Hasta no hace mucho, yo insistía en que no recordaba cómo había aprendido inglés, pero reflexionando en esto con más, cuidado me doy cuenta de que fue verdaderamente un proceso, y no un acontecimiento instantáneo. Ésta es la historia fragmentada e incompleta de cómo aprendí inglés.

Mis dos hermanos mayores habían tomado clases de inglés antes de que dejáramos Brasil, pero mi hermana pequeña y yo llegamos a Inglaterra sin saber una sola palabra del idioma. Sin embargo, gracias a la frescura y la flexibilidad de las mentes casi sanas de niños, nosotros aprendimos inglés inmediatamente, o por lo menos es lo que nuestra memoria nos dice. Unos pocos episodios, me recuerdan que hasta los niños cometen errores infantiles al aprender una segunda lengua. Cuando el maestro me preguntó cuáles eran mis programas favoritos de televisión, yo contesté *Long Legs* y *Fat and Skinny*, orgullosa de mi traducción exacta de *Perna Longa* y *O Gordo e o Magro*.

Mientras los errores de niños son aceptables, hay mucho menos tolerancia para los errores de los adultos, que es por supuesto lo que lo hace tan difícil para ellos aprender una segunda lengua. La mayoría de los adultos se sienten avergonzados y sienten que parecen "infantiles" al expresar las pronunciaciones equivocadas, las entonaciones inexactas, o los retruécanos involuntarios. Mis hermanos y yo nos burlábamos de nuestros padres y su inglés "quebrado". Pero también yo me beneficié de la torpeza de papá con el idioma. Ayudándome a escoger una actividad fuera del programa de estudios en la escuela, él miró la lista y dijo: "Tú puedes escoger entre la cocina, la costura, el ajedrez, y esta otra cosa aquí que parece muy buena: grabadora. Pienso que tú aprenderías a cómo utilizar una grabadora" (*tape recorder*). Escogí inmediatamente eso, sin saber en ese momento que con el tiempo yo resultaría ser una investigadora y que la grabadora llegaría a ser el instrumento más importante de mi vida. Es innecesario decir que estuve muy confundida cuando llegué a mi primera clase de "grabadora" y descubrí que era una clase de música en la que aprendí a tocar la flauta dulce (*recorder*). A causa de la mala interpretación de mi papá, conocí este instrumento y le tuve amor por mucho tiempo.

Si hablar era complicado, aprender a escribir en inglés era aún más desafiante. Recuerdo el primer dictado en la escuela: en mi tentativa para no perder una sola palabra cuando la profesora leía en voz alta, yo anotaba absolutamente todo, inclusive las comas que yo literalmente deletreé en el papel, preguntándome a mí misma qué diablos significaba esa palabra, y por qué la profesora la repetía excesivamente a través de la historia. Hoy, 28 años más tarde, he aprendido lo que la "coma" significa, aunque la forma de emplearla en el idioma inglés todavía permanece un misterio para mí.

Nuestra pronunciación, por otro lado, era perfecta: idéntica a la de nuestros vecinos y compañeros de clase donde vivíamos en el área de la clase trabajadora de Reading, casi cincuentena millas al oeste de Londres. Hasta la emisión de la "T" en palabras tales como "*thir-een*", "*four-een*", y "*wha-ever*" hacía nuestra entonación indistinguible de los otros niños. Sin embargo, aunque nuestro rápido dominio del idioma nos hiciera parecer como si hubiéramos nacido allí fuimos recordados constantemente que no era así. Nosotros definitivamente *no* éramos británicos. Alguien debe haberle enseñado a los niños británicos a vernos como "diferente". Los chicos me gritaban "¡chica morena, chica morena!" como si fuera una maldición, y entonces se alejaban velozmente de mí, como si yo hubiera corrido detrás de ellos.

¿Qué hay de malo en ser morena? Yo estaba más que nada, sorprendida en la forma que mi "color moreno" había tenido tanto efecto en ellos. En Brasil yo nunca fui considerada morena. Quizás era el tono rosado de la piel que para ellos acentuó el color moreno de la mía. El pelo crespo de mi hermana fue el factor que ellos eligieron para burlarse. Ella era de piel clara casi como la de ellos, pero con un pelo muy tupido que desafiaba las horquillas puestas por mi mamá por la mañana con la esperanza que durarían todo el día. Para el mediodía las horquillas literalmente habían estallado del pelo de mi hermana, volando sobre el patio del recreo de la escuela. Esto la haría llorar en un mal día. Yo corría para ayudarla a encontrar una banda elástica para sujetarle el pelo por lo menos hasta que llegáramos a casa por la tarde.

Otro epíteto "nacional" utilizado por mis compañeros para molestarnos era "Nuez del Brasil", probablemente la única referencia a Brasil disponible a esos pocos informados habitantes del Primer Mundo. Dos años más tarde, cuando nos mudamos 25 millas al norte a Oxford y fuimos matriculadas en otra escuela, nosotras comprendimos que "nuez" era un término peyorativo para alguien que se creía loco o salvaje. Quizás esa idea acompañó las otras nociones fantásticas que ellos tenían de Brasil porque ya me habían preguntado, de vez en cuando, si mi familia y yo habíamos vivido en la selva, si teníamos monos como animales domésticos, y si nos transportábamos por medio de lianas hechos de enredaderas como Tarzán y Jane. Algunos niños osaron preguntar lo que solo adultos podrían preguntarse: "¿Las personas en Brasil hacen pis en el jardín, o tiene usted baños?" Fue chistoso que ellos nos preguntaran si teníamos lavabos cuando nos pareció a nosotros que ellos eran los que no estaban acostumbrados a tomar duchas.

Sería injusto si dejara afuera los buenos recuerdos que mi familia y yo compartimos los tres años que pasamos en Inglaterra. Ellos fueron increíblemente especiales en nuestra vida, y nosotros a menudo evocamos nuestros recuerdos colectivos de ese periodo. Nosotros nos reímos de las anécdotas que, por haber sido dichas y contadas de nuevo tantas veces, han adquirido su propia vida. Y lloramos en la memoria de algunas almas maravillosas de las que tuvimos la fortuna de ser amigos mientras estuvimos allí, pero que ya han dejado este mundo. Sra. Randall es una de ellas, y yo querría registrar su nombre aquí como homenaje a esta notable feminista quien haría discursos incendiarios contra el imperialismo inglés, y nos arrastraría a protestar contra la caza del zorro, y que, como muchos otros ingleses que encontramos, reveló una franqueza y llegó a conocernos como seres humanos regulares, y no nos vio como criaturas exóticas.

Hoy lamento realmente el hecho que he perdido mucho de mi acento inglés. Puedo imaginarme cómo esto puede sonar extraño para mis amigos caribeños que probablemente, y con razón, asocian un acento inglés con el colonialismo y la dominación. Sin embargo, en cuanto a todos los idiomas, hay "muchos" acentos ingleses, y extraño el no saber hablar el de la clase obrera que yo aprendí. Todavía, mirando una película inglesa, o hablando con amigos ingleses por pocos minutos es suficiente para resucitar mi acento de niñez, o por lo menos alguna versión inventada de ello.

Viviendo en los Estados Unidos ahora, como un adulto, estoy consciente de que aprender un idioma es siempre un negocio sin fin. Estoy constantemente y continuamente aprendiendo cómo hablar, escribir y leer en inglés. Mientras esto me trae alguna intranquilidad, —especialmente en un contexto marcado por una falta esparcida de cosmopolitanismo— hay siempre este placer de descubrir nuevas palabras y términos. Por ejemplo la expresión "*to go there*" (ir allí), que significa volver a visitar en sentido figurado una memoria o un sentimiento como si fueran un lugar, es uno que aprendí sólo recientemente, y que puede describir lo que estoy procurando en este ensayo. Yo lo encuentro no sólo muy útil pero también profundamente poético y hermoso. Por otro lado, las expresiones tales como "*good for you*" (bien por usted), y el énfasis en palabras tales como "*winner*" (ganador) y "*looser*" (perdedor), me molestan muy al fondo de mi alma como si gritaran individualismo y egocentrismo. Y hay los acentos también que realmente me pueden volver loca, como esa manera nasal en la que algunas muchachas americana de secundaria y colegios, hablan letárgicamente "*like*" (como), creyendo probablemente que suena sexy y a la moda. El lenguaje es ciertamente un medio a través del cual el género opera para formar los seres que somos.

Es absolutamente revelador recordando el pasado y ver cómo aprendí inglés y darme cuenta de la forma tan grande que el idioma es conectado a sentimientos de la nacionalidad y a las representaciones raciales previsibles que están conectados repetitivamente a naciones. Por otro parte, yo debo reconocer que de la manera que nosotros articulamos nuestras memorias revelan tanto acerca de nuestro presente como acerca de nuestro pasado. Y el hecho de que he estado viviendo por los últimos cuatro años en un país que es posiblemente el más racista en todo el mundo, ciertamente le da forma a mis recuerdos pasados de niñez viviendo en el extranjero.

Ninguno de nosotros recuerda realmente cómo aprendimos a hablar el idioma en el que nacimos. Este olvido matiza nuestra relación con nuestra "lengua materna" no sólo con mucha intimidad pero también con un sentimiento que es casi mágico, como si nuestro idioma fuera innato a nuestros seres. Definida como femenina, la lengua materna es imaginada para amamantarnos de nuestro "idioma materno", preparándonos para habitar activamente nuestra "patria". Al rechazar toda clase de naturalizaciones, especialmente por la carga que imponen en mujeres y hombres, y por los papeles fijos de género que ellos esperan que juguemos, creo que hay mucho para ser leído, oído, y deshecho en estas metáforas que unen al idioma, la tierra, el género y el ser padres.

La lengua materna es de hecho como un padre: nosotros no la escogemos, mas somos, en gran parte, formados por su expresión y su comprensión del mundo. Como es sugerido por el doble significado del verbo portugués *criar*, nosotros somos *creados* y *criados* por nuestro idioma. Podemos aún, a veces, rechazar nuestra lengua materna, como adolescentes tontos que se sienten avergonzados por la presencia de sus cuidadores, y buscan el refugio o elegancia de otras lenguas, las madres de otros, los padres de los buenos amigos chéveres que nosotros admiramos cuando somos todavía demasiado inmaduros para valorar lo que la vida ha escogido darnos. Las lenguas madrastras son así, disruptivas y rebeldes a partir de que rompen las asociaciones automáticas y vuelcan las esperanzas indiscutidas.

Habiendo aprendido inglés a una edad temprana ha favorecido apreciablemente a mis hermanos y a mí en ambos términos profesionales y prácticos. Cada uno de nosotros hoy cosecha todavía los frutos de nuestra experiencia pasada en el extranjero. Pero ha podido sobre todo agrandar nuestra habilidad de mirar el mundo de una manera más amplia e interconectada. Si los idiomas han sido apropiados por proyectos nacionales, ellos pueden desobedecer también las fronteras físicas y simbólicas, y expresar los sentimientos compartidos de nuestra condición humana común.

—Traducción de Ashley Armato y Mariela Martínez

PATRICIA DE SANTANA PINHO (Salvador da Bahia, Brasil, 1970) enseña en la Universidad Estatal de Nueva York en Albany. Obtuvo un Doctorado de la Universidad Estatal de Campinas. Es autora de *Reinvenções da África na Bahia*. Enseñó en la Universidad de Yale y en Amherst College.

De entrenamiento básico a inglés elocuente

– JOSÉ BAJANDAS –

NACÍ EL 26 DE ABRIL DE 1920 en Vieques, una pequeña isla de la costa oriental de Puerto Rico. Los extranjeros recientemente supieron sobre Vieques, a causa de la controversia entre la población local y la nave estadounidense. La nave ocupaba dos tercios de la isla para realizar maniobras conjuntas con las naves de otros países, y también guardaban bombas y municiones.

Mi padre era un auto-coleccionista de libros, trabajaba en una fábrica de azúcar en Vieques. Mi madre era ama de casa cuando yo era niño. Eran puertorriqueños de clase media y de herencia española, así que yo hablaba y escribía solamente en español durante toda mi niñez. También tengo dos hermanos y dos hermanas. Recuerdo muy bien a mi padre tratando de hablarle en inglés a un trabajador americano en la fábrica de azúcar. Sin saber bien el inglés él gesticulaba, mezclaba palabras españolas con inglesas, e imitaba el acento americano.

Cuando yo tenía cinco años, mi familia se mudó a Mayagüez, el lugar donde nació mi madre. Mayagüez, está a más de cien millas de Vieques, al otro extremo de Puerto Rico. Allí asistí a la escuela primaria y secundaria, y fue allí donde aprendí mis primeras palabras en inglés, a través de una rima:

Pollito *chicken*, gallina *hen*,
lápiz *pencil*, y pluma *pen*.
También aprendí la frase, "*I am hungry*".

Me gradué del curso comercial de la escuela secundaria de Mayagüez en julio de 1940. Allí aprendí la gramática básica. Aún recuerdo a mi maestra, Madeline Williamson, quien se convirtió en una actriz puertorriqueña renombrada. Como ella era estadounidense, todas las clases eran en inglés, y teníamos que escuchar bien para determinar lo que decía. Era una maestra excelente, y yo gozaba bien de sus clases.

Después de mi graduación, busqué trabajo como taquígrafo y contador. Durante esos años de recesión, el trabajo era escaso en Puerto Rico. Como no pude conseguir trabajo, decidí enlistarme en la guardia nacional de los EE.UU. Hasta 1940 mi educación en inglés había sido muy limitada, así que mi inglés escrito y hablado era malo. Me enlisté en la compañía B, 130 de ingenieros (de combate). Esta unidad estaba compuesta por puertorriqueños, y generalmente hablábamos en español.

Después de un tiempo me ascendieron a sargento de personal, para ser líder del pelotón. Me quedé allí hasta septiembre de 1942, cuando fui seleccionado a asistir a la Escuela Para Candidatos a Oficiales en Fort Benning, Georgia. Entre septiembre de 1942 y enero de 1943 terminé con el curso de oficiales en la escuela de infantería del ejército estadounidense, y obtuve el rango de Segundo Teniente.

Nos enseñaban términos militares básicos en las clases de como 150 estudiantes, completamente en inglés. Todos mis compañeros de clase eran hablantes nativos del inglés. Cuando nos invitaban a hacer presentaciones orales sobre temas militares, como el uso de la bayoneta en combate, teníamos que hacerlas en inglés, por supuesto. Después asistí a la Escuela del Ejército de Guerra Química para completar un curso y llega a ser oficial del regimiento de gas. Aquí las clases eran más pequeñas, y teníamos que participar diariamente. Una vez más, todos mis compañeros eran oficiales americanos. Socializamos en el Club de Oficiales, donde yo continuaba mi práctica diaria del inglés.

Estas experiencias me dieron muchas otras oportunidades más, como ascender al rango de Primer Teniente, después al de Capitán y luego al de Comandante en las reservas del ejército americano.

Para alcanzar estas jerarquías, tuve que completar un entrenamiento militar. Estas clases se conducían en inglés con profesores americanos, lo cual me dio la oportunidad de continuar practicando y así refinar mi inglés. Como parte de mis deberes diarios yo tenía que supervisar a otros investigadores, corregir sus reportes en contenido, terminación, formato, y gramática. Este trabajo me ayudó a adquirir una mejor comprensión y uso del inglés.

En julio de 1955 mi familia y yo nos mudamos a Chicago. Como Capitán, en ese tiempo, tenía el privilegio de vivir en las instalaciones del ejército Wherry Housing. Todos mis vecinos hablaban inglés, y mis hijas tenían sus lecciones en la escuela en inglés. Tenía que hablar inglés todos los días, tanto en el trabajo como en todo tipo de situaciones sociales. Esta experiencia me hizo pensar en inglés. Yo usualmente pienso en inglés, y cuando escribo en español tengo que tener cuidado, porque tiendo a usar el inglés en vez del español.

Creo que los siguientes hechos contribuyeron a mi aprendizaje del inglés:

1. El interés y el deseo de aprender un segundo idioma, despertado cuando niño, al ver a mi padre intentar a hablar inglés
2. El ser expuesto al inglés y escucharlo en la escuela primaria
3. El tener una maestra buenísima, Madeline Williamson, en la escuela secundaria
4. El asistir a las diferentes escuelas de servicio a lo largo de mi carrera militar, donde todos mis profesores y compañeros hablaban inglés
5. Mi relación cercana y diaria con hablantes nativos del inglés durante los 20 años de servicio militar activo
6. Leer cada día libros, revistas, y periódicos en inglés

Hoy en día, recuerdo mis experiencias de vida con satisfacción. Me gradué en 1965 "Magna cum Laude" del Programa de Administración de Empresas, de la Universidad de Puerto Rico, recinto Río Piedras. He podido apoyar a mi esposa, quien se convirtió en una maestra de inglés y luego regresó a la escuela para obtener su título de bibliotecaria. Tengo dos hijas encantadoras, ambas son profesionales y cuentan con una educación universitaria, también crecieron en una ambiente bilingüe. Cuando recordando el pasado, no puedo imaginar, como niño viviendo en Mayagüez, la cadena de eventos que le seguirían a esa rima simple:

Pollito chicken, *gallina* hen
lápiz pencil, y *pluma* pen.

—Traducción de Zoe Fenson y Mariela Martínez

JOSÉ BAJANDAS (Vieques, Puerto Rico, 1920-2007) Por años formó parte del ejército norteamericano y fue miembro del Military Officers Association of America y del Commander's Club of the Disabled American Veterans. Fue miembro también del Museo de Arte de Puerto Rico. Disfrutaba del baile, la lectura, y de la jardinería.

El idioma secreto

– DAISY ZAMORA –

LAS PRIMERAS PALABRAS en inglés las escuché de mi abuela Ilse
Gámez, a quien recuerdo como una presencia mágica en mi infancia, pues todo en ella me parecía legendario. De las historias que
me relataba, mis preferidas eran las de su vida en Nueva Orleans
adonde ella y su familia habían arribado desde Europa y donde
había transcurrido su niñez hasta que a los catorce años se embar-
caron nuevamente, esta vez con rumbo a Nicaragua, por deseo de
sus padres de retornar definitivamente a su país de origen. En sus
relatos de Nueva Orleans aparecían muchas referencias y nombres
en inglés y con frecuencia también en francés, y eran estas palabras
misteriosas, tan distintas a las que usualmente oía en el habla cotidiana, las que me producían una fascinación irresistible. Me sonaban
como una música extraña: una melodía exótica que llegaba hasta
mis oídos desde lugares lejanos y fantásticos donde la vida parecía
tener una agitación, un ritmo, una aceleración desconocida e inédita
en el apacible mundo que yo habitaba con mis padres y mis hermanas y hermanos. Éramos una dilatada familia que incluía desde
abuelos y tías y tíos abuelos, hasta tíos y tías carnales y primas y
primos hermanos, pasando por los de segundo y tercer grado de
consanguinidad y enseguida venían las demás personas, que en la
categoría de parientes entraban en el universo familiar en perpetuo
estado de expansión.

Aquel inglés que yo escuchaba de mi abuela Ilse no se parecía en
nada al que me enseñaban en el Kinder Garten con canciones para
aprender a contar del uno al diez, o el que aparecía en los libros de
texto en inglés que estudiábamos en el segundo y tercer grado de la
primaria: *See Dick. See Jane. See Spot. See Puff. See Spot run. See Puff jump.*
Para mí, este inglés carecía de encanto y me sonaba como el ruido de
mis zapatos escolares al chocar contra la grava del patio a la hora del

recreo. El otro, el inglés que mi abuela y sus hermanas hablaban, poseía múltiples y variados registros que siempre me asombraban: a veces era como el gorjeo de un pájaro, ligero y cristalino o fluía denso, espeso y ambarino como la miel o se alzaba en agudas notas con un sonido nostálgico de dulce flauta; o se enroscaban en una espiral donde las palabras danzaban unas con otras vertiginosamente o se atropellaban en una vorágine como las multitudes frenéticas que yo imaginaba caminando a toda prisa por las calles de las grandes metrópolis.

El inglés lo hablaban solamente entre ellas, en sus conversaciones privadas y jamás cuando habían otras personas presentes, ya no se diga si tal persona era mi abuelo Vicente, quien parecía entenderlo como una ofensa a su dignidad personal y a la integridad del país. Desde mediados del siglo XIX, demasiadas intervenciones de sucesivos gobiernos de los Estados Unidos se contaban en la historia de Nicaragua como para que sus amargas secuelas no se extendieran hasta el idioma, contaminándolo en el sentimiento de muchos nicaragüenses como la odiosa lengua del invasor. En un supremo acto de crueldad había sido retirar a los U. S. Marines del país para dejarnos instalado al dictador que el Presidente Franklin Delano Roosevelt acertadamente definió como: *He may be a son of a bitch, but he's our son of a bitch*; palabras conocidas por toda la población en Nicaragua, y que de boca en boca eran repetidas en el inglés original que fueron pronunciadas. Ese dictador al servicio de los intereses de los Estados Unidos y no de nuestro país, habría de iniciar una dinastía familiar represiva y sanguinaria que el pueblo nicaragüense padeció desde el año de 1936 hasta el 19 de julio de 1979, fecha en que fue derrocado el último representante de la dictadura por una revolución popular y masiva.

Había pues, una especie de censura tácita, un tabú no explícito alrededor de este idioma secreto en el que se comunicaban mis tías abuelas y mi abuela, que me atraía con la fuerza y el encanto de lo prohibido: la manzana ofrecida en el Paraíso. El otro inglés que estudiábamos en clase no parecía molestarle a nadie y más bien lo repetíamos en coro, casi a gritos, y las monjas continuamente nos animaban a que lo practicáramos en conversación. Yo percibía esta dicotomía con respecto al inglés y la aceptaba en ese entonces como natural, dentro de las experiencias que formaban parte de mi vida cotidiana.

Pronto mis oídos empezaron a distinguir otra manera de hablar el idioma. No era el inglés críptico y fantástico pleno de atracción y de misterio que me encantaba escuchar, ni era el machacón y reiterativo que sonaba como carreta rodando trabajosamente por un empedrado. Este inglés se expresaba de un modo diferente que no era ni enigmático y seductor, ni simplón y monótono, sino más bien dramático y directo: lo que decían los personajes simultáneamente sucedía. Es decir, la palabra era el acto, verbo y acción ocurrían al mismo tiempo. Una actividad era nombrada en el momento en que tenía lugar. Por ejemplo, un personaje que evidentemente lloraba, decía: *I'm crying*. Otro, que a todas luces estaba escondiendo algún objeto, declaraba: *I'll hide this*!

Éste fue el inglés que empecé a conocer a través de las historietas en dibujos animados que presentaban por la televisión donde los personajes expresaban sus pensamientos, emociones y sentimientos directamente: (*Out*!; *help*!; *stop it*!; *don't go away*; *I'll be back*; *let's go*!), y aprendí frases y palabras que comunicaban lo que se quería decir en forma rápida y precisa. También, el lenguaje de los dibujos animados me introdujo a la metáfora. La primera vez que escuché a unos personajes chillando: *The sky is falling*! El cielo se está cayendo! *The sky is falling*! bajo un torrencial aguacero, creí que así era como se decía en inglés: *está lloviendo a cántaros, o está cayendo un aguacero.*

De las películas de vaqueros forzosamente aprendí otro inglés, porque mis primos constantemente lo utilizaban en sus juegos, y también, de forma mecánica, memoricé los nombres en inglés de todas las jugadas que ocurrían en los partidos de béisbol, el deporte más popular en Nicaragua.

La soterrada reticencia que tenía mi abuelo al inglés por razones de índole histórica y política, y también por su forma de entender la dignidad nacional, no interfería de manera alguna en su comprensión de que, como parte de nuestra educación y adquisición de cultura, era importante el aprendizaje de ese idioma, y no recuerdo que jamás haya dicho ninguna palabra en contra de que lo estudiáramos, o de que expresara algún desagrado porque mis padres decidieran matricularnos a mis hermanas y a mí en el Colegio Teresiano, de enseñanza bilingüe español/inglés desde la primaria, agregándose también el estudio del idioma francés durante la secundaria.

Paulatinamente, ese inglés que en los primeros años de escuela me resultaba tan desabrido, fue ampliándose y profundizándose con lecturas que lo iban transformando en un lenguaje hermoso que crecía en mi interior, y cada vez más se convertía en parte de mí misma, invadiendo mis pensamientos y apareciendo en mis sueños. Entender el lenguaje y poder hablarlo naturalmente entró a ser parte integral de mi ser, de mi manera de apreciar la literatura y en especial la poesía, y de disfrutar la letra de mis canciones preferidas, que era capaz de repetir perfectamente.

Las clases de literatura eran mis favoritas. Representar a un personaje en alguna de las obras de Shakespeare, leer en voz alta frente a mis compañeras un cuento de O. Henry o un capítulo de *La isla del tesoro* de Robert Louis Stevenson, o un soneto de Elizabeth Barrett Browning, me alegraba el día. En la biblioteca del colegio descubrí a Walt Whitman, a Emily Dickinson, y a Edna St. Vincent Millay, después a Carl Sandburg y a William Carlos Williams. Más adelante vendrían a mi encuentro William Blake, las hermanas Brönte, Jane Austen y Ernest Hemingway; y algunos años después, ya en la universidad, leería a los americanos William Faulkner, Ezra Pound y Gertrude Stein, a los irlandeses William Butler Yates y James Joyce, y el autor britanico Graham Greene.

A la par que leía intensamente, también me volví melómana, y llegué a tener una colección bastante apreciable de discos de Frank Sinatra y de Los Beatles, que eran mis favoritos, pero mi interés se extendía a muchos grupos musicales e intérpretes de canciones en inglés. De esta relación intensa con el idioma, emergí con un conocimiento que yo consideraba amplio y complejo de una lengua cuyo sonido me había cautivado en los primeros años de mi vida, y de la cual tenía tantas y tan diversas referencias.

Pero mi verdadero encuentro con el inglés vivo, es decir, con el que se habla en la vida cotidiana, lo tuve en los Estados Unidos cuando llegué a pasar mis vacaciones escolares en Middletown, Connecticut, durante la época de primavera. Mi primera impresión del país fue completamente idílica: la casa de mis tíos donde me quedaría por tres meses era de varios pisos, bella y confortable. Una antigua casona de la Nueva Inglaterra con un hermoso jardín, y más allá un huerto, un establo con caballos y una laguna abundante de truchas. Un tupido bosque de abedules y de varias especies de pinos y abetos donde se entrecruzaban estrechos senderos cuajados de flores silvestres bordeaba aquella laguna apacible, en un paisaje que parecía como salido de un cuento de hadas. Esas vacaciones forman parte de los recuerdos felices de mi vida porque también tuve la experiencia inolvidable de conocer Nueva York y asistir a la Feria Mundial. Sin embargo, lo que definitivamente me quedó impreso en la memoria de mi primera visita a los Estados Unidos fue el shock que tuve con el idioma que yo creía entender y hablar correctamente.

Casi enseguida, me di cuenta de que *mi inglés*, es decir, el inglés en el cual yo me expresaba, sonaba raro a los demás. Mis primos, ya no se diga sus amistades, me escuchaban con miradas de extrañeza o de burla. En cambio, para mí, *su inglés* era casi ininteligible, porque hablaban, claro está, en el slang de los adolescentes. Una de mis primas no se aguantó y me dijo que yo era rara, que hablaba como un filósofo, una especie de Sócrates o algo así; y me pidió que tratara de hacer un esfuerzo para tratar de hablar como gente normal. No se imaginaba las angustias que yo pasaba para entender lo que se hablaba a mi alrededor, tratando de descifrar lo que yo malentendía, confundiendo una cosa por otra. Desolada, pensé en la abundante literatura en inglés que hasta entonces había leído y en las canciones que con tanto empeño había memorizado. De nada me valía, pues, todo lo estudiado para hablar un inglés útil que me ayudara a establecer un vínculo con los muchachos y muchachas de mi edad. Por el contrario, el vocabulario aprendido de los libros, y especialmente de la poesía que me había enseñado a amar el idioma, no tenía cabida en el habla normal de mis contemporáneos.

Para ser aceptada por los demás empecé a poner una atención extrema a las formas que yo empleaba para expresarme y a las palabras que usaba. Ansiosamente, busqué cómo adaptar mi modo de hablar, imitando las maneras y expresiones que escuchaba de los demás, para que no me excluyeran de sus conversaciones ni de sus actividades. Entendí que de no hacerlo, me quedaría al margen de la corriente principal, del *mainstream* donde se movían y sólo tenían cabida las jóvenes y los jóvenes norteamericanos. La barrera no era fácil de cruzar, y cuando no lo lograba, mi consuelo era refugiarme en la biblioteca de la casa, donde leí durante esas vacaciones la traducción inglesa de la novela *Crimen y Castigo*, de Fiodor Dostoyevsky.

Fue a los catorce años, la misma edad en que mi abuela Ilse desde la cubierta del vapor recordaba haber visto Nueva Orleans, perderse en la lejanía, que yo entré por primera vez a los Estados Unidos; y a partir de entonces entendí lo que era *vivir* en contacto directo con una lengua a través de la gente que la habla, de su propia cultura, y desde su visión del mundo.

DAISY ZAMORA (Managua, Nicaragua, 1950) es autora de libros de poesía, entre ellos *La violenta espuma, A cada quien la vida, Riverbed of Memory* y *Clean Slate*. Fue miembro del Frente Sandinista de Liberación Nacional. También se desempeñó como Viceministro de Cultura de su país. Ha recibido varios premios. En su país recibió el Premio Nacional de Poesía Mariano Fiallos Gil y el premio a la mejor escritora del año (2006). También, ganó una beca del California Arts Council. Sus obras se han difundido por las Américas, Europa, y Asia.

Rápido, dinámico, y juguetón

— MIGUEL BARNET —

LA LETRA CON SANGRE ENTRA. A los 8 años caí de golpe en una escuela norteamericana en Cuba sin saber una palabra de inglés. Todas las asignaturas en el Cathedral School eran en idioma inglés y si yo decía una sola palabra en español tenía que pagar un *nickel* y depositarlo en una alcancía.

Aprendí lo que sé de inglés a la fuerza, pero lo aprendí y lo hablo con bastante fluidez. Amo la lengua de Shakespeare y de Faulkner; es bella, fluida, sintética; me ha ayudado mucho a desenvolverme en el mundo y a ser más cosmopolita.

La música me ayudó mucho. En la escuela cantaba *round songs* que todavía me se de memoria. También en la iglesia episcopal del colegio canté los himnos religiosos con mi bella voz y eso me llevó a un *ego trip* en el que todavía estoy viajando.

Hice un gran esfuerzo en escuchar las películas en inglés sin mirar los subtítulos y eso me ayudó mucho. Luego, tengo que confesar que en mi adolescencia tuve en Cuba muchos amigos norteamericanos con los cuales compartí mis años juveniles en el Community House, en el Mother's Club y en el Parish House del colegio.

Hablo inglés a diario y leo mucho en ese idioma para mantenerlo vivo y al día. ¡Qué idioma tan renovado! Nunca lo aprenderemos del todo porque él es travieso y cada día se vuelve más retador e inasible.

El oído me salvó para captar su riqueza; la literatura me abrió una brecha para entrar más profundamente a su misterio. Cuando me di cuenta que podía hablar 3 días seguidos en la lengua que aprendí con sangre canté: *¡Hark, the herald angels sing! ¡Glory to the new born king!*

MIGUEL BARNET (La Habana, Cuba, 1940) es poeta, novelista, guionista y etnógrafo. Entre sus libros se incluyen *Cimarrón* y *Canción de Rachel,* así como varios volúmenes de poesía. Fue representante de Cuba en la UNESCO. En 2006 recibió el Premio Internacional Juan Rulfo por su novela *Fátima o el parque de la fraternidad.* Es presidente de la Fundación Fernando Ortiz en La Habana y miembro de la Asamblea Nacional de Cuba.

La lengua cortada

– QUIQUE AVILÉS –

LE RENDÍ CULTO A LA LENGUA inglesa desde antes de que la entendiera. Desde que me acuerdo, la promesa del inglés era parte de mi vida.

Las primeras palabras en la lengua inglesa que recuerdo haber escuchado fueron: "Pan Am Airlines". Ésa era la línea aérea que se llevaba a mi madre de El Salvador y que después la traía de regreso desde los Estados Unidos. La próxima palabra que recuerdo era "Sheraton", el hotel de Washington D.C. donde mi madre trabajó por 25 años en una lavandería. En 1969, cuando tenía cuatro años, mi madre le pidió prestado dinero a su madre para viajar a los Estados Unidos como turista. Su verdadera intensión era permanecer en los Estados Unidos, conseguir un buen trabajo, y ofrecerles a sus hijos una vida mejor. Hizo una promesa de traernos, a sus cuatro hijos, uno por uno, comenzando con el mayor y terminando con el menor, que era yo. Con esa promesa vino la promesa de que el inglés sería parte de mi vida.

Mi lengua está cortada en dos
por su virtud, coincidencia, antojos del cielo
las palabras saltan desde mi boca
tropezando entre sí mismas
disfrutando ser parte de mi mensaje
esperando respuestas…
He aprendido inglés en tres fases diferentes.

Fase #1: curiosidad y asombro
El tener una madre en los Estados Unidos implicaba que mis hermanos, mi hermana, y yo recibiéramos regalos americanos llenos de palabras en inglés cada vez que ella venía a casa. Uno de mis

favoritos era una bolsa llena de vaqueros e indios de plástico que venían con un libro de colorear con temas indios y subtítulos en inglés debajo de cada fotografía. Me sentaba con un diccionario y me esforzaba en entender algunas palabras para conocer más acerca del nuevo mundo de mi madre.

A mediados de los setenta, el Departamento de Educación de El Salvador trajo la "Televisión Educativa" a las escuelas del país. Con esto, vinieron las clases de inglés por televisión con el Sr. Mayorga, un maestro alegre y bien vestido con casi un control perfecto de sus músculos faciales. "Buenos días niños, soy el Sr. Mayorga". Fue el Sr. Mayorga el primero en mostrarme la necesidad de utilizar ciertos músculos faciales para alcanzar sonidos específicos en la pronunci-ación de algunas palabras. Él producía el sonido fuerte de la "t" sos-teniendo un aro de alambre con la boca. El aro tenía tiras de papel que aleteaban mientras repetía *"Good nighttttt...Good nighttttt"*. Pero el Sr. Mayorga y sus técnicas científicas no me prepararon para las difi-cultades del sonido *"th"*. Me tomó muchos años más para pronunciar correctamente *"thirty"* (treinta).

mi lengua está cortada en dos
migajitas de acentos confundidos
desastres y milagros
diciendo cosas que hieren
ahogándose en un idioma que salta, vive, traduce...

Como para la mayoría de los niños en cualquier parte del mundo, la música americana y la televisión fueron también mis maestros del inglés. Pero fue la necesidad de ser *cool* —más que el deseo de apren-der inglés— lo que alimentó mi fascinación por estas exportaciones exóticas americanas. Mi familia fue la segunda en tener televisión en el pueblo entero. El inglés se esparció fuera de nuestra casa. Mi abuela le cobraba cinco centavos a la gente del pueblo por sentarse en el piso de azulejo para ver la televisión en blanco y negro de 19 pulgadas. *Los Tres Chiflados*, *Tarzan*, la Copa Mundial, y las peleas de Mohammad Ali eran las más vendidas. En la noche veía *Kojak*,

Misión Imposible, y *Starsky y Hutch*, tragándome el inglés, pretendiendo ser *cool*, y sabiendo que mi madre tenía apartado mi boleto.

A finales de 1978, tuve un despertar político. Mi país fue gobernado por la milicia y su ley marcial contra las ideas. Yo tenía trece años y me uní al movimiento estudiantil. Exigimos libros, tiza, mejores maestros, y baños más limpios. En el fervor revolucionario de esos días, lo *cool* del inglés fue arruinado por Marx y Lenin. La lengua que alimentó mi asombro y curiosidad era ahora, de acuerdo con mis compañeros, la lengua del enemigo, del Imperialismo Yanqui. Ya no era *cool*. Sin darme cuenta, de un de repente ya me encontraba en un avión hacia los Estados Unidos huyendo del escuadrón de la muerte.

mi lengua se parte por naturaleza
por ese loco deseo nuestro de vencer , triunfar, conquistar
esta lengua mía se divide en partes iguales
un lado quiere putear y cantar a gritos
el otro lado quiere pedir agua…

Face #2: frustración y necesidad (Cómo el inglés se convirtió en mi liberador imperial)

En el otoño de 1980, Ronald Reagan fue electo presidente y yo empecé el 9º grado en Francis Junior High en Washington, D.C. Cada semana, niños de América Central venían a la escuela por montones. Nos colocaban en clases de Inglés como Segunda Lengua (ESL) donde la Sra. Padrino nos enseñó que el corazón de la lengua inglesa es el verbo "ser". Aprendimos a decir "Hola, ¿cómo está usted hoy? Estoy bien, gracias", en un inglés atropellado. Los fines de semana, iba a manifestaciones y protestas —ESL clases de inglés para izquierdistas—. Ahí, tenía que repetir "¡No milicia, no guerra/ Estados Unidos fuera de El Salvador!" y "Exigimos la verdad acerca de El Salvador" una y otra vez.

Mi madre estaba rentando una casa entre la calle 14 e Irving, la sección negra del barrio. Teníamos un vecino, un hombre mayor, que estaba siempre afuera cuidando su jardín, llevaba overol y hablaba con acento sureño. Me sonreía diciendo algo así como *"hayalldoing"*.

Me dirigía a mi hermano, Pedro, y le preguntaba, "¿Qué dice?". Mi hermano respondía, "Te preguntó ¿cómo estás?". Yo respondía, "No se supone que es, '*Hello, how are you?*'". Éste no era el estropeado inglés de mis maestros de ESL.

Para ese entonces, ya comenzaba a entender que el inglés no era solamente una lengua. En la escuela, me hice amigo de Pichi, un puertorriqueño blanco y rechoncho que vino de D.C. vía Nueva Jersey. Pichi hablaba tres lenguas: español puertorriqueño (que entendía apenas), inglés formal (que empezaba a entender), e inglés negro (que ahora entiendo porque tuve que aprenderlo para sobrevivir). Pichi se convirtió en mi verdadero maestro de ESL.

lengua
inglés que suena chistoso
lengua
sonidos chistosos en inglés
lengua
en un inglés que suena chistoso
lengua
con chistosos sonidos ingleses

Fue Pichi quien me dio una copia del *Puerto Rican Obituary*, un libro de poesía por Pedro Pietro, uno de los primeros y más influyentes poetas nueyorriqueños de los años 70. Había escrito poesía desde que tenía 10 años, principalmente, poemas cursis de amor. Este libro cambió mi vida. Cambió la forma en la que aprendí inglés, en cómo lo entendía, y lo que después pude hacer con él. Con una nueva visión me convenció de la posibilidad de ver a las palabras como armas. Empecé a mezclar mi rabia, mi español, y mi limitado inglés con la poesía. Mis primeros intentos fueron enunciaciones más políticas que poéticas. Pero el inglés empezó a acomodárseme bien. Empecé a sentir que era una herramienta que podría usar para vengarme.

Cuando llegó el momento de empezar *high school*, decidí hacer una audición para el Departamento de Teatro en la Escuela de Arte Duke

Ellington. Con mi rabia y mi inglés mocho, causé una buena impresión y logré entrar. Mi primer año fue muy difícil. Era el primer latino, en toda la escuela, de más de cuatrocientos estudiantes. Rosemary Walsh, mi maestra de actuación, me decía, "Eres un buen actor, pero no puedo entender que fregados estás diciendo. Vamos a trabajar en ti". Mis maestros estaban convencidos de que mi éxito como actor requería la eliminación de mi acento. En el segundo año en Ellington, me asignaron clases de retórica. Estudiamos fonética y la anatomía de nuestro aparato fonoarticulador: la boca, la garganta, las cuerdas vocales, y el diafragma. Estas clases consistían en ejercicios orales repetitivos, tales como estas frases de tontería: "*Theophilus thistle, the unsuccessful thistle sifter, while sifting a sieve of unsifted thistles thrusts three thousands thistles through the thick of his thumb…*"

"*Unique New York, Unique New York, Unique New York…*"

"*One hundred ninety nine nuns in an Indiana nunnery…*"

Ahí estaba yo pensando que mi inglés progresaba; podría mudarme a Nueva York o Los Ángeles y hacerla en grande.

mi lengua está cortada en dos
arrestada por una patrulla fronteriza
le piden evidencia de lenguas foráneas
identificación oficial
pronunciación aprobada

En mi último año me había convertido en un roquero punk, un combatiente rebelde de botas. Me di cuenta de que no había papeles para mí en el teatro tradicional, que si quería ser actor tenía que escribir mis propios argumentos. Al darme cuenta de eso, empecé una relación artística más profunda con la lengua inglesa. Nikki Giovanni, June Jordan, Lucille Clifton, y Alice Walker-Black se convirtieron en mis mejores maestros, eran escritores que usaban la lengua para decirle a todos lo hermoso que somos, y lo mucho que merecemos. Empecé a escribir monólogos para personajes provenientes de mi realidad. Mientras comenzaba a desarrollar mi propia voz, el inglés se convirtió en mi libertador imperial.

Fase #3: delicadeza y pago

Todavía estoy aprendiendo inglés. *English*. A veces, en medio del espectáculo, mi pronunciación incorrecta de una palabra lanza una sombra de su significado. Una referencia al Nuevo Postre Mexicano se cruza como referencia a *sopapillas*. Una vez, presenté a un escritor joven como una "*jewel*" (joya). Después, algunas personas vinieron a preguntarme "¿por qué tenías que mencionar que era judía?" (*Jew*).

Como dice uno de mis personajes, "el inglés es una lengua para ofender o ser cordial". Ella continúa viniendo hacia mí. Yo continuo aprendiendo a cómo manejarla, amansarla, seducirla, hacerla funcionar para mi beneficio. A veces, no se deja. Por cinco años he tratado de escribir una obra acerca de la mucha gente que vive en mí: el maya, el español, el latino. Sé que esta obra eventualmente se llevará a cabo, pero no sé cuando. Los pensamientos fluyen en español, en Spanglish, y en Ingleñol. Y aún así, sólo en inglés, las palabras no se mueven.

Desde mediados de los 80 he estado escribiendo y dramatizando espectáculos acerca de una persona que enlaza la poesía con los monólogos en inglés. Los latinos frecuentemente me preguntan, "¿Por qué no hace más en español? Y a menudo respondo, "Porque todos ustedes no me pagan la renta". La respuesta verdadera está en eso: en el pago. Uso el inglés para desafiar a los hablantes nativos del inglés, para cuestionar sus suposiciones acerca de nosotros, los latinos; sobre cada uno, y, en estos tiempos de xenofobia, acerca de los inmigrantes en general. Lo utilizo para empujar, para pinchar, para cuestionar, y para hacer sentir incómoda a la gente. Leo siempre mis poemas desde un punto de vista musical (tengo memorizados muy pocos de ellos), y cuando salgo de la casa para hacer un espectáculo, al poner música en el carro, siempre siento que traigo un *machete*. Las palabras son mi arma.

También son la manera en la que construyo alianzas. He aprendido que para edificar la confianza con alguien que es diferente a ti, en este país, se tiene que dominar su propia versión de la lengua inglesa. La mayoría de mi trabajo en D.C. ha sido con chicos negros. Voy a sus salones de clase y hago improvisaciones teatrales, las cuales uso como herramientas para motivarlos a escribir acerca de sus vidas. La mayoría de los chicos quieren improvisar con drogas y pistolas, con esa vida matona. Los reto preguntándoles, "¿Te quiere tu madre? ¿Sonríes? ¿Ríes? ¿Existen momentos tiernos en tu vida?". Para la mayoría de los chicos, la respuesta es afirmativa. Los reto para crear parodias sobre esos momentos suaves y delicados y luego a escribir poesía sobre ellos. Los reto a no llenar las expectativas de la sociedad, a no ser niños pobres que se convierten en traficantes de drogas y matones. Y siempre les digo, "Nadie va a cantar nuestra canción, pues mejor cantémosla nosotros mismos".

Para mí, el conocimiento del inglés, resultó en el aprendizaje de cómo cantar mi propia canción.

mi lengua está cortada en dos
ah que lengua ésta
ah que lengua ésta
dice cosas sabrosas
dice cosas sabrosas

—Traducción de Luis Loya

QUIQUE AVILÉS (Sonsonate, El Salvador, 1965) es poeta, artista, y autor de *The Immigrant Museum*. Su activismo social se manifiesta en presentaciones unipersonales como "Caminata: Un recorrido por la América Inmigrante", "Chaos Standing/El Caos de Pie" y "Salvatrucans". Fundó el grupo Sol & Alma. Su trabajo ha sido transmitido en National Public Radio y se presenta en universidades y centros comunitarios. Reside en Washington, D. C.

TERCERA PARTE

*Me habéis enseñado a hablar, y el provecho que
me ha reportado es saber cómo maldecir.*

–Calibán, en *La tempestad* de William Shakespeare

Las bendiciones del arroz con mango

— CRISTINA SARALEGUI —

SÓLO TENÍA ONCE AÑOS cuando mi familia llegó a los Estados Unidos y se estableció en Key Biscayne, Florida, una islita tropical conectada por una calzada. En aquel tiempo, éramos una de las pocas familias hispano-hablantes en la isla. Me matricularon en una escuela de monjas que se llamaba la Academia de la Asunción. Fíjate que antes de esto, el nivel de mi educación en inglés era lo que había escuchado cuando miraba los programas de televisión americanos en Cuba. Antes de que alguien soñara que estuviéramos huyendo de la isla a causa de Fidel, era una fanática de los programas americanos, especialmente Hopalong Cassidy, Roy Rogers y Gene Autry. Los miraba tanto que sabía sus diálogos mejor que ellos. Mi programa favorito presentó un personaje llamado el Black Whip. ¡Me encantaba ese programa! Me vestía de todo negro con un pañuelo exactamente igual al Black Whip.

Pues así estaba, la nueva estudiante en la Academia de la Asunción. Las monjas me evaluaron con sus miradas medidas, determinando cuanto moldear requería este pedacito de arcilla. Entonces, rápidamente traía a la memoria las lecciones de mis profesores del inglés de mi niñez –Hopalong, Roy, Gene y el Black Whip– y di a las monjas lo mejor que les podía ofrecer.

"*Stick 'em up!*" (¡Manos arriba!). Pues, como te puedes imaginar, las monjas realmente no lo apreciaron. Sabían que para expandir mis habilidades en inglés más allá de las frases necesarias para tiroteos y asaltos de bancos necesitarían algo más que moldearme un poco. Créeme, fue más como una reconstrucción total cuando decidieron ayudarme a dominar el inglés tan rápido como fuera posible.

Con el paso del tiempo me acostumbré a mi nuevo hogar e idioma. Irónicamente, para cuando me ofrecieron un puesto de entrenamiento en *Vanidades* (una revista de moda y estilo de vida en español) en mi último año de la universidad, me encontré ante el hecho que, ¡después de tantos años en los Estados Unidos había olvidado como escribir gramaticalmente en español! Rápidamente tuve que aprendérmelo de nuevo para que tuviera éxito en el puesto.

Supongo que todo el entremezclar español e inglés en estos años han resultado en mi estilo único de comunicar en la TV y en las publicaciones. Vengo de la escuela de comunicación "arroz y mango", lunfardo cubano para la mezcolanza. Hay muchos hispanoamericanos en Miami que son completamente bilingües. Su efecto secundario es un fenómeno que se llama "Spanglish", ¡en el cual uno cambia de hablar inglés a español múltiples veces en una sola frase! Miamianos bilingües están tan acostumbrados a hablar Spanglish que no resulta muy natural cuando uno tiene que hablar todo en inglés o todo en español.

Mi Spanglish me ha forzado a experimentar unos momentos inusuales y a veces vergonzosos, como cuando, en una tienda de departamentos me acerqué a la sección de maquillaje con la intención de pedir sombras de color cedro (*cedar*). Todavía puedo ver la mirada de la empleada cuando confundí la pronunciación y le pedí sombreador "*cheddar*". Ella no sabía si mi inglés era malo o si yo quería dictar una nueva moda al rayar los ojos con un bloque de queso añejado.

Mi Spanglish también puede ser difícil para mis hijos. A todo el mundo le da vergüenza, a mis hijos de vez en cuando, pero cuando hablo con el marido americano de mi hija, mis suegros y mi hija me echan una mirada que dice "no-existe-esa-palabra", ¡en estos momentos me siento como mi amiga Charo!

Dejando a un lado todos los retruécanos, malas pronunciaciones y palabras inventadas, me siento bienaventurada por la oportunidad que tuve de aprender inglés y de ser parte de este país fantástico que recibió a mi familia con los brazos abiertos. Estoy tan orgullosa de ser americana como de mi herencia cubana. ¡Que Dios bendiga América!

–Traducción de Allie Canton

CRISTINA SARALEGUI (La Habana, Cuba, 1948) empezó su carrera en la televisión en 1989. Ha recibido doce Emmys, un premio de American Women in Radio and Television, y el premio Hispanic Heritage Arts. Por diez años fue jefa de redacción de *Cosmopolitan en Español.* Su servicio público se destacada por su apoyo a la investigación sobre el SIDA. Es miembro del National Council of the American Foundation for AIDS Research. Ha recibido el premio internacional Simon Weisenthal. Es la autora de *¡Cristina!*

¿Quién se hubiera imaginado que Desi Arnaz no era blanco?

— H. G. CARRILLO —

—¡LAS VANIDADES CUBANAS! —decía una tía mientras otra asentía con la cabeza y una tercera hacía clic con la lengua—, sí, cogieron candela en la Pequeña Habana de Miami durante los años setenta. En esa época, mi madre y cada una de sus hermanas tenían una historia de cuando se les había dicho que "hablaran inglés", cuando ellas pensaban que ya lo hacían. La mayoría de las tías sólo iban de compras a tiendas cubanas, se negaban a ser mujeres que tuvieran que llevar a un niño del segundo grado para traducirles. Todas ellas conocían a alguien que había sido engañado, estafado o intimidado, y si tú sabías algo sobre el tamaño del orgullo femenino cubano, eh, pues, se entiende. "Vinimos a este país para hacerlo funcionar", te dirían todas ellas.

Casi diez años después de la invasión de la CIA en Playa Girón, como si hubiera mucho que preservar, había dos veces más que reinventar. Esto fue antes de que los infomerciales ofrecieran la fluidez del inglés en un paquete de doce discos compactos y un cuaderno de ejercicios; garantizado para divertir a toda la familia por seis meses, todo por veinte pagos fáciles de veintinueve dólares y noventa y nueve centavos, o te devolvían el dinero.

No había instrucciones bilingües en los autobuses ni en los elevadores, no había ningún operador de habla hispana ni cajeros automáticos, ninguno de los pasillos del supermercado tenía secciones de "Comida étnica" o "Productos étnicos para el pelo" donde se pudiera encontrar un champú bilingüe o una *cream*/crema que las hermanas juraban hacía la piel más tersa y suave que sus equivalentes monolingües.

En ese entonces, cuando uno se paraba frente a un escritorio o un mostrador, con ese acento fuerte, vacilante o con una mala conjugación, no faltaban las soluciones simplistas, *¡Aprende el idioma! ¡Ya estás en* América*!* Una monja le dijo una vez a mi madre que creía que yo era retrasado mental puesto que no hablaba mucho, y que la razón de ello era que se hablara español en casa.

Exiliados, refugiados, desplazados —en aquel entonces había docenas de nombres para los que vinimos de Cuba— todavía recibíamos los beneficios del Programa de Socorro para los Cubanos (CRP, por sus siglas en inglés). Había ofertas de empleo, centros que proporcionaban comida regularmente, información sobre mudanzas, el CRP era responsable de encontrar la forma de capacitar a los profesionales, además de proporcionarles gran parte de la ayuda legal que todos pensaban que necesitaban.

Se acudía a la oficina de CRP si buscabas a algún pariente o si no tenías patrocinador. Ellos les encontraron casa a mis padres, a mis hermanas, a mis primos; a tres de las hermanas de mi madre y a sus padres, y hasta los dos gallos de pelea del abuelo —Tarzán y Mongo— de modo que estábamos todos juntos en cuatro apartamentos, ocupando el primer piso completo, con nuestro ruido, nuestro español, nuestra cocina, los juguetes regados y el excremento de los pollos por toda la vivienda de interés social.

Y también fue alguien que tenía que ver con el CRP quien nos dio un televisor a color, un Magnavox de 1964, modelo número 552. Recuerdo la fecha y el modelo con bastante precisión debido a que —después de algunos meses de asistir a la escuela— muchas veces pasé el dedo por debajo del escudo de armas para mostrarle a un primito que realmente no era un *"box"*, como lo pronunciaba el resto de la familia, sino un *"vox"*. "*V, vuh,* como en *Vine*", lo repetía yo del modo en que la maestra lo hacía, diferenciando entre la *v* y la *b* como se hace en inglés, pero hasta el día de hoy, si manejas con mi primo en su "ban" y él escucha una canción que le gusta, te dirá que le "subas el bolume, hombre".

Pero en realidad era una caja. Larga y rectangular, un gabinete de chapa de madera con patas largas y delgadas. Encima tenía un sistema de alta fidelidad, el cual tenía el brazo descompuesto, así que mis primos y yo poníamos el tocadiscos a 45 revoluciones y jugábamos a las carreras con nuestros cochecitos Hot Wheels.

Venía con un solo elepé, y cuando mi tía llevó la copia sin funda de *In-A-Gadda-Da-Vida* de Iron Butterfly al CRP para que le tradujeran el título, lo que sea que le hayan dicho, hizo que lo botara. Algo maligno, supongo, tanto así como para que se necesitara de una segunda quema de salvia blanca y un lanzamiento de las conchas que predecían el futuro; lo primero tomó lugar afuera en el patio del edificio, antes de que mi madre y sus hermanas permitieran que el Vox descansara a lo largo de la pared, enfrente del sofá cama Hide-a-Bed donde yo dormía con mis primos Julio y Enrique.

Casi veinticuatro horas al día, durante los dos años que vivimos ahí, el Vox estuvo prendido. Mis primos y yo aprendimos a dormir mientras mis tíos gritaban, apoyando a boxeadores y jugadores de béisbol para que consiguieran la victoria, y nos acostumbramos a que al volver de la escuela, nos encontráramos con nuestras madres pasándose pañuelos desechables frente a las telenovelas.

Con el comentarista de las carreras —de bicicleta, de esquí, de autos— aprendimos a decir *"And they're off!"* ("¡Y arrancan!"). *The French Chef* nos enseñó a iniciar la comida diciendo "¡*Bon Appetit*!" Nos aprendimos la letra de los temas musicales de las series *La Isla de Gilligan* y el *Granjero Último Modelo* sin saber siquiera qué significaban. Los noticieros: *The Morning News*, *The Evening News* y *The Mid-Day News Report*. *Los Tres Chiflados*, *Los Picapiedra* y *Los Supersónicos*. Siempre estaba encendida. Mi madre, mis tías Rita, Anita y Dolores insistían, y todos nosotros, incluso mis abuelos, mi padre y todos los tíos, capitulábamos.

Sí, mi madre y sus hermanas eran las que trenzaban el pelo, eran las lavanderas, las sirvientas y las cocineras; arbitraban las peleas, vendaban las raspaduras y repartían los zapes. Pero también, cada brasier era una cuenta de banco que nos permitía sobrevivir durante la semana y, de vez en cuando, hasta nos compraban un helado. Los papeles que nos acreditaban como personas legales se guardaban en ollas, bajo bandejas de hielo en el congelador, y se metían en los entrepaños de las fajas sin usar, hasta en los domingos en que las hermanas se ponían a enderezarnos las corbatas y las cintas del pelo, nos limpiaban la mugre con saliva, nos corregían la postura a golpe de bolso, y así nos mantenían a todos juntos.

Hacían de despertador y eran costureras, recortaban cupones y reparaban los cables deshilachados de los aparatos eléctricos, antes de mandar a sus maridos a manejar taxis, descascarar ostras, acarrear pescado y enlatar fruta. Pasaban gran parte de sus días yendo de oficina en oficina, llenando formularios que colocaran a sus esposos en clases, los matriculaban en programas que ayudaban a capacitarlos para los tipos de trabajo o de carrera que habían dejado en Cuba.

Al parecer de todos nosotros, las hermanas se movían sin miedo en un mundo que había reducido a mi padre y a mis tíos a la fatiga y el silencio. Afuera, ese mismo ambiente que hizo que mi padre se parara en la ducha, y que mi tío Tudy se desplomara sobre una cerveza en la cocina, y que mi tío Chucho se durmiera sentando en ropa de calle, que hizo que los abuelos tuvieran un aspecto silencioso y disminuido, vigorizó a las hermanas.

Se enseñaron entre ellas las rutas más rápidas, las paradas de autobús más prácticas, y a nosotros los hijos que teníamos más de diez años nos enseñaron a decir que teníamos siete u ocho para que pudiéramos pasar gratis, y decir cosas como *"Tell them, 'I will not!'* como Ann Marie en *That Girl"*.

Ellas nos tomaban la temperatura con el dorso de la mano y nos enseñaron a decir *"I see"* como Shana Alexander en vez de asentir con la cabeza, puesto que te hace ver más inteligente mientras piensas en qué decir después. Mientras enrollaban los centavos, podían recitar de memoria los números telefónicos de las oficinas de gobierno y las extensiones que las conectaban directamente con alguien que hablara español. Pero lo que llevó el inglés a nuestro hogar fue el que ellas fueran grandes recaudadoras de chismes y de cognados.

Así como era de fuerte el olor a ajo frito y a cebolla entre esos cuatro apartamentos, así de fuerte era la preocupación por aprender inglés; realmente nadie hablaba de eso pues nadie estaba seguro de cómo íbamos a lograrlo. —Especialmente para ustedes, hijos —decía una tía, y otra asentía con la cabeza y hacía clic con la lengua—, sí, queremos que todos ustedes lo hablen muy bien y así tengan más oportunidades.

Y fue por casualidad que mi tía Rita descubrió que si se veía como la Sra. Kravitz en *Bewitched* y contaba lo que sabía sobre cierto tendero casado y una enfermera, el hombre que nos medía los zapatos se pasaba la mayor parte de la tarde mostrándonos que zapatos y *shoes* eran la misma cosa. Aprendimos que aunque los zapatos tenis eran *tennis shoes*, y que lo que llamábamos zapatillos eran otra cosa y que sólo debíamos llamarlos *shoes*,

—Ese hombrecito sólo se sentaba, ahí, en su sillita —Rita recuerda que él nos dijo que a los hoyos se les llamaban *eyelets*, a los cordones/*laces* y que la lengüeta se llamaba *tongue*, igual que la lengua de la boca—, esperando, como Floyd el Peluquero en el programa *The Andy Griffith Show*, para que yo le contara un poco más".

En una botánica, tía Anita le avisó disimuladamente a la dueña que una mujer estaba robando en la parte trasera de la tienda, después de lo cual, cada vez que ella entraba a la botica, salía con más palabras en inglés que nos transmitía durante la cena. Así fue como aprendimos que cambio se decía *change*, "Como una ché", le dijo la mujer, "ché-a-n-n-g-e".

Ellas cantaban "Qué será, será" y sacudían la cabeza, como Doris Day en su comedia de corta duración, cuando la gente les trataba de tomar el pelo, o las ignoraba en la cola, o hacían como que no entendían lo que ellas decían. A nosotros los hijos nos alentaron a decir "*Yes sir*" y "*No sir*" a gente extraña como si fuéramos Buffy y Jody en *Mis adorables sobrinos;* y mantener nuestra ropa limpia, porque aunque no entendiéramos lo que nos decían era importante que se viera que éramos gente decente. Lo hicimos por mucho tiempo: intentábamos hacer en el mundo lo que veíamos y oíamos en el Magnavox y volvíamos para informar de nuestros éxitos y fracasos. Y aunque mi madre usaba este tipo de información, la cual nos metió en la cabeza, le parecía que ese método de aprender un idioma era muy ineficiente.

Ella sabía que el CRP les ofrecía a las familias clases de idiomas, o las ponía en contacto con profesores particulares. Aunque teníamos vecinos que contaban con libros y citas regulares con profesores, cada vez que mi madre iba en el autobús a la oficina indicada en algún folleto, o a la que había sido dirigida por alguien del CRP, siempre se encontraba con que las clases estaban llenas, o nos ponían en una lista de espera.

Y era el chisme, por los tendederos a lo largo de todo el patio del edificio, cuando una mujer se jactaba de todo el inglés que ella y su esposo estaban consiguiendo. Mi madre dice que lo único que hizo esa mujer cuando ella le contó acerca de todas las colas que había hecho, de las listas de espera en las que se había anotado y las demoras que sufríamos sin explicación, fue señalarle el brazo. Y realmente no hubo nada que saliera del Magnavox que nos hubiera preparado o que nos hubiera dado palabras para nombrar eso. El personaje de Diahann Carroll como *Julia* era tan capaz, si no es que más, como la madre de Earl J. Wagadorn, por lo tanto debía tener tanto derecho a todo lo que ofrecía el país como cualquiera. Nada nos enseñó que *blancura* equivalía a *aclaración* y que *negritud* quería decir sencillamente eso, *negritud*.

Todos sabíamos que "negro" quería decir *black* y que todos nosotros, a excepción de mi tío Sergio, éramos *negros*. Sin embargo, algo que no nos quedaba claro, era la declinación histórica de la traducción que sistemáticamente desnudaba de su etnicidad a los cuerpos negros una vez que llegaban a las costas de los EE.UU. y la discriminación arraigada que esto conllevaba. Hace diez años, cuando mi dentista quería "poner las cosas en claro", me preguntó si era cubano o negro, yo le hubiera tenido una respuesta lista. Si él no hubiera tenido casi todos sus dedos en mi boca, le habría preguntado si él era blanco o nacido en los Estados Unidos. Pero en aquellos tiempos, los cubanos negros conformábamos tan sólo un tres por ciento de los refugiados políticos cubanos; de modo que de repente nos convertimos en negros de los EE.UU., y ninguno de nosotros entendimos por completo las implicaciones de tal cognado.

—Por eso conseguimos el Magnavox —decía una tía, mientras las otras hermanas asentían. Nosotros, especialmente los niños, íbamos a hablar bien, a sonar como americanos, no íbamos a avergonzarnos cuando abriéramos la boca.

El Magnavox estaba prendido como si fuera un guía. Eso podría explicar la impecable imitación que hace mi hermana de Katherine Hepburn, antes de que le diera el mal de Parkinson. En esa época, mi primo Enrique, que no tenía más de tres o cuatro años, parloteaba inmediatamente *"Cools the burn, eases the pain"*, si alguien decía la palabra mencionaba la palabra *"cool"* en su cercanía.

Durante los dos años o más en que vivimos juntos, la televisión siempre estuvo encendida. Eran los inicios de *Sesame Street*, pero eso no les hubiera importado a mi madre ni a sus hermanas quienes insistían en que la educación se encontraba en todas partes, por lo que no habían programas favoritos, con la excepción de *El Show de Lucy*.

Las únicas veces en que estábamos todos juntos, frente a la tele, eran durante las dos transmisiones diarias de *El Show de Lucy*. Nos juntábamos y nos apachurrábamos en el sofá cama, no para ver a "Lucy" sino a "Desiderio Alberto Arnaz y de Acha, III". Muchos de nosotros aprendimos a pronunciar mal su apellido como lo hacía el locutor —Arnéz en vez de Arnaz— pero el abuelo solo se refería a él como el señor Arnaz, porque recordaba cuando el padre de Arnaz había sido el alcalde de nuestro pueblo de origen, Santiago.

Era una relación extraña y desconcertante; como esa que el abuelo tenía con los dominós que nunca permitió que nadie tocara, o con los gallos de pelea que insistía que había comprado pero que nunca peleó. Porque si existía alguna conexión entre nuestra familia y la familia Arnaz, quienes afirmaban ser de sangre azul, además de nuestro lugar de origen, era La Esclavitud. Aunque ahora ninguno de mis tíos reconozca haberlo visto, creo que sí lo vieron, así como nosotros los niños; pues en aquel tiempo Arnaz era la única persona en la televisión que sonaba como nosotros, sonaba como los de la calle donde vivíamos, sonaba como la mayoría de la gente de la Pequeña Habana.

Si ahora ese programa se sale en algún cuarto, mi madre o sus hermanas dicen: —Mira, es *"I Hate Lucy"* —, pero en aquella época, Arnaz era la figura más romántica que se pudieran imaginar.

Si alguien nos hubiera preguntado: "¿Dónde está su hogar?" hubiéramos dicho, Santiago de Cuba. Y Arnaz, en lo que les concernía a mi madre y sus hermanas, era su representante, su guía y mentor pues había dominado el idioma, había tenido éxito y había sobrevivido. Y supongo que se lo imaginaron envejeciendo con una Lucy canosa y sus dos hijos y todos sus nietos a su alrededor, hasta que mi madre volvió a casa después de ir a una de las oficinas del CRP, con la noticia de que Arnaz y su esposa se habían divorciado hacía mucho tiempo.

Había sido una mujer, no una cubana —No, nunca una cubana —respondería ahora otra tía haciendo clic con la boca—, que hablaba español y le había contado a mi madre. Como nunca se perdía la oportunidad de chismear, mi madre le preguntó: —¿Por qué se divorciaron ellos?

Y sea lo que sea que le haya dicho a mi madre, parece que aunque blanco quiere decir *white*, cuando pasa por el Estrecho de la Florida se traduce a sí mismo en *Latino*. La mujer, indicándole con un gesto a mi madre que se inclinara, le cuchicheó: —¿Tú sabes lo difícil que pueden ser esas mezclas?

Y si ahora le preguntas a mi madre y a mis tías sobre esto, te dirán: —¿Quién se lo hubiera imaginado? —como si se sobrentendiera.

—Traducción de Liliana Valenzuela y Rachel Edelman

H. G. CARRILLO (Santiago de Cuba, Cuba, 1960) es autor de la novela *Loosing My Espanish*. Es profesor en The George Washington University y ha publicado en diarios y revistas como *Kenyon Review*, *Bomb* y *Iowa Review*. Entre sus distinciones se incluyen una beca de la Newberry Library y dos premios Arthur Lynn Andrews por su obra de ficción.

Las palabrascho-cabanunasconotras

– ESMERALDA SANTIAGO –

de Casi una mujer

UN DÍA YOLANDA ME PIDIÓ que la acompañara a la biblioteca. Le dije que no podía porque Marni nos tenía prohibido que nos quedáramos en ningún sitio, sin permiso, de regreso a casa. "Pídele permiso y vamos mañana. Si traes un papel que diga dónde vives, te pueden dar una tarjeta", me sugirió Yolanda, "y puedes sacar libros prestados. Gratis", añadió cuando titubeé.

Yo había pasado por la Biblioteca Pública de Bushwick muchas veces y me habían llamado la atención sus pesadas puertas de entrada enmarcadas por columnas y las anchas ventanas que miraban desde lo alto al vecindario. Alejada de la calle, detrás de un cantito de grama seca, la estructura de ladrillos rojos parecía estar fuera de lugar en una calle de edificios de apartamentos en ruinas, y enormes e intimidantes proyectos de viviendas. Adentro, los techos eran altos con aditamentos y lámparas colgantes sobre largas mesas marrón, colocadas en el centro del salón y cerca de las ventanas. Los estantes alrededor del área estaban repletos de libros cubiertos de plástico. Cogí uno, de una de las tablillas de arriba, lo hojeé y lo devolví a su sitio. Caminé todos los pasillos de arriba a abajo. Todos los libros eran en inglés. Frustrada, busqué a Yolanda, me despedí en voz baja y me dirigí a la salida. Cuando iba saliendo, pasé por el Salón de los Niños, en donde una bibliotecaria estaba leyéndole a un grupo de niños y niñas. Leía despacio y con expresividad, y después de leer cada página viraba el libro hacia nosotros para que pudiéramos verla. Cada página tenía sólo unas pocas palabras y una ilustración que clarificaba su sentido. Si los americanitos podían aprender inglés con esos libros, yo también podría.

Después de la sesión de lectura, busqué en los anaqueles los libros ilustrados que contenían las palabras que necesitaría para mi nueva vida en Brooklyn. Escogí libros del alfabeto, de páginas coloridas donde encontré: *car, dog, house, mailman*. No podía admitirle a la bibliotecaria que esos libros tan elementales eran para mí. "*For leettle seesters*", le dije, y ella asintió, me sonrió y estampó la fecha de entrega en la parte de atrás del libro.

Paraba en la biblioteca todos los días después de clase y en casa me memorizaba las palabras que iban con las ilustraciones en las enormes páginas. Algunos conceptos eran difíciles. La nieve era representada como inmensos copos multifacéticos. Hasta que vi la nieve de verdad, me la imaginaba como una cortina elaborada, tiesa y plana que podría capturar con la punta de los dedos.

Mis hermanas y hermanos también estudiaban los libros y nos leíamos en voz alta las palabras tratando de adivinar la pronunciación. "*Ehr-rahs-ser*", decíamos en lugar de *eraser*. "*Keh-neef-eh*", por *knife*. "*Dees*" por *this* y "*dem*" por *them* y "*dunt*" por *don't*.

En la escuela, escuchaba con cuidado y trataba de reconocer aquellas palabras que sonaban como las que habíamos leído la noche anterior. Pero el inglés hablado, a diferencia del español, no se pronuncia como se escribe. *Water* se convertía en "*waddah*", *work* en "*woik*" y las palabraschocabanunasconotras en un torrente de sonidos confusos que no guardaban ninguna relación con las letras cuidadosamente organizadas en las páginas de los libros. En clase, casi nunca levantaba la mano porque mi acento provocaba burlas en el salón cada vez que abría la boca.

Delsa, que tenía el mismo problema, sugirió que habláramos inglés en casa. Al principio nos destornillábamos de la risa cada vez que nos hablábamos en inglés. Las caras se nos contorsionaban en muecas, nuestras voces cambiaban y las lenguas se nos trababan al tratar de reproducir torpemente los sonidos. Pero, según los demás se nos fueron uniendo y practicábamos entre nosotros, se nos fue haciendo más fácil y ya no nos reíamos tanto. Si no sabíamos la traducción para lo que estábamos tratando de decir, nos inventábamos la palabra, hasta que formábamos nuestro propio idioma, ni español ni inglés, sino ambos en la misma oración, y a veces, en la misma palabra.

"Pasa mí esa sabaneichon", le decía Hector a Edna para pedirle que le pasara una
sábana.

"No molestándomi", le soplaba Edna a Norma cuando ésta la molestaba.

Veíamos la televisión con el volumen bien alto aunque Tata se quejaba de que oír tanto inglés le daba dolor de cabeza. Poco a poco, según aumentaba nuestro vocabulario, se fue convirtiendo en un vínculo entre nosotras, uno que nos separaba de Tata y de mami que nos observaba perpleja, mientras su expresión pasaba del orgullo, a la envidia, a la preocupación.

ESMERALDA SANTIAGO (San Juan, Puerto Rico, 1948) entre sus libros se incluyen *Cuando era puertorriqueña, El amante turco, y Casi una mujer,* este último adaptado por PBS Masterpiece Theatre. Sus artículos han sido publicados en *Sports Illustrated, Latina, The New York Times, y El Nuevo Día* entre otros. Sirve como portavoz voluntaria de las bibliotecas públicas y es cofundadora de un refugio para mujeres maltratadas y sus hijos. Tiene una Licenciatura de Harvard, una Maestría de Sarah Lawrence College, y entre sus varios Doctorados Honoríficos se incluye uno de la Universidad de Puerto Rico.

Realmente

— JOSEFINA LÓPEZ —

CUANDO YO TENÍA CINCO AÑOS, me fui de San Luis Potosí, México, hacia Los Ángeles con mi madre y hermanita. Me acuerdo que estábamos esperando en la estación de buses en Tijuana por mi papá para que nos recogiera. Yo caminaba alrededor de la estación jugando con mi hermanita. Nosotros nos acercamos a dos mujeres en pantalones de dril que estaban sentadas y fumando cigarrillos. Ellas estaban hablando en un lenguaje que yo no entendía. Yo me mantuve mirándolas fijamente tratando de saber qué estaban diciendo. ¿A dónde irían? ¿De dónde eran? Yo quería ser como esas mujeres sin niños ni esposos. Ellas se veían independientes, tenían un aire de confianza y una calidad indescriptible que las hacía muy especiales. Yo deseaba saber si era el lenguaje que les daba la confianza o era la autoridad que luego aprendí. Yo quería tener lo que ellas tenían y también aprender el inglés.

La primera palabra que aprendí fue *sorry*; (lo siento). La aprendí porque pensaba que sonaba como "zorrillo". Asocié la palabra *sorry* con el zorrillo. Yo me acordaba de ella rápidamente porque si uno huele mal como un zorrillo, debía decir "*I'm sorry*".

Yo tuve que usar esa palabra cuando estaba en segundo grado y tenía diez años. Yo le dije a mi maestra de Íngles como Segunda Lengua (ESL) que necesitaba ir al baño pero ella no pensó que fuera en serio. Ella me dijo que tenía que esperar hasta el recreo que era en dos horas. Yo bajé la cabeza y me senté, trataba de encontrar palabras que usar para convencerla de que me dejara ir al baño, pero no encontraba las palabras. Me meneaba en mi asiento tratando de aguantar la orina. Tenía la vista clavada en el reloj esperando que las dos horas pasaran rápido. Traté de aguantar mi orina por un buen tiempo, pero ni las oraciones a Dios me ayudaron porque me oriné en los pantalones. Traté de mantenerlo en secreto pero cuando la

Srta. García, la asistente de la maestra, me vio con varios papeles de toallas, ella descubrió de mi vergonzoso secreto.

Le dije "*I'm sorry*". La Srta. García, discretamente, le dijo a la maestra lo que me había pasado. Mi maestra, entonces le preguntó, "¿Por qué ella no me dijo que *realmente* tenía que ir al baño?". Mi maestra estaba un poco molesta y también se sentía culpable. "Yo *realmente* tenía que ir al baño", eran las palabras que yo habría deseado saber hacia una hora antes. "*Really*" —realmente— era la palabra mágica. Luego me di cuenta que las personas están acostumbradas a que les mientan, y se tiene que decir *really* para que ellos sepan que estás diciendo la verdad. Me mandaron a la enfermería para que me dieran un vestido y me mandaron a casa. En el camino a casa admiraba mi nuevo vestido. Pero me prometí que aprendería inglés muy bien para que esto no me sucediera otra vez. Realmente.

—Traducción de Tiffany Lim

JOSEFINA LÓPEZ (San Luis Potosí, México, 1969) es autora de la obra *Real Women Have Curves* y co-escritora de la película homónima que ganó el premio de la audiencia del Sundance Film Festival. Recibió una beca del California Council on the Arts y obtuvo una Maestría de UCLA. Más de cien representaciones teatrales de sus obras han sido presentadas al público. Enseña dramaturgia en Boyle Heights, en Los Ángeles.

Lecciones de inglés y el sistema Berlitz

— GERMÁN ARCINIEGAS —

de *En el país del rascacielos y las zanahorias*

UN INGLÉS QUE EN ALGO SE estime se presenta de esta manera: "Soy Mr. John Nielsen, Ene-i-e-ele-ese-e-ene". Obedece esto a que en inglés se supone que una palabra se pronuncia de un modo —cosa que no es exacta—, pero en todo caso puede escribirse de mil maneras.

Ocurre que aún el deletreo puede no ser del todo claro, principalmente si se hace por teléfono. En este caso lo más discreto y acostumbrado es decir: "Mr. Arciniegas. 'A' como en Argentina, 'R' como en Rusia, 'C' como en Colombia, 'I' como en Irlanda, 'N' como en Nicaragua, 'I' como en Italia, 'E' como en Estonia, 'G' como en Grecia, 'A' como en Afganistán, 'S' como en Somalilandia". De esta manera, siendo el idioma de Shakespeare —y el lector excusará que no presente a Shakespeare por todas sus letras—, tan conciso, un apellido puede extenderse indefinidamente.

Para ofrecer al lector un caso práctico, he aquí lo que ayer me ocurrió. Debía llamar por teléfono al profesor Nielsen, que se pronuncia Nilson, y que se deletrea como dejo escrito. En el libro de teléfonos busqué su nombre, y leí: "Nielsen (si usted no encuentra aquí el nombre que busca, vea Nealson, Neilsen, Neilson, Nilsen, Nilson, o Nilsson)". Estas son las siete maneras que se tienen para decir Nilson.

Al deletrear un apellido usted puede mostrar una deferencia especial hacia la persona a quien se dirige, tomando como guía para las letras algo que le atraiga especialmente. Si se trata de un agricultor, usted puede decirle: "Arciniegas, A alcachofa, R rábanos, C coliflor, etc." y componer una especie de jardín de la victoria con todas las hortalizas de su predilección. También, algunas personas aprovechan esta oportunidad para hablar de su país —yo siempre digo C como en Colombia—, o para anunciar sus productos. Recuerdo que el señor Mejía, un antioqueño que tenía aquí la representación de los cafeteros, empezaba siempre a deletrear su nombre Medellín, Excelso... (Ésta es la mejor marca de café antioqueño.)

Las confusiones no quedan limitadas al minúsculo accidente de los apellidos. Como tesis fundamental usted puede decir que toda palabra inglesa es un jeroglífico. Yo publiqué un libro, que en la edición española se dice *El Caballero del Dorado*. Aquí, *The Knight of El Dorado*. Pero como en inglés noche y caballero se pronuncian del mismo modo, cuando hablo de mi libro nadie sabe si he escrito un nocturno a una obra de caballería.

En los programas de teatro, para salir del paso, en vez de escribir noche "*night*", como está en los diccionarios, ponen "*nite*", que es como suena. Esto puede significar lo mismo noche que caballero, pero la indicación de 8pm permite saber que se trata de la noche. La "gh" que han suprimido en los programas es una combinación de dos letras que en inglés se usan por despistar.

Cuando se publicó la supradicha versión de mi libro, los editores pusieron en la cubierta una advertencia: "German Arciniegas (se pronuncia Hair máhn Ar-seen-yáygus)". La advertencia era indispensable. Pero si el lector quiere saber más sobre la suerte de mi apellido en este país, puedo informarle que un día en el periódico anunciaron una conferencia mía, así: "Hoy dicta una conferencia sobre la América Latina el doctor Arthur Nagus".

La dificultad del inglés está en la emisión de los sonidos que nosotros no podemos producir como los místeres. Cuando se da cuenta el profano de que cada letra de las vocales se pronuncia de cuatro o cinco modos distintos, este desfallece. El esfuerzo que se realiza para producir "eres" o "eses" no sólo causa una gran fatiga a quienes estamos acostumbrados al español, sino que en el rostro deja una impresión dolorosa, de gran torpeza. Yo suelo dar siempre esta explicación a mis colegas del profesorado: "Yo no soy bobo: es que no sé inglés. . .". Esto lo digo en una forma confidencial, que ellos hacen correr confidencialmente, a su turno: "No, el hombre no es bobo; es que no sabe. . .".

Mi experiencia es que a lo que más se parece el idioma inglés es a una enfermedad. Es lo que, gramaticalmente se diría, el mal de la lengua. Sus manifestaciones son la cara de enfermos que ponemos al hablarlo, y la fatiga que nos deja. Cuando, después de dos o tres años, vuelven a encontrarse dos amigos que han viajado por los Estados Unidos, su primera conversación parece conversación de clínica: "Mira, yo sigo muy mal del inglés, he mejorado en la pronunciación pero me siento cada vez peor en el *espelin*" ("Spelling", que en inglés, significa ortografía, nosotros, los de origen español, decimos *espelin)*.

El único consuelo es ver a los místeres pasar los mismos trabajos en nuestra tierra. Todos recordamos aquella bonita anécdota que se cuenta de Carlos V, quien llegó a España sin saber palabra del idioma y pasaba las horas escuchando, sin desatar verbo. Un día llegó a decirle un baturro, viéndole con la boca abierta, en la plaza del pueblo: "Majestad, cierre usted la boca, mire que las moscas de este pueblo son insolentes. . .". Después de todo, Carlos V no era un tonto. Y si unas veces ponía cara de idiota y otras de cólico, no era sino por una cuestión de la lengua.

El sistema Berlitz

Menlo Park, 1939. – En las grandes ciudades americanas se aprende el inglés como por taquigrafía. No obstante, este idioma tiene hoy más palabras que el castellano, el público se reduce a usar unas ochenta, que pronuncia comiéndose la mitad de las sílabas y escribe quitando todas las letras que puede quitar. Donde usted ve U debe leer *you*; donde X, *kiss*; donde nite, *night*. A los quince días usted tiene ya este idioma sintético y con él se hace entender sin dificultad. A veces le sobran palabras. Si usted va al granero, al "5 y 10", o a la droguería, no tiene que hablar: toma la mercancía con sus manos, paga, dice "gracias" y todo está concluido.

En esto el mundo americano es la antítesis del mundo español. Yo voy a comprar aquí un trozo de hielo y le digo al hombre de la refrigeradora: "quince". Él entiende que deseo un trozo de hielo de quince centavos. Me responde O.K., coloca el hielo en el baúl del automóvil, toma los quince centavos, y se acabó. A veces dice: "linda mañana", yo le respondo "bella", y con este toque de amistad queda el negocio perfecto como una obra de arte.

En España el asunto ocurre de otra manera. "Tenga usted la bondad y me vende quince centavos de hielo", debería decirle, para un caso semejante, al vendedor. Su respuesta sería veloz: "¿Cómo está su madre? Vea usted que los toros de ayer fueron un desastre. ¿Se imagina usted que puede hacerse algo peor? . . .", etc. Es decir: que en España el hielo vendría por añadidura, y mientras tanto el extranjero tendría una clase de español riquísima.

El sistema "Berlitz" se funda en la experiencia americana de la vida. Es un método para aprender a conversar. Ahí no entran en cuenta ni gramáticas ni vocabularios. La cúspide adonde llega el estudiante se concreta en esta sentencia que oí en la escuela cuando aprendía idiomas, y jamás he podido olvidar: "El libro verde es más grande que el libro colorado que está sobre la mesa".

Por el sistema "Berlitz", honestamente captado en una escuela americana, usted puede llegar a un almacén y decirle al vendedor: "Mi cabeza es más grande que el sombrero negro que está detrás del vidrio". Con esto, el dependiente quedará en condiciones de saber que usted desea un sombrero más grande, y que quiere comprar un sombrero. Pero aun para este caso el sistema resulta demasiado efusivo. Le sobran al comprador las diez o doce palabras de la frase, porque lo que se acostumbra es decir "sombrero", "poner la cabeza" y "pagar".

Quizás por estas razones son inútiles los millares de palabras que registra el diccionario inglés.

GERMÁN ARCINIEGAS (Bogotá, Colombia, 1900-1999) fue escritor, historiador, periodista, educador, y diplomático. Entre sus numerosos libros se incluyen *En el país del rascacielos y las zanahorias*, *América: 500 años de un nombre* y *Entre la libertad y el miedo*.

Soda y nylon: Aprender inglés no fue un 'pignic'

— GUILLERMO LINARES —

APRENDER INGLÉS HA SIDO un proceso largo para mí. Mi primer encuentro con el lenguaje se dio durante el verano de 1965 en Santo Domingo, la capital de la República Dominicana. Tenía 14 años y era la primera vez que tres de mis hermanos y yo estábamos en una ciudad bulliciosa muy lejos de nuestra finca en la rural Carera.

Nuestros padres estaban en Nueva York. Finalmente habían recibido sus tarjetas de residencia e inmediatamente pidieron a cuatro de los siete hijos que habían dejado. En Santo Domingo, el medio año que esperaríamos para tomar nuestro vuelo a Nueva York, se sentía demasiado largo. Nos alojamos con un amigo de la familia en un barrio peligroso que se llamaba Villa Juana.

Santo Domingo estaba bajo la ocupación militar estadounidense, y se nos era prohibido vagar por las calles. Los disparos de las ametralladoras acompañaban nuestro desayuno y almuerzo y hacía añicos nuestras tardes. Un día, dentro de la casa y aburrido, le pregunté a uno de los jóvenes que vivía en la casa, cómo decir *adiós* en inglés. "*Goodbye*", él respondió. Unos minutos después, vi pasar un Jeep militar, frente a la casa y les grité a los soldados la palabra que acababa de aprender, diciéndole adiós con la mano como un gesto amistoso. El joven que me había enseñado la palabra me miró con incredulidad. Él corrió hacia fuera a encontrar el Jeep y empezó a gritar, "*YANKEES, GO HOME! YANKEES, GO HOME!*". Él quería estar seguro de que los soldados comprendieran que ahí eran rechazados, que eran parte de una fuerza invasora. Fue hasta mis años en la universidad que comprendí completamente el contexto de la invasión militar, cuando leí sobre la historia estadounidense-dominicana. Hasta entonces, comprendí el enfado de aquel chico.

Estábamos muy emocionados cuando, finalmente, nos pudimos reunir con nuestros padres en un edificio de seis pisos en localizada en la sección East Tremont del Bronx. Mi primer día, ahí, mi madre me envió a hacer un mandado, me dio un dólar y me pidió que fuera a comprar una *soda* en la tienda del barrio.

Cuando entré en la tienda, comencé a mirar alrededor y el propietario me preguntó en español con qué podía ayudarme. Yo le dije y él me indicó una nevera llena de refrescos. Solo miré fijamente las botellas. Él me preguntó otra vez y le dije que estaba buscando algo en una caja, no en una botella, y no estaba fría. Le dije que era bicarbonato de soda. Me llevó a un pasillo donde le quitó el polvo a una caja y me la dio.

Cuando regresé a casa con la caja, mi mamá se sorprendió y me dijo que no era la que quería. Ella había olvidado que en la República Dominicana, usábamos la palabra refrescos para *sodas*. Regresé a la tienda, avergonzado a cambiar el bicarbonato de sodio, y el propietario me confesó que le había sorprendido mi pedido.

La misma semana que llegué, mi mamá presionó al propietario de la bodega, a Don Rafael, a contratarme. Un día él tenía que hacer algunos mandados y me dejó encargado de la tienda. Una mujer vino, quien me parecía Latina y esperaba que produjera palabras familiares. "Quisiera unas medias", dijo en inglés. No tenía ninguna idea de lo que estaba hablando y la miré con un gran signo de interrogación en la cara. "¿Tienes medias?". Guardé silencio. La tercera vez que ella lo dijo, señaló a la pared detrás de mí para ayudarme a descubrir lo que estaba buscando. Giré y vi baldas y estantes de casi todo, y empecé a señalar cada cosa, esperando atinarle a lo que quería. Señalé una lata de sardinas, unas cajas de harina de repostería, y después un saco de arroz. Ella negó con la cabeza y jadeó. "*Nylons—nylons—nylons*", exigía ella. Yo respiré con suspiro de alivio. Sabía lo que era un nylon. Era el hilo que usaba para ir de pesca en mi ciudad natal. Busqué frenéticamente en toda la pared para poder encontrar ese hilo de pesca pero no estaba por ningún lugar. El vapor empezaba a salir de su cabeza. En ese momento Don Rafael entró y cogió un par de medias de un estante.

Dejé el trabajo en la bodega después de que un hombre entró con una escopeta de doble cañón. No necesité ninguna traducción. Había trabajado por más de un año en la bodega y aprendía inglés poco a poco, bastante como para llegar a trabajar en el supermercado del barrio.

Cierta tarde, un cliente tiró unas botellas de vidrio en uno de los pasillos. El sub-gerente me convocó al escenario, y me dijo que corriera a la bodega y trajera *sawdust*. Yo permanecí quieto por un momento, no comprendía. Antes de que pudiera decir algo, me gritó que fuera y regresara aprisa. No entendía por qué me estaba pidiendo *sodas* cuando algo se había roto en el piso. Así, corrí hacia la bodega y cogí una caja grande de Coca-Cola y regresé con la caja pesada. Cuando me vio doblar por el pasillo con la caja, se puso las manos en la cabeza y gritó, "¿Qué demonios haces?". Me mandó a dejar la caja y recoger el tiradero. En seguida, le mandó hacer lo mismo a otro dependiente, y finalmente todo tuvo sentido.

Durante mi tercer año en la universidad, un primo mío viajó de Venezuela a Nueva York para terminar la escuela y aprender inglés. Acababa de empezar a trabajar en otro supermercado y logré conseguir un trabajo para él.

En su primer día en el supermercado, trabajamos en lados opuestos, poniéndole precios a las latas. La mayoría de los clientes en la tienda sólo hablaban inglés, entonces cuando alguien se le acercó por primera vez a pedirle ayuda, me dirigió a la persona. Para ese entonces, tenía un buen dominio del inglés como resultado de la práctica en el trabajo y la escuela.

Mi primo me envió a otro cliente. Después una mujer se le acercó y en una voz alta le preguntó, "*¿Do you have 'Spic and Span'?*". Él hacía juego con su altura. "*Yes, Yes, I speak Spanish! I speak Spanish!*". La mujer no podía comprender su respuesta y no estaba segura si él estaba burlándose de ella. Yo le expliqué que él no sabía inglés y ofrecí ayudarla a encontrar el *Spic and Span*, un producto para limpiar pisos.

Durante mi primer semestre en la universidad, tomé un curso de escritura en inglés. El primer día de clase, el profesor le pidió a cada uno de los estudiantes que escribiera un ensayo sobre una de sus experiencias durante el verano. Decidí escribir sobre un día de campo con mi familia, en nuestro natal Cabrera. Cuando el profesor pidió voluntarios para compartir sus historias, yo fui unos de los pocos que saltaron a tomar la oportunidad. Él les pidió a todos los voluntarios que escribieran el título de sus historias en la pizarra. Cuando escribí el mío, oí susurros y risitas tontas detrás de mí. El profesor dijo que había un error con una de las palabras que había escrito. Yo eché otro vistazo pero no podía encontrar la equivocación en mi título, que se leía así, *"My Experience With a Pignic in the Dominican Republic"*. El profesor y los estudiantes dijeron que había deletreado mal la palabra *"picnic"*. Pero yo era como una de las mulas viejas de Cabrera. Les dije que cuando nosotros teníamos días de campo en mi ciudad natal, mi familia siempre asaba un cerdo (pig).

El leer libros de texto en la universidad, y después enseñar el quinto y sexto grado, y más de quince años de trabajo voluntario enseñando inglés como segundo idioma y la alfabetización para adultos, sirvieron de base para el inglés que hoy sé.

—Traducción de Kiley Wong

GUILLERMO LINARES (Cabrera, República Dominicana, 1951) ha sido taxista, maestro, y miembro del Consejo de la Ciudad de Nueva York, elegido en 1991. Obtuvo su Licenciatura y su grado de Maestro en Ciencias de City College of New York y su Doctorado en Educación de Columbia Teachers College. En el año 2004, el alcalde de Nueva York lo nombró su Comisario de la Oficina de Asuntos de Inmigración.

Aprendí inglés con buena comida y un buen lanzamiento

— JUAN MARICHAL —

A FINALES DEL INVIERNO DE 1958, cuando me reporté por primera vez en el campo de entrenamiento de la liga menor de los Gigantes, tanto la barrera del idioma como los alrededores desconocidos de los Estados Unidos me hicieron sentir extraño e incómodo. A los Gigantes les gustaba que sus lanzadores empezaran su entrenamiento muy temprano y, así permitirles avanzar a su propia velocidad, y para un hispanohablante no era nada fácil adaptarse inmediatamente.

Así, me convertí en un lanzador del equipo Michigan City, Mississippi. Quizás la parte más difícil de mi vida en el béisbol organizado, fue facilitada por Buddy Kerr, el gerente, porque para un latinoamericano que no hablaba inglés, el viajar por el Sur de los Estados Unidos no era exactamente la oportunidad más maravillosa en el mundo.

Nuestro equipo viajó trescientas millas en autobús desde Sanford, Mississippi hasta Michigan City, y mientras estábamos en el Sur, no había restaurantes que les sirvieran a los negros o los dominicanos o los puertorriqueños del equipo. Nos quedábamos en el autobús y Kerr mismo, entraba y nos traía la comida.

Para la temporada de 1959, ascendí al equipo de Springfield, Massachussets, de la Liga Oriental, y en 1960, ascendí al equipo AAA en Tacoma, Washington, el que estaba bajo la gerencia Red Davis.

Estuve en Tacoma, sólo la mitad de una temporada. Tom Sheehan, el gerente de Los Gigantes de San Francisco, me llevó al "Big Show". Tenía veintiún años en esa época, y era la única de las ligas mayores que yo había visto en la televisión cuando estaba jugando en Mississippi.

Felipe Alou, de la República Dominicana, y Orlando Cepeda, de Puerto Rico, estaban jugando ya con el club de San Francisco. En menos de un año, nos juntaríamos gracias al hermano de Felipe, Matty, Jose Pagan y Manny Mota. Yo ya conocía a los Alous, desde la casa, así que reunirme con Felipe fue un gran alivio. Cepeda y yo nos hicimos compañeros y amigos instantáneamente. Para mí, la presencia de Felipe, cuando me uní a los Gigantes, fue especialmente afortunada, pues él era vecino de una mujer maravillosa que se llamaba Blanche Jonson, y ella y su esposo me rentaron una habitación. Cuando Matty Alou llegó de Tacoma, también le rentaron una habitación. Los Johnsons eran extremadamente aficionados de Los Gigantes y estaban muy contentos de tener a algunos de los jugadores en su casa. Su casa era muy pequeña, dos dormitorios y un baño, pero ciertamente eso era mucho mejor que en la República Dominicana o en las ligas menores. Blanche nos enseñó inglés y cómo vivir en los Estados Unidos, y en intercambio, le enseñamos cómo cocinar arroz con pollo y otras comidas dominicanas.

Una de sus técnicas más exitosas era enviarnos al supermercado con la lista de las compras. Las primeras veces, me tomó muchas horas pero, raras veces la lista variaba, así que las compras eran más y más fáciles en cada viaje. También, todas las mañanas antes de ir al estadio de béisbol, ella nos daba lecciones de inglés usando tarjetas de vocabulario. Nosotros decíamos el nombre del objeto en español y ella nos lo repetía en inglés. Gradualmente, nos íbamos americanizando y la comida se iba volviendo una combinación magnífica de nuestros platos y de los de mamá, como insistía en que la llamáramos así. Aunque yo prefería el bistec para la cena, mamá Jonson se había hecho aficionada a los platos con arroz y frijoles y nos los cocinaba frecuentemente. Yo le pedía más "platillos americanos" pero ella insistía en que la mejor manera de aprender inglés era sintiéndose en casa. Mamá insistía en que nosotros solo habláramos inglés en su presencia, y esto ciertamente nos ayudó a aprender inglés.

De todos modos no era fluido en inglés todavía. Durantes estos primeros años, el parador Hobie Landrith y yo nos comunicábamos por medio de los números en las espaldas de los bateadores del equipo opuesto pues yo reconocería sus números más rápido que sus nombres. Los otros jugadores de mi equipo fueron muy útiles para mi aprendizaje, pues mi interés en aprender la lengua les era muy aparente. Se reían de mis errores pero siempre me animaban para que no me desanimara, pues eventualmente comprendería.

Nunca olvidaré la preparación de primavera de 1962. Llegué a Phoenix como un hombre casado acompañado por Alma Rosa, mi esposa joven y hermosa a quien había conocido en la República Dominicana gracias a los Alous. Ella no sabía inglés en ese momento, así que me lucía en mi segunda lengua. Alma se veía muy asombrada, inconsciente de los errores que seguramente cometí mientras hablaba.

Soy una persona competitiva por naturaleza y esto ciertamente influyó en mi grado de éxito al jugar béisbol. También, influyó en mi deseo de aprender inglés y adaptarme a vivir en los Estados Unidos. El formar parte de la Fuerza Aérea Dominicana, donde jugué béisbol, me sirvió como base para la adquisición de una disciplina no sólo para los deportes pero también para la vida. La disciplina era lo que me había fomentado a aprender la lengua, a mejorar como atleta y como extranjero. Todos los días —días de partido y días sin partido— leía todos los libros que podía. Hacía mi tarea junto con mis niños, no necesariamente para ayudarles pero para ponerme en la escuela de habla inglesa. Lento pero seguro, mi inglés mejoró al punto que ahora puedo decir con confianza que soy verdaderamente bilingüe.

—Traducción de David Ullian y Mariela Martínez

JUAN MARICHAL (Laguna Verde, República Dominicana, 1937) entró al béisbol de las Grandes Ligas a los dieciséis años como pitcher. Casi toda su carrera la desempeñó con los Gigantes de San Francisco. Por su récord de 243 victorias y sólo 142 derrotas fue instalado en el Salón de la Fama en 1983. Al jubilarse, Marichal fue Ministro de Deportes y Educación Física de su país. Es autor de *A Pitcher's Story* (1967).

Rompiendo las frágiles barreras del lenguaje

— ARIEL DORFMAN —

ESO ES LO QUE ME encantaría poder recordar, el momento en el que pasó. O al menos recordar los días, las semanas, la forma en la cual el inglés entró deslizándose en mi cerebro, cuando inundó mi vida, cuando me golpeó como un relámpago.

Es un recuerdo que se me niega, accesible únicamente a través de otros, a través de las historias que me contaron luego mis padres, cuando trataba de descifrar mi conversión del español al inglés, cuando buscaba los orígenes de mi relación amorosa con el lenguaje de Shakespeare y Ogden Nash, Superman y, caramba, Richard Nixon también.

Esto sí lo recuerdo: era febrero del 1945 y nevaba en Nueva York al momento de mi llegada, un niño de apenas dos años y medio, cuya piel debía de haber tenido aún el calor intenso del Buenos Aires en donde había nacido, el mismo Buenos Aires de Borges y Perón, que acababa de dejar atrás. Quizás ese niño estaba elevando una protesta contra el primero de sus muchos exilios, o quizás la razón era algo menos metafórica y un poco más médica. Cualquiera que fuera la explicación, el terrible hecho fue que me dio neumonía.

Recientemente, como parte de una película basada en mi vida, pude encontrar el hospital donde estuve por esas tres semanas decisivas cuando aprendí inglés. Era el Mount Sinai, en la Quinta Avenida, arriba, frente al Central Park, y la enfermera principal de pediatría en la década de los 40 todavía estaba ahí de voluntaria, aunque ya en sus noventa. Me enseñó fotografías de la sala infantil, donde jóvenes con enfermedades contagiosas similares a la mía eran puestos dentro de grandes cubículos divididos con paredes de cristal, aislados de cualquier visitante, sólo pudiendo tener contacto con doctores, enfermeras y otros niños enfermos. Hoy en día no segregarían a esos jóvenes. Hoy en día, sin duda, el joven estaría rodeado de una tropa de hispanos, latinos, nuyorqueños, como los quieran llamar. Hoy en día, mi idioma nativo, el español, sería omnipresente. De hecho, hoy en día, los niños anglosajones emergerían de esa experiencia con un pequeño pero útil conocimiento del castellano, sabiendo cómo decir hola, gracias y quiero más. Pero en el pasado era inglés, sólo inglés, donde quiera que mirara, un curso por inmersión a la fuerza, a mi papá y mamá se les permitía visitarme una vez a la semana, y siempre, me han dicho, que desde detrás de la lámina de cristal, a una distancia razonable, miraban a su hijo llorar e intentar alcanzarlos. ¿Qué hacía yo? ¿Qué más podía hacer después de que mis padres habían articulado un adiós con la boca que yo no podía escuchar? ¿Qué alternativa tenía más que sobrevivir, adaptarme y sobrevivir?; motivado por las mismas necesidades que presionaron al ser humano a darle una oportunidad al lenguaje, cuando vagaba por los llanos de África, hace tantos cientos de miles de años atrás.

Así aprendí el lenguaje con que ahora escribo estas palabras. Debido a esa mera necesidad. Aprendí el vocabulario del sustento y el descanso y del amor de aquellos que me habían curado los pulmones y que me habían alimentado. De aquellos que me acotejaban en la noche y que jugaban conmigo en la mañana. Casi como si hubiera dado a luz a mí mismo en ese hospital, parteándome hacia un segundo idioma.

Debí de haberme sentido traicionado por mis sílabas españolas, de Cervantes y Darío y Sor Juana, aunque no tenía idea en el momento que los futuros mentores de mi lengua literaria me estaban esperando. También me debí de haber sentido abandonado por mis padres, pobrecitos, los padres que me amaban más que al sol. Debí de haber planeado mi venganza mezquina.

Porque me han dicho que cuando dejé el hospital luego de esa larga espera de tres semanas, no solamente me había dejado la neumonía. También me había dejado el español. Me negaba a responder cuando me hablaban en el lenguaje en cuyas aguas se me había echado suavemente, y a través del cual había nadado, desde mis primeros respiros. "*I don't understand*", mi madre afirma que yo decía, tal vez las primeras palabras que me escuchó pronunciar en el lenguaje con que se tuvo que comunicar conmigo durante los próximos diez años. Excepto que ella nunca perdió su acento y yo nunca tuve uno. Todavía puedo pasar por norteamericano.

Mi conversión forzada —tal como tantos cautivos a través de la historia— es solamente una pequeña porción de la historia. El inglés no vino como conquistador, sino meramente como amenaza. Estuvo esperándome afuera en las calles y en los años que estaban por venir. Eran las historietas del domingo del *New York Herald Tribune*. Era la leyenda de los sesenta cuadrangulares mágicos de Babe Ruth. Era el picnic de los "Teddy Bears". Eran los cuentos maravillosos del kindergarten y dos más dos es igual a cuatro. Y algún día iba a ser Faulkner y John Wayne, William Blake y Joan Baez, *The Sands of Iwo Jima* y *The Times They Are A-Changin'* y, claro, Ella Fitzgerald.

Luego habría de regresar a Latinoamérica y enamorarme una vez más del idioma de mi nacimiento, llegando, en un momento de extrema insensatez, a negar el inglés debido a su conexión con el Imperio Americano que subyugaba a la América de Martí, nada más para encontrarme abofeteado por otro exilio más, décadas más tarde, y encontrarme otra vez de vuelta en los Estados Unidos, en la tierra que primero me regaló su idioma.

Excepto que ahora, en esta tierra que he hecho la mía, no estoy sólo en la búsqueda para hacer de ese idioma el mío. Esa experiencia primaria por la que pasé es repetida y resucitada por millones de otras voces latinas, todas parte de una ola migratoria gigantesca que transformará el lenguaje que me rescató durante esos días oscuros en 1945. Todos tratando simplemente de sobrevivir. Aquí estoy, más de media década después, todavía seducido por esas palabras que primero oí y que no recuerdo, el día en que entré en ese hospital y me di cuenta que mi boca, mi lengua y mis dientes me salvarían, podían salvarme, de la soledad y del hambre.

—Traducción de Pedro Crouch

ARIEL DORFMAN (Buenos Aires, Argentina, 1942) es autor de numerosas obras entre las que se incluyen *Rumbo al sur, deseando el norte; La última canción de Manuel Sendero; Máscara; y La nana y el iceberg.* Es autor de la obra teatral *La muerte y la doncella.* Ha participado activamente en organizaciones internacionales como la UNESCO y la Académie Universelle de Cultures Françaises. Es miembro de la American Academy of Arts and Sciences. Enseña en Duke University.

Aprendí inglés... ¿o no?

— MAYRA MONTERO —

DE NIÑA, DURANTE los primeros años de la Revolución Cubana, yo cogía clases de ruso en la escuela. Si de casualidad me topaba en la calle con algún ciudadano soviético, por lo general tipos blancuzcos y provincianos, que usaban sandalias con calcetines negros (todo lo cual nos reventaba de risa), yo intentaba practicar las frases aprendidas. Mi padre me miraba con lástima: "Deberías estar estudiando inglés...".

Además del ruso, que luego olvidaría casi por completo, me matriculé en las clases de chino —pekinés, como se decía entonces— que impartían muy cerca de mi casa, en la venerable Sociedad de Amistad Cubano-China. El profesor, que se llamaba Cecil Pan, solía decir que mi caligrafía era perfecta y me ponía de ejemplo ante el resto de sus alumnos: muchachas y muchachos de facciones asiáticas, pero cubanos hasta la médula, que por ser hijos o nietos de emigrantes, procedentes del muy concurrido Barrio Chino de La Habana, eran obligados por sus padres a coger clases en la Sociedad, aunque a ninguno de ellos les interesaba en lo más mínimo aprender el idioma de sus antepasados.

A mí sí. Me esmeraba haciendo las tareas, y cuando mi padre me veía escribiendo aquellos caracteres en papel de arroz, me miraba con estupor: "Deberías estar aprendiendo otra cosa...".

Y un buen día él trajo a casa a un maestro de inglés. Era un hombre mayor, oriundo de Trinidad Tobago, que acudía a darme las clases vestido con chaqueta y corbata, asándose en el calor de julio. Nos sentábamos en una mesa del patio y él sacaba de un cartapacio las lecciones, que tenían un aire victoriano, colonial, muy anacrónico para la efervescencia comunista dentro de la cual vivíamos. Recuerdo que una de aquellas tardes me hizo practicar algo muy cursi sobre la manera correcta de tomar el té de las cinco. El viejo maestro se enjugaba el sudor con un pañuelo percudido y viéndolo, yo también sudaba y me aburría. Por aquella época, los niños y adolescentes cubanos escuchábamos una música que mayormente provenía de México y España. Así que por esto, tampoco existía el incentivo que han tenido los adolescentes en otros países, que escucharon rock en inglés, y ahora escuchan rap en inglés, y van aprendiendo por la pura tentación de entender lo que dicen sus cantantes favoritos.

El maestro me atormentaba una hora, luego cobraba su clase, y se marchaba caminando lento por la edad y la gordura. Yo volvía a mi chino y a mi ruso, dos idiomas que en el futuro no me iban a servir de nada, pero que poblaron mis sueños infantiles de bellos trazos cirílicos y de los no menos bellos trazos orientales.

Una vez fuera de Cuba, tan pronto llegué a Puerto Rico, me di cuenta de que mi padre estaba en lo cierto, y que sin saber inglés no sólo no iba a conseguir un buen trabajo, sino que estaba perdida para el mundo y para Dios. Pasé por no sé cuántas academias que prometían un conocimiento cabal del idioma en tres meses. Quizá para otros funcionaba así, pero no para mí, porque a la hora de poner en práctica mis conocimientos, empezaba a tartamudear, olvidaba los verbos auxiliares, trastocaba los pasados y el futuro se me atascaba en la garganta. Nunca fue mejor el dicho: sin fluidez no hay porvenir. Luego me torturaba pensando en todo lo que había dicho mal y en la gran ironía que representaba el hecho de que, aunque mi cerebro sabía lo que tenía que decir, mi lengua se inmovilizaba. Aún se inmoviliza.

Recurrí al amor. Mantuve algunos idilios con personas que no hablaban una palabra de español. Hablaban inglés, y llegué a pensar que la comunicación por señas, los pequeños gestos románticos y la lujuria —que es la madre de todos los entendidos— propiciarían el taller idóneo para poder soltarme. Pero no fue así: mis anglófonos amantes terminaban aprendiendo palabritas en español, ¡ellos aprendían!, y yo seguía tan insegura como antes. Llegué a pensar que había un click en mi cerebro cerrado a la sintaxis inglesa, un antiguo trauma que me habría ocasionado el maestro de mi infancia, aquel anciano gordo de Trinidad Tobago, quien, ahora que lo pienso, tenía un aire como de Louis Armstrong, y una voz pastosa, en la que me costaba concentrarme.

Años más tarde, cuando comencé a viajar a Estados Unidos, en las giras organizadas por la editorial para promocionar mis novelas, el sufrimiento se agudizó a tal punto que llegué a pensar si no sería más conveniente adquirir una nueva identidad como escritora muda. ¿Acaso no existían escritores ciegos, sordos, paranoicos o ligeramente cojos? ¿Acaso no se podía agregar una línea en mi biografía, declarando que la escritora, nacida en La Habana, había perdido las cuerdas vocales a la edad de tres años? Siendo muda, nadie podía esperar que hiciera discursos en ningún idioma. Podían formularme preguntas, eso sí, y yo escribiría las respuestas en un pizarrón, en inglés decente, pues lo de escribir ya se me da mejor. Pero la idea no prosperó, tomando en cuenta lo difícil que sería para mí declararme muda también en mi propio idioma, el español que adoro y que no me canso de hablar.

En la actualidad confieso que, aunque logro comunicarme cada vez que quiero, tengo la sensación de no haber aprendido nunca inglés. He aprendido a luchar contra el pánico, contra el miedo escénico y, sobre todo, contra el sentimiento de inferioridad que me agarrota cada vez que tengo que hablarlo en público, o leer fragmentos de mis propios libros traducidos. Los años me han dado resignación, que es otra manera de aprender. Ya sé que nunca hablaré inglés como quisiera hablarlo. Pero a veces lo balbuceo entre sueños, me despierto pronunciando una frase que oí en una película —generalmente de Bette Davies—, o que leí en un libro.

Son los misterios de la memoria sin complejos. Esa parte del alma que, en cualquier lengua, se hace escuchar.

MAYRA MONTERO (La Habana, Cuba, 1952) es columnista de la edición dominical de *El Nuevo Día* de San Juan, Puerto Rico. Además ha trabajado como periodista de asuntos deportivos e internacionales. Entre sus libros se incluyen *Como un mensajero tuyo*, *La última noche que pasé contigo*, *Del rojo de su sombra*, y más recientemente *Son de almendra*.

Nada parecía inalcanzable después de viajar por Europa en un Lada rojo usado

— ALEJANDRO NECOCHEA —

CUANDO TENÍA CINCO años en Lima, Perú, mi padre me enseñó cómo decir *"How are you?"*. Ésa fue mi primera exposición al inglés. Todo lo que podía pensar era en cómo esas tres sílabas sonaban como la palabra "jaguar" en español sumada a la palabra *"you"*. Me imaginaba a un hombre, quizás un explorador, saludando a un jaguar.

Mis padres, ambos doctores, comprendían la importancia de que mi hermano Raúl y yo aprendiésemos una segunda lengua desde jovencitos y por ello nos matricularon en clases de inglés desde que tengo uso de razón. Yo era demasiado joven y distraído para comprender el valor de aprender un nuevo idioma y repetía un embarazoso número de veces algunos de los niveles más básicos. Raúl, once meses mayor que yo, conquistaba cada nivel sin dificultad de forma que cuando yo tenía diez años, él ya estaba varios niveles por encima. Me dolía que hubiese avanzado tanto así que me esforcé para salir adelante.

Dos años más tarde, mi madre tuvo la oportunidad de pasar un año en Gran Bretaña formándose en obstetricia y ginecología. Aquella era una oportunidad para que Raúl y yo nos sumergiésemos completamente en la cultura y la lengua inglesas. Ya habíamos viajado a los Estados Unidos como turistas pero esto sería diferente. Mi papá, Raúl y yo nos unimos a mi mamá en Newcastle y pronto mi hermano y yo estábamos matriculados en la escuela comprensiva

Heworth Grange con docenas de estudiantes cuya única exposición a Latinoamérica era Mirandinha, un jugador brasileño de fútbol en el Newcastle United.

Aquellos cuatro meses en la escuela fueron duros. Yo era un muchacho tímido, no hice ningún amigo y mis días estaban marcados por azarosas interacciones. Geografía era una de mis clases favoritas en Perú, pero de pronto, apenas podía reconocer los nombres de la mayor parte de los lugares. En la clase de inglés me esforzaba durante días en escribir un poema asignado como tarea que resultaba horrible a pesar de mis esfuerzos; aún me acuerdo que a mi profesora le daban espasmos mientras lo leía. Al menos en la clase de economía doméstica había poco de que hablar hasta que me preguntaron qué tipo de cosas comía la gente en Perú. Como mi inglés no era lo suficientemente bueno para explicar *ceviche*, *ají de gallina* o *lomo saltado* sólo decía que alguna gente comía conejillos de Indias conocidos como *cui*. Desde aquel momento, lo debí saber por las caras de mis compañeros, me transformé en uno de los chicos menos populares en mi clase.

Hacia el final de nuestra estancia en Gran Bretaña mi familia y yo emprendimos un viaje alrededor de Europa durante un mes en un usado Lada rojo que habíamos comprado en Inglaterra. Viajamos desde allí a la antigua Yugoslavia y de regreso visitamos todos los países de por medio. Nos comunicábamos en inglés, español y en el francés de mi mamá o en una combinación de los tres y de alguna forma nos conseguíamos hacer entender. Visitamos lugares impresionantes y conocimos a gente fascinante en el camino. Rápidamente olvidé los duros momentos en Heworth Grange y en su lugar veía todo un mundo de oportunidades frente a mí en el que nada parecía inalcanzable.

Cuando regresamos a Perú la escuela de idiomas se convirtió en mucho más sencilla y yo me sentía mejor al hacer las cosas bien en la clase. Pasé mi examen de British Proficiency y posteriormente el de Teaching of English as a Foreign Language. Durante la secundaria Raúl y yo nos pasamos al francés. En ese momento de mi vida mi pasión era el *body-boarding*; los surfistas en Perú solían escuchar *reggae* por lo que mantuve mi inglés escuchando a Bob Marley. Me pasaba las horas descifrando las letras de sus canciones, jerga jamaicana y argot rastafari, que suponían un reto aún mayor en la era pre-internet.

Cuando terminé la secundaria contrataron a mi padre para trabajar en los Estados Unidos y me propuso acompañarle para estudiar allí en la universidad. Como no había estudiado en una escuela americana en Perú, el proceso de mi ingreso fue bastante engorroso requiriendo traducciones, cartas oficiales y mucho papeleo. Mientras solicitaba y esperaba una resolución tomé un año extra de secundaria en Boston College High School. El MTV era mi tutor más fiable en las costumbres, cultura y jerga americana. Todos los días aprendía qué era lo *"cool"* en programas como *The Real World* o *Beavis & Butthead*.

Tenía un mejor manejo del inglés en New England que en Old England. De hecho, las clases de Inglés como Segunda Lengua me resultaban aburridas y entendía lo suficiente como para que se me dieran bien clases como cálculo e historia. Como sentía que ya había invertido mi porción de horas de clases en religión por haber crecido en Perú, le pedí al director que me convalidase el requisito de religión al comienzo del curso para poder matricularme en otra cosa. Sólo las clases llamadas de *advanced placement* (AP) estaban disponibles y el director insistió que ésas estaban reservadas a estudiantes que habían superado previamente con éxito otras similares. Yo para nada deseaba volver a clase de religión así que, después de revisar la lista de clases disponibles, le pedí que me diera la oportunidad en la AP de biología. Tras sacudir su cabeza, accedió de mala gana.

Para ser sincero apenas había tomado clases de biología en Perú y me interesaba más la economía pero el profesor, Mr. Toto era un tipo agradable e inspirador. Aunque en algunas ocasiones yo hablaba del ácido desoxirribonucleico como "ADN", el acrónimo en español, en lugar del equivalente en inglés, "DNA", por lo general aprender los nuevos términos de biología no fue tarea muy complicada. Muchas de las palabras como *phagocytosis*, *arthropod* o *epidermis* tenían raíces griegas y significaban lo mismo en español, o era capaz de desentrañar su significado diseccionando la etimología de palabras que conocía. Pronto la biología se transformó en mi momento favorito del día y al finalizar el año recibí el premio AP en biología. Tras la graduación comencé en la universidad y decidí hacer mi especialidad en biología lo que, de hecho, me condujo a mi interés por la medicina.

Mirando atrás, aprender inglés fue uno de los aspectos más importantes de mi educación. Mi actitud hacia el aprendizaje del idioma cambió a medida que crecía y maduraba. También la persona que soy hoy en día está de varias maneras marcada por mis experiencias aprendiendo inglés. Una vez me transformé en verdaderamente bilingüe fui capaz de usar mis habilidades para ayudar a otros a superar las barreras idiomáticas: primero como estudiante, trabajando como intérprete en diferentes hospitales de Boston y, posteriormente, como doctor al ser capaz de comunicarme con mis pacientes hispano-hablantes y con sus familias.

Ser bilingüe me ha permitido además llevar a cabo investigaciones en América Latina y en gran medida esas experiencias me ayudaron a generar mi interés en mejorar la calidad de la salud entre las poblaciones más desfavorecidas. Saber inglés abrió las puertas que me llevaron a nuevos descubrimientos e intereses y a explorar mi potencial. Me permitió asistir a la universidad y a la escuela de medicina y conocer gente apasionante en los Estados Unidos y en otros países. Aunque al comienzo lo veía como una molestia por la que mis padres me hacían pasar, me he dado cuenta de lo poderoso que ha sido ser capaz de compartir mis ideas y opiniones con personas de todo el mundo y lo privilegiado que he sido de ser capaz de comprender las suyas.

—Traducción de Iván Cavielles-Llamas

ALEJANDRO NECOCHEA (Lima, Perú, 1976) es médico interno residente en el hospital de University of Pennsylvania. Ha investigado la hepatitis en pacientes con SIDA en la República Dominicana y estudiado la tuberculosis en un barrio pobre de Lima. Fue estudiante en Harvard University y después en la Escuela de Medicina de Yale University, donde colaboró con las escuelas públicas impulsando la participación de minorías en la profesión médica. Ha participado en ponencias relacionadas con la diabetes, el mal de altura, y la epilepsia. Asimismo, capitaneó el equipo de fútbol de la Escuela de Medicina de Yale.

Doris Day, John Kennedy, y yo

– TERESA MÉNDEZ-FAITH –

SI REMONTO EL CAMINO de la memoria en busca de cuándo nació en mí el deseo de aprender inglés, encuentro dos momentos muy vívidos de mi niñez y de mi primera juventud. El primero relacionado con el mundo del cine y el otro, todavía fresco en el recuerdo a pesar del tiempo transcurrido, de principios de los años 60, con John Kennedy en el escenario político norteamericano.

Según cuenta mi madre, yo no tendría más de 7 u 8 años cuando a una pregunta que me hicieron, seguro que en broma, sobre cuándo y con quién me casaría, mi respuesta no se hizo esperar: "cuando sea más grande y con un yanqui, no con un paraguayo". La verdad es que no recuerdo cuando tuvo lugar ese diálogo pero sí me acuerdo que al preguntarme ¿Por qué con un yanqui y no con un paraguayo? me defendí explicando que los hombres norteamericanos ayudaban en la cocina a sus esposas, lavaban los platos por ejemplo, y también cuidaban a sus hijos. No pensaban como los paraguayos que esos eran sólo trabajos de mujeres.

¿De dónde habré sacado yo esas ideas si nunca había salido de mi país? Estoy segura que del cine y en particular de las 2 ó 3 películas de Doris Day que había visto entonces y que reflejaban una realidad ideal, donde todo el mundo se llevaba bien, vivían cómodamente sin problemas económicos el perfecto mundo de mis sueños.

Mucho más vívidos son mis recuerdos de los primeros años del 60 cuando apenas adolescente, toda mi familia había tenido que dejar Paraguay y vivíamos en Montevideo, Uruguay. Mi padre había arribado allí en 1952 como exiliado político del régimen de Alfredo Stroessner, y mi madre y sus seis hijos le seguimos seis años después.

Yo asistía la escuela secundaria en Montevideo y, como dice un viejo refrán, que aplica en mi caso, "No hay mal que por bien no venga". Si no hubiera sido por el exilio de mi padre, ni yo ni mis hermanos hubiéramos tenido acceso a uno de los mejores programas educativos en toda América del Sur en aquella época.

El programa de enseñanza secundaria incluía el estudio obligatorio de dos lenguas: cuatro años de inglés y dos de francés. Así empezó mi aprendizaje formal del inglés. Yo tenía 13 años y cursaba el primer año del liceo. Me acuerdo que las clases eran muy grandes entre 40-50 estudiantes o más y que nosotros los estudiantes prácticamente no hablábamos. Sólo escribíamos y traducíamos. Por lo tanto, teníamos buen vocabulario y podíamos leer y entender lo que leíamos; pero sin práctica oral, nuestras habilidades de comunicación oral eran muy pobres. De tanto en tanto, teníamos que memorizar algo para decirlo en voz alta en clase, si había tiempo y si nos llamaban. Recuerdo que una de las tareas que más me gustó fue una vez que la profe, creo que en cuarto año, nos dijo que teníamos que memorizar 4 versos de un poema en inglés de nuestra elección. Yo había leído que el poeta favorito de John F. Kennedy era Robert Frost, y que a menudo él citaba algunos de sus versos. Como en esa época yo era gran admiradora de Kennedy, decidí que cumpliría la traducción de los versos favoritos de mi héroe. Después de leer varios poemas de Frost y de descubrir en el proceso que me gustaba su poesía, di con el poema *Alto en el bosque en una noche de invierno* cuyos últimos versos eran los asociados con Kennedy: "¡Qué bellos son los bosques y sombríos!/Pero tengo promesas que cumplir/ y andar mucho camino sin dormir/y andar mucho camino sin dormir".

Hice la traducción con ayuda de un diccionario y al día siguiente le entregué la página a mi profesora. Ella miró el título del poema y me dijo: "¿Robert Frost...? ¡Es mi poeta favorito! Lee los versos que escogiste y a ver qué piensa la clase de lo que dice el poeta...". Lo hice y aunque estaba muy nerviosa y me puse toda colorada, mi profe me dijo que tenía buena pronunciación y me preguntó si estaba estudiando inglés en otra parte. Le dije que no, pero que quería seguir estudiando para poder hablar y comunicarme con la gente.

Me recomendó la Alianza Cultural Uruguay-Estados Unidos y unos meses después, en marzo del 63, ya era yo alumna regular de dicho instituto.

Cuando estaba terminando la secundaria y pocos meses después de haber iniciado mis clases de inglés en la Alianza, me enteré de que había un concurso para unas becas de estudio a los Estados Unidos. Se trataba del programa Youth for Understanding y podían concursar jóvenes uruguayos menores de 17 años con cierto nivel de inglés, ya que los ganadores serían hospedados con familias americanas y asistirían como *"seniors"* (estudiantes del último año de secundaria). Me dieron la beca porque, según me explicaron entonces, yo había sacado el puntaje más alto en el examen escrito. Mi pasaje, a pesar de que no era uruguaya y mi familia no podía pagar el costo, sería cubierto con fondos de Fullbright. Como diría Isabel Allende, obviamente ése era mi destino.

En el grupo de 50 becados de Uruguay para cursar el *"senior year"* del año académico 1963-64 en los Estados Unidos íbamos 49 uruguayos y yo, una paraguaya.

Cuando gané la beca, a mediados del 63, lejos estaba yo de adivinar que antes de que se cumpliera uno de mis grandes sueños, viajar a los Estados Unidos, al país del gran John F. Kennedy, éste ya estaría muerto. Pero así fue y el dolor de la tragedia tan reciente del pueblo americano nubló bastante la alegría que sentía a nivel personal, al llegar a este país el 31 de diciembre de 1963, primero a Nueva York y horas después a Ann Arbor, Michigan, donde me esperaba mi familia americana.

Comencé mi entrenamiento y aprendizaje del inglés al llegar a Nueva York. Ya desde el principio me di cuenta que mis años de estudios formales del inglés no me habían preparado para comunicarme oralmente. Mi primer choque lingüístico al no comprender lo que me decían tuvo lugar en Aduanas, en el aeropuerto de Nueva York, cuando al pasar por Inmigración, me hicieron las acostumbradas preguntas —nombre, país de origen, a qué venía y por cuánto tiempo— y yo no entendí nada. Es que para mí hablaban muy rápido y se comían las sílabas, no pronunciaban todas las palabras como yo estaba acostumbrada. Una frase como *"What is your name?"* me llegaba toda junta y rara, como *"Whatchorname?"*. Estaba tan nerviosa porque no entendía nada que se me empezaron a caer las lágrimas a borbotones y se dieron cuenta de mi problema; pedí *"please repeat your questions slowly"* —por favor repita despacio sus preguntas— y así fue. Me tuvieron que repetir todo varias veces pero al final terminó el interrogatorio ¡e ingresé a los Estados Unidos!

Estaba como en un *"immersion program"* rodeada de inglés por todos lados. Yo estaba muy asustada al principio porque pensaba que no iba a poder seguir ninguna clase en el liceo y hasta me iban a mandar de vuelta a Montevideo. Qué vergüenza y desilusión para mi familia y para todos los que hicieron posible mi viaje, era lo único que estaba en mi mente durante todo lo que duró el vuelo de Nueva York a Detroit y de ahí el viaje en autobús hasta Ann Arbor. Por suerte se me fueron las dudas y toda la angustia mental apenas llegamos a destino y allí estaban Kenny y Sherry, mis "hermanos americanos", y también "Mom y Dad" Hannon, que apenas me vieron corrieron hacia mí y todos me abrazaron cariñosamente. Y aquí tuve lo que podría describir como mi primer choque cultural. Resulta que yo les devolví el abrazo pero también les di dos besos a cada uno (en cada lado de la mejilla), como se acostumbra en mi país. Aunque nadie dijo nada en ese momento, después me enteré —porque me lo explicó Sherry— que ese tipo de saludos tan efusivos no se acostumbra en este país. Sherry incluso me indicó que besos entre mujeres aquí podrían ser mal interpretados y por lo tanto mejor simplemente no besar... que es lo que hice de ahí en adelante.

Durante los siete meses que duró la beca, viví con los Hannons en Mt. Morris, un pueblo pequeño de Michigan. Asistí a clases en Saint Mary's High School. Pasé muy bien todos mis cursos, hice muchos amigos, conocí a Ray, un estudiante de *"junior college"* que unos años después viajaría a Montevideo para casarse conmigo (y así cumplir aquello de que ¡me casaría con un yanqui!). Me gradué con los otros de mi liceo. Viajé y paseé bastante durante esos meses y, en particular, practiqué mucho mi inglés. En siete meses aprendí más que todo lo que había aprendido en los cinco años anteriores. Sin embargo, ahora que soy profesora de lengua (español) y con muchísimos años de experiencia, estoy segura que no hubiera aprovechado tan bien mis siete meses de inmersión lingüística y total en este país si no hubiera tenido ese "background" de 5 años de estudios formales y si no me hubiera tocado una familia totalmente monolingüe. En efecto, ni mis "hermanos" ni mis "padres" americanos hablaban español, sólo inglés.

Al llegar a Montevideo, retomé mis clases de inglés en la Alianza, ahora con vistas a obtener mi título en TESL (Profesora de Inglés Como Segundo Idioma) que conseguí a fines de 1966. También seguí mis estudios académicos en la Facultad de Ciencias Económicas. A fines del 67 me casé con el americano que conquisté durante mis meses de beca en Michigan y mis estudios en Uruguay quedaron truncados. Sin embargo, mi práctica del inglés continuó cada vez mejor cuando regresé a los Estados Unidos en 1968 ya casada, y con el mejor programa de inmersión que se pueda tener para aprender una lengua extranjera: ¡práctica constante dentro y fuera de la casa!

Mientras aprendía inglés en vivo y en directo *"on site"*, ciento por ciento del tiempo, también estudiaba en la Universidad de Michigan. Ya con un hijo en casa, fui completando mis estudios universitarios, primero para el título de B.A., luego de M.A. y finalmente de PhD en español en 1979. Estos diplomas es lo que me permite ejercer mi profesión en una universidad, enseñando español y literatura his- panoamericana en Saint Anselm College en New Hamsphire por más de veinte años.

Después de este largo recorrido por algunos momentos importantes y significativos de mi aprendizaje del inglés, creo que podría responder a la pregunta de *"cómo aprendí inglés"* sintetizando la respuesta en una simple frase: estudiando y viviendo la lengua. Sinceramente, creo que en mi caso particular, algo negativo y que causó mucho sufrimiento y dolor en mi familia, como el exilio político de mi padre a Uruguay, tuvo sin embargo para mí consecuencias muy positivas. Sin ese exilio no hubiera empezado a estudiar inglés formalmente en el liceo a los 13 años; tampoco hubiera ganado la beca que me trajo a los Estados Unidos cuando todavía era una *teenager* ni hubiera conocido a quien eventualmente sería mi esposo. Por lo tanto, tampoco hubiera venido a vivir y estudiar en este país y así tener la oportunidad de beneficiarme del mejor programa de perfeccionamiento del inglés que se pueda pedir: inmersión total en el idioma y cultura de los dos personajes que inspiraron mi juventud: Doris Day y John Kennedy.

TERESA MÉNDEZ-FAITH (Asunción, Paraguay, 1945). Desde su oficina en el Departamento de Español en Saint Anselm College en New Hampshire, promueve el idioma, la literatura y la cultura de su país y del resto de América Latina. Enseña a través de libros, material de instrucción, teatro y las páginas Web que conducen a la música, recetas de cocina y a la lengua y cultura guaraní. El más reciente de sus libros es la *Antología de la literatura paraguaya*.

Ventajas de un mundo civil

– OSCAR HIJUELOS –

de *Conversations with Ilan Stavans*

YO HABLABA ESPAÑOL HASTA mis cuatro años cuando todavía vivía en Holguín, Cuba. En ese momento me enfermé con nefrosis. Estaba enfermo y me llevaron a los Estados Unidos a un hospital en Connecticut. Estuve hospitalizado por un año. Entré al hospital hablando español y salí hablando inglés. La enfermera que me cuidaba era una protestante fuerte y estricta. Ella no me prestaba atención. Yo gritaba y lloraba… "¡Por favor ayúdeme!". Cuando finalmente hice la misma súplica pero en inglés, me obedeció. Fue con ella con quien aprendí inglés. Es así como recuerdo mi transición lingüística, aunque de verdad, a veces, dudo que esa enfermera haya existido y que esa memoria sea verdadera. Es posible que mi imaginación simplemente haya enloquecido. Pero sí estoy seguro de que yo sólo les hablaba en inglés a mis padres y ellos me contestaban en español. Tengo un hermano mayor que es artista y habla un español muy coherente aunque habitualmente se equivoca. Yo perdí el mío. Puedo repetir algunas malas palabras y líneas románticas, nada más. Ese año, mi familia se estaba desbaratando. Era terrible. Cuando regresamos, finalmente a casa todos nosotros éramos extranjeros. Aunque pienso que mis padres estaban más impresionados aún de que yo hubiera sobrevivido en ese universo americano. Después de esa experiencia me veían como si estuviera más arriba en el sistema social. De acuerdo a su entendimiento, yo tenía las ventajas del mundo civil a mis pies.

–Traducción de Jackie de la Fuente

OSCAR HIJUELOS (New York City, New York, 1951). Aunque nacido en los Estados Unidos, se trasladó de pequeño a Cuba con sus padres.

Cuando tenía cuatro años, su familia regresó a los Estados Unidos, donde Hijuelos creció rodeado de música cubana. Su libro más conocido es *Los reyes de mambo tocan canciones de amor,* que recibió el Premio Pulitzer (1990). Otras novelas suyas son *Las catorce hermanas de Emilio Montez O'Brien, Una sencilla melodía habanera,* y *La emperatriz de mis sueños.* Obtuvo su Licenciatura y Doctorado en el City College of New York.

Mi inglés y el dobbing

– IGNACIO PADILLA –

AMÉRICA LATINA DISTA MUCHO de ser un continente estrictamente bilingüe, como sería hoy en día buena parte de África o la
India. Con ciertas excepciones, los niños aquí crecen hablando castellano o portugués y el inglés es asunto sobre todo de las escuelas. La
enorme mayoría de los latinoamericanos de mi generación diría que
aprendimos inglés por necesidad de supervivencia, por fortuna y en
las aulas. Las tres afirmaciones serían ciertas, pero inconclusas. Ahora
que lo miro con cuidado, una buena parte de mi aprendizaje de esta
lengua tan curiosa, tan rebelde y tan asistemática tuvo lugar por simple contaminación, por exposición constante a sus patógenos virus.
No me refiero sólo a la música o al lenguaje de las computadoras, sino
especialmente a lo que corresponde al doblaje cinematográfico.

Durante años de convivir con extranjeros que hablaban también
inglés como un segundo idioma, me agobió la duda de por qué mis
amigos y colegas europeos hablaban la lengua de Shakespeare con
acentos tan marcados. Quizá el problema, si de problema se trata, se
hacía más notorio por contraste cuando escuchaba hablar inglés a los
latinoamericanos, un inglés no por fuerza correcto en términos sin-
tácticos o completo en términos de vocabulario, pero infinitamente
más fiel a su origen en lo que se refiere al acento, a la nada fácil pronunciación del inglés. Era tan sencillo, por ejemplo, identificar a un
español hablando inglés como difícil reconocer a un argentino o a un
colombiano comunicándose en esa misma lengua.

Por un tiempo pensé que esta singularidad debía estar relacionada con los hábitos y vicios de la enseñanza del inglés en cada
país, o acaso por las estructuras físicas que en nuestra boca, lengua
y cuerpo van estableciendo los idiomas que hablamos como lengua
materna. Más adelante, sin embargo, comprendí que el asunto era
mucho más simple aunque no menos asombroso. Entendí que la

clave para entender nuestro modo de pronunciar el inglés radicaba en el hecho de que en Europa las películas eran dobladas a los idiomas locales, mientras que en América Latina casi todos crecimos viendo cine americano y británico subtitulado. Habituados desde niños a escuchar y ver al mismo tiempo, asimilamos el idioma inglés escuchándolo, asimilando sus distintas inflexiones, a veces con el acento de Robert de Niro en *El padrino*, a veces en el más británico inglés de James Ivory o Anthony Hopkins. Es cierto que tuvimos que estudiarlo en las gramáticas y en los vocabularios, pero ante todo lo oímos, lo asimilamos con sus múltiples cadencias, por obra y gracia de la gran pantalla, privilegio que fue vedado a aquellos que crecieron en el cine doblado. Allí tal vez una de las pocas ventajas de estar tan lejos de Dios y tan cerca de los Estados Unidos.

El resultado de este fenómeno es una suerte de estandarización prosódica del inglés, una neutralización sobre la manera en que los latinoamericanos nos expresamos en dicho idioma, una manera que no es del todo latina, ni americana, ni británica, no digamos australiana o irlandesa. En pocos casos como éste se confirma la idea de que el inglés ahora está en manos de quienes lo hablan como un segundo idioma, de modo que el inglés americano o el británico han pasado a ser meros dialectos de un idioma universal y neutro que se debe cada vez menos a sus orígenes.

En mi caso, la experiencia del inglés escuchado fue sometida asimismo a innumerables choques culturales. Mis primeros años de vida los cursé en una escuela bilingüe americana, luego estudié inglés durante años en una academia rigurosamente británica. Más adelante, sobreviví por primera vez en esa lengua mientras estudiaba en una escuela multirracial en África del Sur, donde aún los nativos de esa lengua tenían acentos tan dispares, que en ocasiones me hacían creer que yo hablaba cualquier cosa menos inglés. Como si aquello no bastase, el destino me ha llevado a vivir en Escocia y en Londres, y en cada una de esas ocasiones mi vocabulario y mi pronunciación han sufrido auténticas sacudidas, explosiones que inevitablemente se añaden al efecto de mi aprendizaje del italiano, el alemán, el holandés, el francés o el portugués. El resultado, creo, no podría ser más ejemplar de nuestra era: un inglés extraño ante el cual mis amigos angloparlantes titubean, un inglés que ante ellos me hace pasar por francés o por hebreo, nunca como latino. Naturalmente, esta constante mutabilidad de mi acento tiene sus consecuencias en una permanente invención de gramáticas y palabras en apariencia inglesas que en modo alguno son inglesas. Pero a estas alturas, lo único que sé decir es que hablo inglés como si portase una máscara hecha de máscaras.

IGNACIO PADILLA (Ciudad de México, México, 1968) es autor de *La gruta del Tuscano, Las antípodas y el siglo* y *Amphitryon.* Ganó el Premio Juan Rulfo con *La catedral de los ahogados.* Ha vivido en Escocia, África y Europa. Desempeñó como Agregado Cultural en Londres. Formó parte del *Crack,* movimiento estético con el cual él y otros autores mexicanos proclamaron su independencia de los internacionalmente reconocidos autores del *boom* hispanoamericano. Actualmente es director de la Biblioteca Nacional de México.

Escribiendo entre dos filos

— ROSARIO FERRÉ —

HACE ALGUNOS AÑOS, leí que los recién nacidos maman más rápidamente si oyen a alguien hablando en el idioma de su madre, el cual aprendieron a reconocer desde la matriz. No empecé a hablar inglés hasta que cumplí siete años y aprendí la mayor parte de éste a través de los libros. A mis diez años ya había leído *Wuthering Heights, Jane Eyre, Los Tres Mosqueteros,* y *Las mil y una noches* pues me había escabullido en la biblioteca de mis padres. Hablo inglés con un acento español; las palabras '*canary*' y '*cannery*' me hacen temblar al tener que decirlas, porque mi pronunciación frecuentemente me mete en líos. El español todavía me hace mamar más rápidamente el pecho de la vida.

Escribo el español de la manera en que lo hablo. Rápido. Para mí, el español es "la lengua escrita"; el inglés es "*the written word*". Es por eso que para mí es imposible escribir en inglés como escribo en español. El inglés me hace ir más lento. Tengo que pensar en lo que voy a decir dos o tres veces y eso podría ser bueno porque no puedo meter la pata o mejor, la pluma, tan fácilmente. No puedo ser tan impulsiva en inglés, porque las palabras requieren demasiado esfuerzo.

¿Cómo se escribe "lengua", *tongue*, en inglés? Al contrario de la literatura inglesa, la literatura hispánica tiene una calidad oral, especialmente la literatura caribeña, ya que mucha de ella viene de una tradición oral. Los cuentos caribeños son como encantamientos, y frecuentemente no se puede adivinar su significado si no son leídos en voz alta. En inglés, "the *written word*" es apoyada por Milton, Shakespeare y la Biblia de King James. En español, "la lengua escrita" no tiene que ser tomada tan en serio; hay más espacio para la bachata y el relajo, para el humor irreverente y los juegos de palabras.

Para decirlo en inglés campante y sonante, "*I love to write in Spanish*". El español es como un bosque exuberante en el que me encanta perderme, caminar por los senderos de palabras que frecuentemente no llegan a un ningún lado sino al susurro de su propio follaje. Como Rocinante, el caballo de Don Quijote, puedo revolcarme en el suelo y retozar en español porque no tengo que preocuparme de nada, las palabras siempre significan exactamente lo que dicen. Me encanta hacer el amor en español; nunca he podido hacer el amor en inglés. En inglés me vuelvo puritana; nunca podría hacer un bally dance, bailar un Flamenco, ni hacer un zapateo en inglés.

Escribir en inglés es como mirar al mundo a través de binoculares diferentes, se impone una consciencia diferente. Cuando escribo en español mis frases a veces resultan tan torcidas como un retablo barroco. Cuando escribo en inglés, *locke* el filosofo queda encerrado en cada frase. Cada párrafo tiene que ser práctico y utilitario como una viga a través del techo, para después, ser cubierta por ladrillos de significado. En inglés tengo que ser precisa. Me siento como Emily Dickinson con una "pistola cargada" en la mano; si disparo tengo que apuntar muy cuidadosamente para tratar de derribar mi blanco, si no lo hago, yo sé que me van a disparar a mansalva.

Quizás porque aprendí inglés leyendo, escribo en inglés para ser leída, no para ser escuchada. Cuando yo estaba en la secundaria me enseñaron que el inglés era el idioma de los disciplinados y ordenados norteamericanos que habían llegado a Guánica en 1898. Los americanos vinieron para civilizarnos, para enseñarnos como comportarnos y como poder controlar nuestras pasiones latinas. Entonces, cuando escribo en inglés, dejo de ser una romántica irredenta, una poeta poco práctica, una puertorriqueña floja que le obsequia sus libros a sus amigos, que le encanta andar descalza y todavía es una salvaje de corazón, y se convierte en una escritora severa, disciplinada que quiere vender sus libros a los americanos y ganar plata.

Debajo de mi inglés puertorriqueño, late una pasión latina, un ritmo de salsa se columpia. Me gusta ir del inglés al español y del español al inglés, de los tambores de la conga a los violines de Mozart. El idioma se ha convertido en una "guagua aérea" para mí. Me hace continuar volando entre Puerto Rico y Nueva York.

Los escritores puertorriqueños escriben en español. Nuestros libros son traducidos al inglés esporádicamente y pocos de ellos circulan por los Estados Unidos. Nuestra literatura tampoco alcanza los países latinoamericanos, aunque compartimos el idioma. Por casi cien años hemos habitado una tierra cultural de nadie. En Latinoamérica somos considerados como gringos mimados; en Norteamérica somos *greasy spiks*. Esta ambivalencia ha contribuido a nuestro aislamiento y a la distribución limitada de nuestros libros fuera de la isla.

Hace nueve décadas, con la Ley Jones, la educación en inglés se volvió obligatoria en todas nuestras escuelas, aunque nuestro vernáculo era el español. Intentamos borrar el español de nuestra lengua. Los puertorriqueños, nos informaron los profesores de castellano en las universidades en los Estados Unidos, no hablamos verdadero español. Hablamos un *patois* que no se entiende en España. Los mexicanos hablan un español tapatío, los argentinos hablan un español bonaerense, pero nosotros, los boricuas hablamos la lengua de mapo del superintendente del edificio. Nos avergonzamos de nuestra lengua y nos da miedo de usarla. Cuando los latinoamericanos se reunen en foros públicos, todos hablan español hasta por los codos, pero nosotros nos tropezamos y luchamos, porque nuestra lengua está completamente retorcida.

Cuando los americanos llegaron a Puerto Rico en 1898, éramos uno de los países más pobres del tercer mundo y nos sentíamos completamente agobiados por nuestras carencias. Fuimos invadidos por productos que nunca antes habíamos visto y para los que no teníamos nombres. Todos ellos se instalaron en nuestras alacenas como objetos misteriosos: latas de *Boston Baked Beans, General electric fans, Colgate tooth brushes.* Los Boricuas nos quedamos mudos: no sabíamos hablar inglés y habíamos olvidado el español.

Aprender inglés a la trágala no era asunto de aprender un segundo idioma, era asunto de dejar un idioma por otro. Por supuesto, fracasó. Desde el momento en que fuimos forzados a hablar inglés, nos negamos a aprenderlo. La gente se burlaba del inglés; era el idioma de los que pensaban que eran mejores que nosotros pero no lo eran; la lengua de los Estados Fundillos, de los que pensaban que no podíamos gobernarnos y habían convertido a Puerto Rico en un protectorado; la lengua de Chicago, que tenía dos obscenidades en su nombre, "cago" y *shit*. No fue si no hasta los años cuarenta, cuando cientos de miles de puertorriqueños emigraron a los Estados Unidos, que el inglés empezó a colarse en nuestro inconsciente colectivo. Hoy, cuando 2.5 millones de puertorriqueños viven entrando y saliendo de los Estados Unidos, el hilito se ha convertido en diluvio. Aunque somos puertorriqueños flojos, finalmente aprendimos el inglés del Bronx.

¿Por qué es tan difícil para los americanos aprender español? Debajo del Río Grande, millones están hablando español y portugués, somos vecinos y uno necesita del otro para sobrevivir. Los Estados Unidos piensa que es el ombligo del mundo y que no necesita aprender la lengua de nadie. Tener una segunda lengua es sospechoso; doble-lengua es un término despéctivo. Sin embargo, es importante que los americanos aprendan otros idiomas; es una cosa razonable, práctica, para nuestra convivencia la cosa más humanitaria. Es irónico que los Estados Unidos, con su gran influencia cultural y poder económico frecuentemente se comporte como una isla con el resto del mundo.

El hablar más de un solo idioma es típico del Caribe. Los puertorriqueños somos típicamente caribeños: hablamos español e inglés. Otros isleños como los jamaiquinos hablan inglés, creol, chino; los Trinitarios, también hablan muchos idiomas. Cada vez que los caribeños regresan de los Estados Unidos, se traen un fragmento, una pepita de oro de sus ciudadelas. Ellos son islas, flotando literalmente *entre* América del Norte y América del Sur. Todavía yo me niego a ver esto como un peligro; el multilingüismo podría ser una ventaja. Yo no veo razón alguna para olvidarse de una lengua y quedrase con una sola. "Más vale un diente que un diamante, Sancho, amigo", dijo Don Quijote. Debemos ser capaces de hablar no solamente dos sino tres o cuatro idiomas. Como puertorriqueña yo puedo apuntar por los lados la misma flecha, en español y en inglés: el entendimiento.

—Traducción de la escritora

ROSARIO FERRÉ (Ponce, Puerto Rico, 1938) es autora de una docena de novelas, entre ellas, *El vuelo del cisne* y *La casa de la laguna,* ésta última finalista al National Book Award. También ha publicado libros para niños, así como poesía y una columna periodística. El tema fundamental de sus obras es su isla de Puerto Rico.

Pink Floyd me enseñó inglés

– ROBERTO QUESADA –

ME CRIÉ EN HONDURAS y desarrollé mi vocación literaria bajo el cobijo de mi querido padrastro, un poeta de izquierda, José Adán Castelar, no comulgaba con la política de Estados Unidos hacia América Latina, especialmente en los tiempos de la Guerra Fría. Y respaldaba la teoría del gran novelista portugués José María Eca de Queiroz, quien afirmaba que: "Todo idioma extranjero debe hablarse patrióticamente mal".

Debido a ese maniqueísmo de izquierda, viví bastante alejado de todo lo que oliera a los Estados Unidos y mi formación inicial fue más con los clásicos rusos y con el idioma ruso. De hecho, lo otro era lo bueno y todo lo malo procedía de Estados Unidos. Por supuesto, el idioma no era la excepción. Ahora que veo hacia atrás, estas terribles divisiones humanas que causan las ideologías, religiones, sed de dominación del hombre contra el hombre, confirmo que la evolución aún está en ciernes. Claro, todo eso hizo que mi encuentro con el inglés y con la cultura estadounidense fuera mucho más traumático.

Mi relación con el inglés y los Estados Unidos nace con una muchacha, Aída Sabonge, una hondureña viviendo desde su niñez en Nueva Orleans. Retornó al país cuando nos casamos. Ella impartía clases de inglés en la Universidad Nacional Autónoma de Honduras y en ocasiones, sus colegas nos visitaban. A mí me chocaba que siendo latinos y casi todos hondureños, hablaban generalmente en inglés y, desde luego, me frustraba no entender y muchas veces me caía la paranoia de que quizá estaban hablando en mi contra. Y yo en vez de dedicarme a aprender inglés, como arma de resistencia sentía un falso repudio por el idioma shakesperiano.

Tiempo después visité con la entonces mi esposa la ciudad de Nueva Orleans. Allí con ella aprendí a ver el otro rostro de los Estados Unidos. Me relacioné directamente con el jazz, ya no sólo como antes del viaje lo había hecho, a través de los libros de Julio Cortázar. Escuché nombres como Walker Percy, John Kennedy Toole y otros traducidos al español. Desde luego, había leído a Faulkner, Whitman, Poe, Hemingway, pero considerándolos universales, no estadounidenses.

Aprovechando el editor Daniel Simon, que ya yo estaba en los Estados Unidos, me invitó a la presentación de una antología del cuento centroamericano, que tuvo lugar en Cooper Union, Nueva York. El editor tuvo que sufragar los costos para yo llevar a mi esposa, ya que ella me serviría de intérprete en ese viaje. La lectura sería bilingüe.

Allí detrás del escenario nos concentramos los escritores, la mayoría latinos. Vi a un hombre de espeso, bigote, alto, con camisa de azulón y jeans, retirado del grupo, solitario. Me dio pena por él y quise acompañarlo para que no estuviese tan solo. Me le acerqué y entendí que no hablaba ni una palabra de español, tampoco yo de inglés. Parece que mi intención le cayó bien y a mí también él me pareció simpático, hubo buena química.

Era un 19 de febrero de 1989 y hacía un frío tremendo. A señas le hice saber que clandestinamente yo portaba una botella de Jack Daniel's en la cintura y buscamos dos vasos plásticos. Al calor del whiskey nos adentramos en tremenda conversación de mudos.

Así estábamos, riéndonos a saber de qué, quizá uno del otro, o de nosotros mismos. De pronto apareció Aída. Quedó sorprendida y lo saludó a él con mucha deferencia. Y a mí me preguntó: "¿Vos sabés quién es él?". A lo que contesté: "Un pobre gringo a quien tienen marginado porque no habla español". Ella dio una risa lastimera que denunciaba mi ignorancia y me dijo: "El es el gran escritor Kurt Vonnegut, es decir el Gabriel García Márquez de los estadounidenses".

Ella comenzó a traducir. Para el caso, entendí que el se llamaba Karl, como Karl Marx, no Kurt. Yo le había mostrado mi novela *Los barcos* y quise decirle que pronto sería traducida al inglés. El entendió que yo le había dicho cuando le mostré la novela, que con ese libro yo era el *bestseller* centroamericano. Y los tres nos moríamos de la risa, en verdad nadie había dicho ni entendido nada.

Llegó el turno de nuestra lectura. A Vonnegut le gustó el fragmento de mi novela y aproveché para, a través de Aída, pedirle su dirección para enviarle mi novela cuando estuviese traducida. Dos meses después regresé ya con la intención de quedarme a vivir en Nueva York, pues encontré el empleo que no conseguía en Nueva Orleans, dirigir un periódico de la comunidad centroamericana en Nueva York. Noté una diferencia abismal entre el acento de Nueva Orleans y Nueva York: sentí como que de pronto había ingresado, al estilo de *La Rosa púrpura de El Cairo*, de Woody Allen, a ser parte del escenario de una película. Miraba aquel número telefónico y dirección de Vonnegut de su puño y letra y ensayaba en voz alta en mi apartamento cómo iba a saludarlo: *"Hello Mr. Vonnegut...I'm Roberto, the Honduran writer...You remember me?* Y finalmente tuve valor de llamarlo. Lo saludé y aún hoy no sé qué cosas me decía pero yo a todo dije *"Yes".*

Corto tiempo después de mi llegada a Nueva York, Dan Shapiro —más tarde Director del Departamento de Literatura de la Americas Society— me presentó a una joven rubia y se encargó de servirnos de Cupido al traducirnos la conversación inicial. Días después ella me invitó a su apartamento. La rubia no hablaba español ni yo inglés. Cenamos. Hicimos el amor. Nos sentamos en la sala y ella trataba de decirme algo. "Roberto, *talk to me".* Traté de entender lo que me decía y volvimos a hacer el amor. Después volvió a decirme: "Roberto, *talk to me".* Bueno, lo hice una vez más. Al cabo de un tiempo repitió: "Roberto, *talk to me".* Entonces yo pensé que estaba frente a una ninfómana o loca y comencé a sentir bastante temor al recordar esas extrañas historias que se cuentan de las grandes ciudades. En realidad yo no hablaba nada de inglés pero intenté descifrarlo por lógica. Cuando compraba cigarrillos me daban un paquetito de cerillas que tenían fotos de mujeres desnudas y se leía *Talk to me.* Yo creí que *talk*, quería decir talco, que en español significa también polvo. Y *to me*, pues lo traduje correctamente como "a mí". Y polvo a su vez significa en el vulgo, tener relaciones sexuales. Al final mi traducción quedaba: *'Talk to me'* equivalente a 'cógeme'. No volví a ver aquella rubia después de aquella noche.

Yo había visto la película *The Wall* de Pink Floyd y me enamoré de ella. Me dediqué a verla una y otra vez para con ella practicar mi inglés. Un día compré una copia y la llevé a Honduras para compartirla con unos amigos. Fue cuando ya íbamos a verla que me enteré que no estaba subtitulada; y fue para mí una gran satisfacción estarla traduciendo para los espectadores. Me salvó que me la sabía de memoria.

Luego conocí a los poetas Nuyorrican, cuando visitaba frecuentemente el Nuyorican Poet's Café en el Lower East Side de Nueva York. El poeta Miguel Algarín, fundador del Café, siempre estaba corrigiéndome en voz tan alta que me avergonzaba, pero algo aprendí a fuerza de sus críticas. En cambio Pedro Pietri, poeta y teatrista, me hablaba suavemente en Spanglish con el propósito de que le entendiera y a la vez fuera aprendiendo inglés. Ésta sí ha sido mi escuela: los amigos, los bares, la visita a centros culturales.

Fui llamado muy pronto para a traducir una biografía de Gloria Estefan. Para entonces yo ya sabía que traducir no era cosa de bromas por mi amistad con dos maestros de la traducción; Hardie St. Martin, quien tradujera mi novela *Los barcos* al inglés y de Gregory Rabassa, traductor de *Cien años de soledad*, de García Márquez y *Rayuela*, de Cortázar. Las conversaciones con ellos me convencieron de que traducir es un arte.

En principio dije que me sentía incapaz a mi agente, pero yo necesitaba el dinero y me arriesgué pasara lo que pasara. Pasé más de un mes encerrado e insomne, pero finalmente lo logré. Por supuesto, existe una gran diferencia entre traducir una biografía escrita en inglés a traducir a poesía o prosa.

Comencé a aprender inglés cuando llegué a Nueva York simplemente por preguntar lo que no sabía. Algunas necesidades ejercen presión sobre uno para poder comunicarse. Recuerdo que tuve una novia que hablaba poco español y me obligaba a que yo hablara inglés. Ella me hizo ver la película *West Side Story*, quizá por el acento latino y la historia que narraba, más la música, me hizo una y otra vez y así acercarme cada vez más al inglés.

No he recibido clases formales de inglés. Lo he hecho de forma autodidacta auxiliado de diccionarios inglés-español, de diccionarios de modismos en inglés y todo tipo de libros. Novelas que ya había leído en español y por tanto conocía bien, las releí en inglés para ir practicando.

Al abordar temas políticos muchas veces se cita al *New York Times*, por ello me suscribí y a los dos meses ya estaba leyéndolo con fluidez. Por todo ello creo que mi gran escuela del inglés ha sido y es la vida en la ciudad de Nueva York.

ROBERTO QUESADA (Olanchito, Honduras, 1962) es autor de tres novelas: *El humano y la diosa, Los barcos,* y *Nunca entres por Miami.* Sus cuentos han sido publicados en Alemania, Rusia, España, e Inglaterra. Es asesor de la Misión de Honduras ante las Naciones Unidas.

El problema
con el inglés

– GLORIA LÓPEZ–STAFFORD –

de *A Place in El Paso: A Mexican American Childhood*

EN EL SEGUNDO BARRIO en los años cuarentas, la gente hablaba español. Hablaban el español que trajeron con ellos de sus ranchos, aldeas y ciudades. También trajeron consigo la melodía de sus acentos. Era fácil distinguir por su manera de hablar si era gente del campo o de la ciudad. El español en los cuarentas en el sur de El Paso era formal y cortés. Las personas se disculpaban si decían alguna palabrota, como "estúpido". A veces yo me preguntaba por qué aquello requeriría una disculpa. Y me decían que la gente de pueblo no era abierta a la crítica y no quería ofender con lo que consideraban un lenguaje vulgar.

Cuando uno se iba del barrio empezaba a usar más el inglés, aunque todavía se hablaba español en la casa porque era lo que la familia usaba. Entonces cuando hablabas con alguien que también hablaba ambos idiomas, el idioma se transformaba en una mezcla de inglés y español que se convertía en todo un arte. A veces las frases estaban en un idioma con ciertas palabras del otro. Otras veces, párrafos enteros estaban en un idioma y solo unas frases en el otro. Era un idioma pulsante, una obra musical que transmitía el sentido, significado y sentimiento óptimo de los dos idiomas que uno solo no hubiera podido lograr. La combinación provocó críticas de los puristas y los monolingües. Acusaban al bilingüe de ser flojo e indisciplinado. Pero yo creo que era el amor a ambos idiomas que hacia imposible serle fiel a uno sólo. Por el otro lado, era mejor decir groserías y profanidades en inglés. Las palabras eran sólo palabras para mí. Decir groserías en español me dolía y creaba emociones que me llenaban de culpa. Además para nuestros padres y curas eso era inaceptable.

La primera vez que recuerdo haber tenido problemas con el inglés fue el año antes de que Carmen viniera a vivir con nosotros. Al menos una vez a la semana (mi padre) Palm y yo teníamos una conversación sobre el por qué no estaba aprendiendo inglés. Yo no veía ninguna razón para hacerlo. Primero, tenía que sentir una necesidad para hablarlo, y al final eso fue lo que pasó.

"Tienes que aprender inglés, Gloria", decía Palm.

"No quiero. No tengo por qué. No lo necesito", tercamente me rehusaba.

"¿Supongo que no lo necesitaste el sábado en la frontera, cuando inmigración te detuvo después de estar en Juárez con López y no pudiste responder a sus preguntas?" dijo firmemente. "Tuve que dejar la tienda para sacarte y todo porque no puedes mantener una conversación en inglés".

Le había causado problemas a Palm y a mí misma, pero aún así no quería aprender inglés y ahí se acababa el asunto.

Esa mañana en particular, estuve esperando a que Palm se cansara y cambiara de tema. Pero no lo hizo. Él siguió.

"La nota que tu maestra envió a casa dice que te rehúsas a hablar inglés. Ella dice que todo el mundo habla por ti. Y que hablas todo el tiempo, ¡pero en español! Ya pasó un mes desde que la escuela empezó y dice que no cooperas y que va a tener que castigarte. Escribió para informarme que ya se le acabo la paciencia", dijo Palm.

"Entonces eso es lo que decía la mugre nota. Yo pensé que le caía bien", dije pensando en como ella y yo nos sonreíamos todos los días. Yo no entendía lo que ella decía y ella no comprendía lo que yo decía. Ella podría haber estado hablando en chino, como los chinos cerca del mercado de Cuauhtemoc en Juárez. Yo simplemente no quería hablar inglés.

"Se oye feo. Y me veo como una estúpida hablándolo", admití al ver la cara de Palm.

"Es porque no lo usas lo suficiente como para acostumbrarte", Palm trató de explicarme.

"Mis amigos y yo no necesitábamos hablarlo. Tenemos nuestra propia manera de hablar". Continué el argumento hasta que noté a Palm frustrado y callado. Decidí divertirme un poco. Puse mi mano izquierda en mi cadera y agité mi dedo índice amenazadoramente.

"*Wo do bo to do ri ra do fo, da mo, meester!*" balbuceé. "¿*Ha, no, meeezter?*". Subí la ceja y miré a Palm. "¡Eso es el inglés!".

"Payasa. Eres muy terca. Tú necesitas aprender inglés". Palm empezó de nuevo. "Mi hijo va a visitarme y él habla inglés".

Me detuve en ese último comentario. Volví mis ojos a la foto del hijo de Palm que estaba en un gran marco ovalado. Se parecía a Palm. Me preguntaba por qué sólo era mi medio hermano. Cuando era más chica, pensaba que era porque sólo se le veía la parte superior del cuerpo en la foto. Palm me corrigió. Me dijo que su hijo tenía una madre diferente y que era el único de sus hijos que se mantenía en contacto con él. Quería mucho a Palm y le escribía todas las semanas. Era el menor de todos sus hijos y había estado en la universidad cuando mi padre fue a México. Los ojos claros del hijo de Palm parecían seguirme alrededor del cuarto.

Palm todavía hablaba de la visita de su hijo cuando recuperé el habla, "¡Que suave! Cuando él venga le contaré sobre mí y la vecindad". Palm sólo asintió con la cabeza y me dio una mirada rara.

La siguiente semana, cuando regresé de la escuela me asusté porque pensé que alguien estaba en el apartamento. Pero Palm me llamó cuando apoyé mi nariz contra el mosquitero para ver hacia dentro.

"Entra, mija". La voz de Palm sonaba feliz. Abrí el mosquitero y entré a la sala. Un hombre estaba con él. Se parecía a mi padre, pero era joven; se me hacía familiar. Entonces, de repente, mis ojos se voltearon a la foto en la pared. Vi al hombre y miré a la foto. ¡Eran los mismos!

"¡Hola! ¿Cómo estás?". Gritaba con felicidad al correr a abrazar al desconocido. Él correspondió el abrazo. Me sentí encantada. Palm había dicho la verdad sobre la visita de su hijo. Aquí estaba… ¡Enterito!

El hijo de Palm abrió su boca y le dijo algo a Palm que también le decía algo. ¡Estaban hablando en chino!

"Papá, dile que yo hablo español", le dije a papá.

"Yoya, él ya sabe". Palm me habló lentamente porque ya sabía como iba a reaccionar. "Él no sabe español. Él solo sabe inglés. Te lo dije muchas veces".

Me quedé sin habla. ¡Qué trampa tan sucia!

"¿Es que no le dijiste que no hablo inglés? ¿Acaso se te olvidó?", le pregunté a mi Palm mientras que el otro Palm nos miraba con una sonrisa grande y dulce. ¿Cómo es que no puede hablar español? Empecé a llorar, pero el otro Palm comprendió cuando mi papá le explicó, en chino, el problema. El hijo de Palm se reía al levantarme y me besaba mientras le decía algo a mi papá. Miraba a Palm esperando una traducción.

"Él dice que eres tan preciosa como se lo imaginaba. Lamenta que no pueda hablar español. Nunca ha podido aprender", dijo papá.

Abracé a su hijo y nada más los veía mientras conversaban. A veces, Palm me explicaba de lo que hablaban si pensaba que me pudiera interesar. Yo me mantuve viendo la bella cara del visitante. Mi pecho pequeño no aguantaba el peso de mi corazón roto. Tenía tantas ganas de hablar con él. No lo podía creer. Y sabía que Palm me había prevenido.

Cuando la luz del atardecer, del color de la pulpa del camote del oeste tejano, se empezó a esparcir en el barrio, nuestro visitante dijo que se tenía que ir. Salimos. El hijo de Palm me levantó y me besó. Palm me dijo suavemente lo que su hijo me estaba diciendo.

"Dice que te quiere, Yoya. Espera que cuando se vuelvan a ver, o tú hables inglés o él español".

Abracé y besé a mi visitante favorito. Pasarían muchos años antes de que lo volviera a ver, mucho después de la muerte de mi papá. Pero esa tarde, mi papá y yo lo vimos caminar hacia la calle Virginia donde había estacionado el carro. Palm y yo nos sentamos en las escaleras de cemento. Mientras mi medio hermano arrancaba el carro, me volteé hacia Palm y le dije con determinación y tristeza.

"Es tiempo de que aprenda inglés, papi".

"Sí, corazón, *yes*". El comprendió.

—Traducción de Anaid Reyes

GLORIA LÓPEZ-STAFFORD (Ciudad Juárez, México, 1937) es autora de un volumen autobiográfico, *A Place in El Paso: A Mexican American Childhood*. Trabajó como maestra en Gadsden, Nuevo México. También fue profesora de Trabajo Social hasta su jubilación.

Mis padres cubanos aprenden inglés en la escuela nocturna

– VIRGIL SUÁREZ –

"to", "two", "too"
"there", "their", "they're"

juntos cada día,
en la factoría

"yeses" y "noses"
jefes exigentes

trabajo incompleto
conjunciones, verbos,

las preposiciones,
Capitalismo con "C"

mezclas de colores:
fucsia, ambrosia

chimenea ocre
moscas en la leche

los zapatos del chivato
más baratos, más rápidos

el engaño
más rápido y más barato

los temblores
de cada día

"repeat after me"
"hard work", "hard work"

"Speak English"
grazna el cuervo.

—Traducción de Rachel Edelman con Jesús Vega

VIRGIL SUÁREZ (La Habana, Cuba, 1962) es poeta, cuentista, y editor de dos antologías de literatura en los Estados Unidos. Ha recibido becas del National Endowment for the Arts y el Premio de Poesía del Latino Hall of Fame. Enseña en la Universidad Estatal de Florida en Tallahassee.

Epílogo

— FRANK MCCOURT —

ÉSTA ES UNA NOTA de agradecimiento a los ingleses por imponer su lengua sobre mis antepasados irlandeses hace ochocientos años. De otra forma, quizás estaría yo escribiendo este epílogo ahora en irlandés o gaélico y ¿quién de ustedes podría leerlo?

En Irlanda, en la escuela primaria, se nos dijo que nuestros antepasados se resistieron valientemente a la envestida inglesa. Pero que en realidad hablaban normando y francés. Como éramos niños, se nos hacía difícil entender quién hablaba qué. ¿Inglés? ¿Francés? ¿En qué diablos se comunicaban los invasores y cómo es que lograron forzar a nuestros antepasados a hablar su lengua? (También se nos decía que el inglés era un idioma feo; una letanía de bramidos, balbuceos y berridos).

Los ingleses lucharon contra los normandos. Los normandos lucharon contra los ingleses. Ambos se enfrentaron a los irlandeses, pero todo el mundo aceptó la otra lengua que imperaba en la época: el latín. Era la lengua del saber y la religión y más te valía hacerle reverencias al cura que la hablaba en el altar.

Nuestros antepasados eran gente buena, no cabe duda. Nunca se dieron del todo por vencidos y durante esos ocho siglos defendieron esa lengua nuestra, que es tan esplendorosa y melódica. Aprendimos que muchos de los invasores ingleses/normandos se volvieron más irlandeses que los mismos irlandeses e incluso adoptaron su lengua. ¿Quién podía resistirse a esas damiselas pecositas que realizaban sus quehaceres despreocupadamente mientras entonaban las más bellas baladas de amor en su lengua materna? ¿Quién?

Todo esto era divertido y esclarecedor, pero de vez en cuando yo maldecía a mis antepasados por mantener vivo el irlandés.

Y es por esto que los maldecía:

Aquí vale la pena ofrecer un poco de información biográfica. Nací en Nueva York, donde conjugué mis primeros verbos en inglés. Cuando cumplí los cuatro años, mis padres regresaron a Irlanda y en pocas semanas ya estaba matriculado en la escuela primaria.

Recuerdo nítidamente aquella primera clase. La estaba dictando el director del plantel, Mister Tom Scanlon, que apuntaba con una vara a algo en la pizarra mientras les rugía a los niños. Éste es el alfabeto irlandés, por el cual lucharon y murieron sus antepasados. (No importaba qué tema estudiáramos en la escuela en esas épocas, siempre había alguien que había muerto por él). Letra por letra, nos hacía recitar el alfabeto irlandés. Luego Mister Scanlon nos agarraba, de uno en uno, para que recitáramos algunas letras y, si las pronunciábamos mal, nos daba un buen palazo con la vara en los hombros y nos decía que debíamos agradecerle a Dios en los cielos que tuviéramos una lengua propia cuando había millones de gente en el mundo a los que se les había despojado de la suya. Miren a los estadounidenses. Gángsteres y cowboys. No tienen ni la más mínima idea de lo que están diciendo. Así es, así es.

En lo que concierne al irlandés, algunos maestros eran más fanáticos que otros. Nos sentimos afortunados cuando supimos, en el tercer grado, que a Mister Bob Cashin le valía un comino la lengua por la que habían luchado y muerto nuestros antepasados. Él nos dijo que la madre de todas las lenguas era el latín y, si alguien no sabía latín, pues era un ignorante y apenas podía denominársele cristiano. Sépanselo.

Mister O'Dea, en el quinto grado, era un irlandés fanático. De haberse salido con la suya, el inglés hubiera sido desterrado sin miramientos. Se enorgullecía a tal grado del irlandés, que logró que aborreciéramos la lengua, y juramos nunca volver a usar una sola de sus palabras tan pronto nos graduáramos.

Pero ahora, décadas más tarde, me entristece que el gaélico/irlandés esté en vías de extinción. El gobierno trata de mantenerlo vivo invirtiendo dinero en comunidades de habla irlandesa en la costa occidental del país. A menos que las jóvenes estrellas de rock como

Sinéad O'Connor canten en el prístino idioma, éste estará condenado al olvido.

Cuando a los diecinueve años volví a Nueva York, me alegré de poder hablar inglés y seguido me preguntaba cómo serían las cosas si solamente hubiera podido comunicarme en gaélico. Al igual que los autores en este libro, habría tenido que batallar con un nuevo idioma y, como bien lo saben estos autores, es difícil hacerlo cuando uno también tiene que hacerse camino en una nueva cultura. Cuando dicté clases en un bachillerato, fui testigo de ese tipo de lidias cotidianas con la lengua. Me crucé con adolescentes que querían sentirse bien estadounidenses y en la onda, pero estaban frustrados y manifestaban esa desilusión, a veces violentamente, pero mayormente haciéndose los payasos. Yo mismo me sentí frustrado cuando se me pidió que enseñara inglés como segunda lengua. Tropecé una y otra vez en el intento y lo único que me salvó fue que los muchachos sabían que, al igual que ellos, yo también venía de otro país. No entendían que el inglés era mi primera lengua. Les dejé creer que todos andábamos en lo mismo.

Este libro, *Como aprendi inglés*, me ha hecho recordar muchas anécdotas de mi pasado, aunque espero que no haya habido muchachos en mis clases como Josefina López, quien escribe aquí acerca del sufrimiento y vergüenza que sintió ante el maestro incomprensivo que no le dio un pase para ir al baño. Cuando Josefina se hizo pipí en los calzones, un asistente replicó, "Es que debiste haber dicho que *de verdad* tenías que ir".

Éste es un libro de grandes aventuras lingüísticas que hará que el lector reflexione sobre la vida de nuestros contemporáneos que cruzan nuestras fronteras. Más allá de la política, uno no puede sino admirar a los millones que han venido acá, y que siguen viniendo, y que escalan la montaña más alta de todas, la lengua inglesa.

—Traducción de Ilan Stavans

FRANK McCOURT es autor de *Lo es: Una memoria*, *El profesor*, y *Las cenizas de Ángela* por la cual recibió el Premio Pulitzer en 1997. Trabajó por muchos años como profesor de inglés en las escuelas públicas de la Ciudad de Nueva York.

Permisos

"Aprendiendo inglés con Shotaro" © 2007 Ruth Behar

"Mississippi, fajas, y John Wooden" © 2007 Gabriel Rozman

"Facilidad trilingüe" © 2007 Franc Camara

"Poder" © 2003 Marie Arana. De *American Chica: Dos Mundos, Una Infancia* por Marie Arana. Traducción: Margarita Luna. Publicado por Random House Español. Reproducido con permiso de The Random House Information Group, división de Random House, Inc.

"Guillermo Cabrera Infante en el maravilloso país del inglés" © 2007 Suzanne Jill Levine

"Pura bicultura" © 1995 Coco Fusco. Este ensayo se publicó originalmente en *English is Broken Here: Notes on Cultural Fusion in the Americas* por Coco Fusco. Reproducido con permiso de The New Press. www.thenewpress.com

"Aria" © 1982 Richard Rodriguez. De *Hunger of Memory* por Richard Rodriguez. Reproducido con permiso de Georges Borchardt, Inc.

"Aprendí inglés al estilo Sinatra" © 2007 José E. Serrano

"De caballero inglés a Zelig" © 2007 Alvaro Vargas Llosa

"La desaparición de los dinosaurios" © 2007 Rafael Campo

"Mis dos lenguas/My Two Tongues: Como llegué a tener una lengua bifurcada" © 2007 Liliana Valenzuela. Con permiso de Stuart Bernstein Representation for Artists, New York. Reservados todos los derechos.

"Las seis etapas to Better English de Don Francisco" © 2007 Mario Kreutzberger – "Don Francisco"

"¿Qué pasó con nuestra vieja vida?" © 2005 Gigi Anders. De *Jubana! The Awkwardly True and Dazzling Adventures of a Jewish Cubana Goddess* por Gigi Anders. Reproducido con permiso de HarperCollins Publishers.

"Aprendí inglés con el béisbol" © 2007 Orlando Cepeda

"El niño fantasma" © 2007 Francisco Goldman

"Las niñas de la clase especial de inglés" © 2007 Gioconda Belli

"Una fácil lección de Montevideo a Saginaw" © 2007 Nando Parrado

"El inglés: Mi pasaporte a la poesía y el teatro, la ciencia, y la vida" © 2007 Walter Mercado

"Cuando yo era un cubanito" © 2007 Richard Blanco. De *Directions to the Beach of the Dead*, publicado por University of Arizona Press. Publicado primero en *Connecticut Review*. Reproducido con permiso de Stuart Bernstein Representation for Artists, New York. Reservados todos los derechos.

"La revista amarilla" © 2007 Elena Poniatowska Amor

"Curva de aprendizaje" © 2007 Rubén Martínez. Con permiso de Susan Bergholz Literary Services, New York. Reservados todos los derechos.

"Una vida subtitulada" © 2007 Enrique Fernández

"Conformar un lenguaje" © 2007 Enrique Martínez Celaya

"El difícil" © 2007 Paquito D'Rivera

"Los mexicanos que hablan inglés" por Anónimo © 1976 Américo Paredes. De *A Texas-American Cancionero: Folksongs of the Lower Border*. Con permiso del University of Illinois Press.

"El inglés peligroso" © 2007 Johanna Castillo

"Ay doan pik ingli o No me pica la ingle" © 2007 José Kozer

"Amerika, América" © 2001 Ilan Stavans. De *On Borrowed Words: A Memoir of Language* por Ilan Stavans. New York: Viking, 2001. Con permiso del autor.

"José Manué...Tú no sabe inglé" © 2007 Jesús Vega

"Tremenda asimilación" cortesía de *The Massachusetts Review*. Stavans, Ilan. "Race and Mercy: A Conversation with Piri Thomas." 37.3(1996) 344-54.

"Érase una vez en la frontera" © 2007 Gabriel Trujillo-Muñoz

"Mejoré mi inglés en los sindicatos" © 2007 Byron Silva

"El golf y mi inglés" © 2007 Lorena Ochoa

"Mi lengua madrastra" © 2007 Patricia de Santana Pinho

"Del entrenamiento básico a inglés elocuente" © 2007 José A. Bajandas

Acerca del editor

JAY ROCHLIN

TOM MILLER (Washington, D.C., 1947), quien concibió y editó este volumen, se ha dedicado por más de treinta años a recopilar historias extraordinarias de gente común. Entre sus libros se incluyen *La ruta de los Panamás: Memorias de un viaje andino,* acerca de Sudamérica; *En la frontera,* experiencia de sus aventuras en la frontera de México y los Estados Unidos; *Trading With the Enemy,* en el cual lleva a sus lectores en sus viajes por Cuba; y *Jack Ruby's Kitchen Sink,* ganador de el Premio Lowell Thomas por el mejor libro de literatura viajera de 2000, sobre el suroeste norteamericano. Además, es editor de dos antologías: *Travelers' Tales: Cuba* y *Writing on the Edge: A Boderlands Reader.* Sus artículos han aparecido en revistas como *Smithsonian, The New Yorker, The New York Times, LIFE,* y *Natural History.* Vive en Arizona. Más sobre el editor puede ser hallado en el www.tommillerbooks.com. Éste es su décimo libro.